TRAITÉ

DE

DROIT ROMAIN

TYPOGRAPHIE DE H. FIRMIN DIDOT. — MESNIL (EURE).

TRAITÉ

DE

DROIT ROMAIN

PAR

M. F. C. DE SAVIGNY

MEMBRE DE L'INSTITUT DE FRANCE

Traduit de l'allemand

PAR M. CH. GUENOUX

DOCTEUR EN DROIT

Seconde Édition

TOME SEPTIÉME

PARIS

LIBRAIRIE DE FIRMIN DIDOT FRÈRES, FILS ET Cie

IMPRIMEURS DE L'INSTITUT DE FRANCE

RUE JACOB, 56

1859

PRÉFACE.

———

L'auteur qui entreprend aujourd'hui ou même qui continue un traité de droit romain peut, aux yeux de bien des gens, avoir besoin d'une apologie. Longtemps avant la tempête qui vient d'éclater sur l'Europe, le droit romain avait été l'objet de nombreuses attaques au nom de la nationalité allemande, et, sans que l'on s'en rendît compte, la défaveur jetée sur ce droit s'était étendue jusqu'aux personnes. Ainsi tandis que les adversaires du droit romain étaient regardés comme patriotes par excellence, ses partisans passaient pour étrangers ou indifférents à la cause de la patrie. Ces préventions ont dû trouver un nouvel aliment dans les événements politiques, dont l'influence est ressentie jusque dans le domaine paisible de la science.

Comme dans le mouvement qui s'accomplit de nos jours l'esprit de nationalité joue un des premiers rôles, on pourrait être tenté de croire que désormais le droit allemand est le seul admissible en Allemagne, le seul digne de notre étude.

La position du droit romain vis-à-vis du droit allemand et de la nationalité allemande en général n'est pas une question d'aujourd'hui ni d'hier. Elle est antérieure aux commotions actuelles, et depuis plus de quarante ans j'ai eu souvent occasion de la traiter (a). Elle a été traitée également par plusieurs de mes amis scientifiques, dont quelques-uns ne vivent plus.

Faire intervenir l'esprit de patriotisme en cette matière est le plus sûr moyen de compromettre l'impartialité de la discussion et de faire naître des préventions aussi favorables à une opinion que défavorables à l'autre. Quiconque, dans la recherche de la vérité, veut éloigner de lui toutes fausses apparences doit surtout éviter une semblable confusion. Je suis loin de dénier à d'autres jurisconsultes des vues plus profondes et plus larges que les miennes, dont je profiterais pour m'instruire. Je reconnaîtrai même que les grands événements accomplis de nos jours peuvent faire naître dans le domaine de la science des développements que mes forces, affaiblies par l'âge, ne me permettraient plus de suivre. Que d'autres se présentent avec des forces nouvelles pour résoudre ce problème; qu'ils se pénètrent de sa grandeur, et qu'une étude impartiale et sévère accueille leurs travaux! — Mais si l'on parle d'amour sérieux, sincère, ardent de la patrie, d'abnégation et de dévouement pour elle, je prétends ne le céder à qui que soit.

Ceux qui, comme moi, attribuent au droit romain une grande importance en Allemagne, et y voient un noble et indispensable objet pour nos travaux scientifiques, ne veulent nullement élever une gloire étrangère aux dépens de l'honneur national, ni étouffer les principes du droit

____

(a) Je renvoie à la préface du premier volume de cet ouvrage; on y trouvera le développement des idées que les circonstances actuelles m'engagent à résumer ici.

allemand sous les principes d'un droit étranger; ils veulent nous faire participer, dans le domaine de la science du droit, aux développements intellectuels que Dieu a départis à d'autres temps et à d'autres peuples, et qui nous sont offerts pour accroître nos propres forces et nos richesses intellectuelles.

Pour nous, d'ailleurs, comme pour beaucoup d'autres peuples, cet élément d'origine étrangère fait depuis des siècles partie intégrante de notre droit national, sur lequel il exerce une funeste influence toutes les fois qu'il est incompris ou compris imparfaitement, tandis que son intelligence complète enrichirait notre jurisprudence. Le droit romain ne saurait donc se comparer à une île nouvellement découverte, dont nous puissions répudier ou accepter la conquête avec ses avantages et ses difficultés. C'est un fait accompli depuis des siècles; l'élément romain s'est incorporé à notre droit, et maintenant il s'agit de savoir si, au lieu de nous laisser dominer en aveugles par cet élément, nous voulons nous rendre compte de notre position et la tourner à notre avantage.

Tout en acceptant cette nécessité historique, on pourrait la déplorer comme un mal, et vouloir, en conséquence, puiser dans notre propre fonds pour remplacer le droit romain et le mettre en oubli. Une tentative de ce genre ne pourrait qu'abaisser la jurisprudence; mais l'idée même qui l'aurait inspirée est absolument fausse. Le lien historique qui unit le droit romain au droit d'une grande partie de l'Europe, loin de pouvoir s'appeler un mal, est au contraire un grand bienfait. Ceux qui se livrent à l'étude du droit sont exposés ou à se perdre, par la théorie, dans les vaines abstractions d'un prétendu droit naturel, ou à descendre par la pratique à une routine inintelligente; l'étude du droit romain bien dirigée nous garantit de ces deux écueils. Elle nous met en présence d'une réalité vivante; d'un côté elle nous rattache à un passé plein de grandeur, d'un autre côté à la jurisprudence actuelle des nations étrangères, entretenant ainsi des relations avantageuses à toutes les parties.

Par une erreur non moins dangereuse, et également inexplicable, on a voulu, à diverses époques, admettre un état d'hostilité entre le droit romain et le droit allemand. Celui qui, se consacrant à l'une de ces deux branches principales de la science, croirait, en attaquant ou en dépréciant l'autre, agrandir et relever l'objet de ses études montrerait un esprit fort étroit. Tout progrès accompli dans l'un de ces domaines est pour l'autre une conquête, puisqu'il contribue à agrandir les points de vue de la science.

Voilà pourquoi les partisans du droit romain en se vouant à cette étude spéciale ont toujours cru faire une œuvre patriotique, et les grands événements qui viennent de se passer sous nos yeux n'ont pas affaibli chez moi cette conviction.

Afin de mieux montrer où est l'erreur et où est la vérité, je vais raconter une anecdote qui appartient à un autre ordre d'idées. Lorsqu'il y a quarante ans j'obtins une chaire à l'université bavaroise de Landshut, j'avais pour collègue un professeur de botanique, qui, soit dit en passant, n'était pas Bavarois.

Désireux de prouver son amour exclusif pour sa patrie adoptive, il voulut bannir du jardin botanique toutes les plantes qui ne croissent pas en Bavière à l'état sauvage, afin d'avoir ainsi un jardin purement national, débarrassé de toutes productions étrangères. Ce projet fut repoussé par tous les Bavarois membres de l'université, et qui certes ne manquaient pas de patriotisme.

Je viens d'exposer les motifs qui, malgré les événements politiques, m'engagent à continuer cet ouvrage avec sérieux et amour ; voilà les deux sentiments, s'il faut en croire le poëte (*), qui siéent le mieux à un Allemand. Les événements politiques m'ont fait du loisir; la vie et les forces nécessaires pour achever mon œuvre sont aux mains de Dieu.

Pour terminer la partie générale de ce traité, il ne me reste plus à publier que le troisième livre, qui contiendra l'application des règles du droit aux rapports de droit, notamment la théorie de la collision du droit positif des divers pays, en d'autres termes la théorie du droit international, et l'effet rétroactif des lois. Ces matières importantes pourront vraisemblablement être renfermées dans le huitième volume.

Août 1848.

(*) L'auteur fait ici allusion à deux vers de Göthe :

Freunde, treibet nur Alles mit Ernst und Liebe; die Beiden
Stehen dem Deutschen so schön, den ach! so Vieles entstelt.
(Vier Jahreszeiten, n. 43.)

« Amis, faites tout avec sérieux et amour; cela sied si bien aux Allemands,
« Et tant de choses, hélas! ne leur siéent pas. »

TRAITÉ

DE

DROIT ROMAIN.

CHAPITRE IV.

VIOLATION DES DROITS.

§ CCCII. *De ce qui supplée au jugement.* —
Introduction.

J'ai déjà indiqué ailleurs (*a*) que certaines institutions étaient de nature à suppléer au jugement, et par conséquent le rendaient inutile.
Mais pour cela il faut que la *décision* d'un procès s'effectue, en réalité, autrement que par la
sentence du juge. Les institutions qui remplissent
cette condition et que je vais étudier successivement sont :

I) L'aveu judiciaire (*Confessio* et *Interrogatio
in jure*).

(*a*) Voy. vol. VI, p. 261. Pour l'enchaînement des idées
Cf. vol. V, § 204, vol. VI, § 256.

II) Le serment.

On ne doit pas ranger dans cette classe les cas importants et nombreux où le même résultat, c'est-à-dire la fin d'un procès, se produit extérieurement, mais où le procès, au lieu d'être jugé, se trouve anéanti par la création d'un nouveau rapport de droit non litigieux substitué à celui qui faisait l'objet du procès. La plupart de ces cas peuvent se ramener à un contrat, c'est-à-dire à un accord des parties; dès lors ils n'appartiennent pas à la partie générale du traité, mais à sa partie spéciale; car ils rentrent dans le droit des obligations. Je vais indiquer sommairement les différentes manières dont peut se terminer un procès, et dont je n'ai point à m'occuper ici.

1) Transaction.

On appelle ainsi la convention par laquelle les parties se relâchent de leurs prétentions respectives pour accepter un moyen terme. Il y a évidemment ici transformation du rapport de droit primitif en vertu d'un contrat, c'est-à-dire d'une obligation.

2) Désistement. C'est l'abandon complet que le demandeur fait de ses prétentions. Ce cas a de l'analogie avec la transaction, mais il s'en distingue en ce que la transaction implique des concessions réciproques.

J'observe en outre que le désistement est susceptible de plusieurs significations très-différentes (*b*).

Ainsi le demandeur peut avoir reconnu qu'il n'avait aucun droit; il peut, au contraire, sacrifier gratuitement un droit reconnu par son adversaire lui-même, ou bien enfin abandonner des poursuites difficiles et dont le résultat est incertain. Souvent les termes du désistement n'expliquent pas clairement quelle a été l'intention du demandeur, et quelquefois même celui-ci ne s'en rend pas un compte exact, mais cela n'influe nullement sur l'efficacité de l'acte.

Le désistement, indépendamment du motif qui l'a dicté, nous apparaît sous différentes formes. Quelquefois il revêt la forme d'un contrat (*c*), et alors se montre l'analogie avec la transaction dont j'ai parlé tout à l'heure. Quelquefois aussi le demandeur se présente seul devant le juge, et déclare abandonner le procès (*desistere.*) Cette déclaration, quand elle a lieu *in jure*, a la nature d'une *confessio in jure*, et dès lors elle supplée réellement au jugement (*d*).

(*b*) La L. 29 de don. (XXXIX, 5) parle de ces différences, mais, quel que soit le motif du désistement, son efficacité est toujours la même.

(*c*) C'est le *pactum ne petatur*, auquel est consacrée la plus grande partie du titre du Digeste de pactis (II, 14). La place qu'occupe ce titre, immédiatement avant celui de transactionibus, est expliquée et justifiée par l'affinité signalée plus haut entre ces deux institutions.

(*d*) L. 29, § 1, de don. (XXXIX, 5). *Voy.* § 303, note *r*.

Souvent on considère comme un désistement fictif le cas où le demandeur, désertant l'instance, laisse prononcer contre lui un jugement par défaut. Ce silence du demandeur, quel qu'en soit le motif, est alors regardé comme une déclaration tacite qu'il abandonne le procès. Lorsque alors le juge rejette la demande, on applique les règles relatives au jugement, et non celles relatives au désistement (e).

3) Le cas inverse du désistement serait celui où le défendeur accède entièrement à la demande ; mais comme en droit romain cela constitue une *in jure confessio*, laquelle supplée au jugement, ce cas est un de ceux dont je dois m'occuper ici. Du reste. il peut se présenter sous la forme pure d'un contrat, et il doit alors être placé sur la même ligne que le cas précédent.

4) Le compromis a en soi une analogie évidente avec les institutions qui suppléent au jugement ; mais il ne figure pas ici, parce que chez les Romains il eut dans l'origine purement la nature

(e) Cf. Thibaut, civilistische Abhandlungen, p. 160, 161. Hollweg, Gerichtsverfassung und Prozesz, p. 287, 294-296; Bayer, Vorträge, p. 285-288. — Seulement en ce qui touche certains points spéciaux, l'abandon du procès équivaut pour le demandeur à un désistement; ainsi, par exemple, en abandonnant le procès, le demandeur évite le préjudice qui résulte d'une attaque injuste dirigée contre un testament. L. 8, § 14, de inoff. test. (V, 2); L. 8, C. de his quib. ut ind. (VI, 35). *Voy.* aussi L. 27, § 1, de lib. causa (XL, 12).

d'un contrat ; plus tard le compromis se rappro-
cha davantage des jugements, mais il ne faut pas
le séparer des contrats, si l'on veut bien saisir
et mettre dans tout leur jour ses développements
spéciaux.

5) Celui qui se fait justice lui-même est puni
par la perte du droit qu'il pouvait avoir, et cette
peine a pour effet de couper court à tout procès
ultérieur relatif au même objet. Cela rentre dans
la classe des obligations qui naissent des délits.

Si tous les cas qui précèdent ne suppléent pas
réellement au jugement, plusieurs d'entre eux
ont avec le jugement une analogie que j'ai déjà
signalée et que je vais rappeler ici. Ceux, en effet,
qui ont la nature de véritables contrats (Num. 1
et 2) non-seulement mettent fin au litige engagé,
mais l'empêchent de se reproduire jamais. Maintenant, on peut se demander si un procès intenté
postérieurement doit être considéré comme la
reproduction illicite de celui terminé par le contrat, ou comme un procès nouveau indépendant
du premier. J'ai déjà traité cette question à propos des effets du jugement, et les mêmes règles
trouvent ici leur application. Ainsi donc toutes
les fois qu'il s'agit de constater l'identité d'un
procès avec un autre terminé antérieurement,
soit qu'un jugement ou un contrat ait mis fin au
premier litige, les principes à appliquer sont
absolument les mêmes. Sous ce rapport la *pacti*

exceptio et l'*exceptio rei judicatœ* ont une nature semblable (*f*).

§ CCCIII. *De ce qui supplée au jugement.* — I. *Aveu judiciaire.* — Confessio in jure,

Sources :

Dig. XLII, 2 (de confessis), XI, 1 (de interrogationibus in jure faciendis et de interrogatoriis actionibus).

Cod. VII, 59 (de confessis).

Paulus, V, 5, A, II, 1, § 5.

Cod. Greg. X, 2.

Auteurs :

Donellus, Lib. XVIII, C. 1.

Weber, Verbindlichkeit zur Beweisführung, herausg. von Heffter. Halle 1832.

Vierte Abhandlung und Zus. p. 290-296.

Bethmann - Hollweg , Versuche über Civilprozesz. Berlin 1827. Vierte Abhandlung.

Puchta, Cursus der Institutionen, 2ᵉ ed., vol. II, § 173-174.

Le droit romain a touchant cette matière deux institutions fort anciennes, dont l'affinité est telle qu'on ne saurait les étudier séparément ; ce sont la *confessio in jure* et la *interrogatio in jure.*

Le principe qui sert de base à la *confessio in*

(*f*) L. 27, § 6, 8 de pactis (II, 14). Cf. vol. VI, p. 420, 432, 452.

jure peut s'exprimer en ces termes : Quand, en présence du préteur, le défendeur reconnaît toutes les prétentions du demandeur bien fondées, cette reconnaissance équivaut à une condamnation.

Mais pour avoir cette efficacité spéciale la reconnaissance doit avoir lieu devant le préteur (*in jure*), et non devant le *judex* (a). Aussi voyons-nous quelquefois dans les sources qu'après le mot *confessio* ou *confessus* on ajoute : *in jure* (b); mais cette addition est toujours sous-entendue, et voilà pourquoi dans la plupart des textes on a cru inutile de l'exprimer.

Notre principe a une double conséquence : le défendeur s'oblige par son aveu, et l'obligation prend immédiatement naissance, sans qu'il soit besoin d'un jugement. C'est cette seconde conséquence qui donne à l'aveu judiciaire son caractère spécial, celui de suppléer au jugement. Les Romains expriment ainsi le principe que je viens d'établir : « Confessus *pro judicato* est, ou habetur » (c). Cela est rigoureusement vrai ; car

(a) L'aveu fait devant le *judex* avait toujours une influence décisive sur le jugement; mais ce n'était pas un acte indépendant de sa nature· et soumis à des règles quant à ses formes. Depuis l'abolition de l'*ordo judiciorum* cette distinction n'existe plus.

(b) L. 29, § 1, de don. (XXXIX, 5); L. 56 de re jud. (XLII, 1); L. un., C., de confessis (VII, 59); L. 4, C., de repud. her. (VI, 31).

(c) L. 1, 3, 6, § 2, de confessis (XLII, 2) ; L. 56 de re jud. (XLII, 1); L. un., C., de confessis (VII, 59); L. 4, C., de

le simple aveu, sans jugement, entraîne contre
le défendeur l'exécution immédiate, par la saisie
et la vente de ses biens (*d*). Voilà pourquoi l'aveu
est placé à côté du jugement et du serment, c'est-
à-dire sur la même ligne (*e*). Pour le jugement
nous trouvons cette règle péremptoire : condem-
natus *ut pecuniam solvat* (*f*).

La vérité de notre principe est donc mise hors
de doute; néanmoins il n'a qu'une vérité restreinte,
car il ne s'applique directement qu'au seul cas
où le demandeur réclame une somme déterminée, et où le défendeur reconnaît la dette (*g*).
Cette restriction tient à ce que dans l'ancienne
procédure le jugement ne pouvait porter que
sur une somme d'argent déterminée (*h*), et alors
seulement avaient lieu l'exécution directe par la
saisie et la vente des biens du condamné.

Dans tous les autres cas, c'est-à-dire quand

repud. her. (VI, 31.); Paulus et Cod. Greg., dans les textes
cités plus haut.

(*d*) L. 9, C., de execut. (VII, 53); Paulus, II, 1, § 5.

(*e*) L. 56; L. 31 de re jud. (XLII, 1).

(*f*) L. 4, § 3, de re jud. (XLII, 1).

(*g*) L. 4, C., de repud. her. (VI, 31) : « quod confessos in
jure pro judicatis haberi placuit....... *ad certam quantitatem
deberi confitentem* pertinet. » L. 6, pr., de confessis (XLII, 2) :
« *Certum* confessus pro judicato erit, incertum non erit. » Ici,
comme dans beaucoup d'autres textes relatifs aux actions, *certum* est synonyme de *certa pecunia* (Vol. V, p. 578-580), ainsi
que le prouvent d'ailleurs les mots qui suivent immédiatement.

(*h*) Gajus, IV, § 48.

l'aveu porte sur une chose déterminée autre que de l'argent comptant, ou sur une chose indéterminée, par conséquent dans la plupart des cas, le défendeur devait autant que possible ramener son aveu à une somme déterminée et le transformer ainsi en un *certum* (*i*). Si cela était impossible, alors commençait un procès ordinaire; on nommait un *judex*, on procédait à la *litiscontestatio*, puis intervenait le jugement (*k*).

D'après cela on pourrait être tenté d'attribuer à notre principe une importance pratique moindre que celle qui lui appartient réellement. Il demeure vrai pour tous les cas dont je viens de parler, seulement sous une autre forme.

Ainsi, dans le procès qui s'engage le *judex* est enchaîné par le contenu de l'aveu, il lui est interdit de s'en écarter; dès lors il n'a rien à rechercher (*l*), et son office se réduit à transformer l'objet de l'aveu en une somme d'argent déterminée (*m*).

(*i*) L. 6, § 1, de confessis (XLII, 2) : « urgeri debet. » Mais cela n'implique de contrainte ni directe ni indirecte; seulement un refus non justifié peut déterminer le *judex* à rendre un jugement plus rigoureux. Bethmann-Holweg, p. 265.

(*k*) L. 7, 5, 3, 8, de confessis (XLII, 2).

(*l*) « Nihil *quæritur*.» L. 56 de re jud. (X LII, 1); proposition textuellement déduite de la règle : confessi pro judicatis habentur.

(*m*) « Judex non rei *judicandæ*, sed *æstimandæ*, datur », L. 25, § 2; L. 26 ad L. Aquil. (IX, 2); L. 40, § 1, de pactis (II, 14).

Voici à peu près comment, en pareils cas, devait être conçue la formule :

Quod N. Negidius injure confessus est fundum Cornelianum A. Agerio se dare oportere, quanti is fundus est, eum condemna.

De sorte que l'*Intentio* ne portait pas : si paret N. Negidium fundum dare oportere (*n*).

Si un semblable aveu s'appliquait à une action arbitraire, notamment à l'action de la propriété, il avait tout à fait la nature d'une *pronuntiatio*, et il la rendait inutile, puisqu'il en tenait lieu (*o*).

Touchant la *confessio* nous voyons en outre mentionner cette règle spéciale que les délais légaux fixés pour le payement sont les mêmes que ceux établis pour le jugement, et qu'ainsi ils commencent à courir du jour de l'aveu (*p*).

D'après ce qui précède nous pouvons dès à présent attribuer à l'aveu judiciaire la même efficacité qu'au jugement (*q*), et l'exprimer en ces termes :

Confessio pro veritate accipitur.

(*n*) C'était l'*actio confessoria*, dont je parlerai tout à l'heure (§ 304, note *k*).

(*o*) L. 6, § 2, de confessis (XLII, 2). Sur la *pronuntiatio*, Voy. vol. VI, p. 316.

(*p*) L. 6, § 4, de confessis (XLII, 2); L. 21 de jud. (V, 1); L. 31 de re jud. (XLII, 1); Paulus V, 5, A. § 2. — Naturellement cela ne s'applique qu'au cas où l'aveu porte sur une somme d'argent, et alors l'aveu dispense d'un jugement ultérieur (note *g*).

(*q*) Voy. vol. VI, p. 268.

Cette expression est également vraie et également ment importante pour toute espèce d'aveu judiciaire, soit que l'aveu porte sur une somme d'argent ou sur tout autre objet déterminé ou indéterminé. Ainsi, on peut dire en ce sens que tout aveu judiciaire supplée au jugement, puisqu'on lui attribue comme au jugement la fiction de la vérité ou la vérité de forme, bien que dans plusieurs cas un jugement ultérieur n'en soit pas moins nécessaire.

Quand on envisage l'aveu judiciaire dans la généralité de sa nature on y voit le contraste absolu du désistement fait par le demandeur devant le magistrat (§ 302). Ce rapprochement est d'autant plus juste, que l'aveu peut être dicté par des pensées très-différentes; le plus souvent il exprime la reconnaissance réelle des droits du demandeur, quelquefois aussi l'intention formelle de donner, enfin l'abandon d'un droit incertain en vue d'éviter un procès. — J'ajoute que le but de l'aveu judiciaire peut être aussi atteint par un contrat. C'est le contrat récognitif, qui rentre dans le droit des obligations, et dont la véritable nature a été souvent méconnue.

Au reste, une semblable *confessio in jure* peut également émaner du demandeur, si celui-ci vient devant le préteur déclarer qu'il n'a absolument aucun droit à prétendre contre le défendeur; par là il abandonne entièrement son action,

et cet aveu, qui équivaut à une absolution prononcée, est donc un des actes qui suppléent au
jugement. Mais d'abord ce cas se présente rarement sous cette forme, et alors sa nature est trop
simple pour avoir besoin d'être précisée.

Voilà pourquoi il ne se trouve, à ma connaissance, mentionné que dans un seul texte du droit
romain (*r*), et voilà aussi pourquoi il n'a attiré
l'attention ni du législateur ni des anciens jurisconsultes.

§ CCCIV. *De ce qui supplée au jugement.* — *Aveu judiciaire.* — Confessio in jure (Suite).

Je vais maintenant exposer l'origine et les développements successifs du principe important
établi plus haut sur l'efficacité de l'aveu judiciaire
fait par le défendeur.

1) Pour le cas principal, la dette d'une somme
déterminée, la source primitive se trouve dans la
loi des XII Tables : — « Æris confessi rebusque
jure judicatis XXX dies justi sunto », etc. (*a*), où
l'aveu judiciaire et le jugement sont placés sur
la même ligne. Tous deux entraînent l'esclavage

(*r*) L. 29, § 1, de don. (XXXIX, 5). Voy. § 302, note *d*. —
On lit dans ce texte : « eum actionem jure amisisse respondit. »
Si donc il voulait reproduire cette action, son adversaire lui
opposait sans doute une *exceptio confessi* ou *confessoria*,
comme il lui eût opposé l'*exceptio rei judicatæ*.

(*a*) Gellius, XX, 10.

pour dette, c'est-à-dire l'exécution sur la personne, à laquelle succéda plus tard l'exécution
par la saisie des biens, la seule dont il puisse être
question aujourd'hui (b). — Voilà donc la base
de cette institution.

2) L'édit du préteur lui donna de l'extension pour
certains cas spéciaux. Il désigna quatre actions
où le défendeur convaincu, après avoir nié sciemment, devait payer à titre de peine le double de
la valeur réclamée (c). L'aveu mettait à l'abri de
cette peine, et alors restait la question de savoir
si l'aveu obligeait le défendeur à payer simplement la valeur réclamée. Cela fut admis sans difficulté, parce que l'aveu avait alors le caractère
d'une transaction ; le défendeur payait la valeur
simple, pour ne pas s'exposer à la payer double.
Cette interprétation, conforme à la nature des
choses, trouva sa confirmation expresse dans l'édit
qui, à côté de l'action *in duplum* en cas de dénégation, accorde l'action *in simplum* quand la dette
est avouée, et par conséquent il reconnaît direc-

***

(b) La question de savoir si l'esclavage pour dettes était
restreint au prêt d'argent est controversée. *Voy.* Savigny,
über des altrömische Schuldrecht, Abhandlungen der Berliner Akademie, 1833. Il est hors de doute que pour toute espèce de dettes d'argent l'aveu, de même que le jugement, entraînait la saisie des biens.

(c) Lis inficiando crescit in duplum. Gajus, IV, § 9, 171.
Ces quatre actions sont : judicati, depensi, damni injuria dati,
legati per damnationem relicti.

tement que l'obligation résulte de l'aveu (*d*). Au reste, cette disposition ne pouvait être considérée comme une innovation, et dès lors comme une extension, que pour un très-petit nombre de cas. L'*actio judicati* et *depensi*, ayant toujours pour objet une somme d'argent déterminée, rentraient dans la prescription de la loi des XII Tables (Num. 1); de même aussi l'action en délivrance d'un legs, quand ce legs était une somme d'argent. Il ne restait donc comme extension de l'efficacité donnée à l'aveu que les deux actions suivantes : l'action résultant d'un *legatum damnationis*, quand il s'agissait d'une chose déterminée autre que de l'argent comptant, par exemple, une maison, un cheval, etc.; et l'*actio legis Aquiliæ*, pour dommage matériel causé à la chose d'autrui. Relativement à ce dernier cas nous avons les renseignements les plus précis sur l'extension donnée à l'efficacité de l'aveu; j'y reviendrai tout à l'heure.

Pour tous les autres cas où intervient l'aveu judiciaire nous n'avons donc aucunes dispositions expresses sur ses effets spéciaux. Mais il n'est pas douteux que les jugements n'aient toujours tenu compte de l'aveu fait soit devant le préteur soit devant le *judex*.

3) Enfin l'extension complète donnée à notre

(*d*) Bethmann-Hollweg, p. 265-268.

principe, tel que je l'ai exposé plus haut (§ 3o3), résulte d'un décret du sénat rendu sous Marc-Aurèle (Oratio D. Marci). Ce décret décide formellement que dans toute espèce d'actions l'aveu fait devant le préteur a contre le défendeur la même force obligatoire que le jugement (e). — Malgré la généralité des termes employés par les anciens jurisconsultes quand ils parlent de ce décret du sénat, on doit le restreindre aux actions où chacune des parties peut disposer absolument de ses droits, les actions par exemple relatives au droit des biens. Mais l'aveu n'aurait plus la même efficacité s'il devait entraîner la perte de la liberté personnelle, ou la nullité d'un mariage (*f*).

Depuis l'abolition de l'*ordo judiciorum* toute *confessio in judicio* avait la même valeur que l'ancienne *confessio in jure*; à la vérité, elle ne supplée plus au jugement, mais elle en devient la base, et le juge doit y conformer sa sentence.

On a vu (§ 3o3) que l'aveu est l'acquiescement donné par le défendeur aux prétentions du demandeur, c'est-à-dire l'accord des deux parties. Maintenant ces prétentions impliquent toujours, et nécessairement, l'existence d'un rapport de droit, et le rapport de droit lui-même repose sur

(e) L. 6, § 2, de confessis (XLII, 2); L. 56 de re jud. (XLII, 1),

(*f*) L. 24, 39, C., de lib. causa (VII, 16); C., 5, X, de eo qui cognovit (IV, 13). — Bethmann-Hollweg , p. 274.

des faits. Or, si l'on veut approfondir la nature de l'aveu, il est nécessaire de déterminer si l'aveu a pour objet le rapport de droit ou plutôt les faits qui lui servent de base.

Le mot *confessio*, et le mot français qui y répond, semblerait indiquer que le fait est l'objet immédiat sur lequel s'accordent les parties, et dès lors l'aveu nous apparaîtrait seulement comme moyen de preuve ; mais le caractère juridique de l'aveu, qui l'assimile au jugement, nous ramène au rapport de droit. Tel est, en effet, l'objet nécessaire de tout jugement ; si donc l'aveu a la même autorité que le jugement et y supplée dans plusieurs cas (§ 3o3), il doit nécessairement aussi fixer l'existence d'un rapport de droit.

Cette nature de l'aveu est précisément reconnue dans les sources du droit ; ainsi le défendeur avoue *se debere*, ou *fundum actoris esse* (*g*), et personne ne doute que la dette ou la propriété ne soient de purs rapports de droit, auxquels seulement certains faits donnent naissance.

Au reste, on ne peut nier que la reconnaissance du rapport de droit ne renferme la reconnaissance du fait qu'il implique, bien qu'entre plusieurs faits également possibles le choix puisse rester incertain. Souvent même la reconnaissance d'un simple fait, un prêt reçu, par exemple, en-

(*g*) L. 3, 5, 7, de confessis (XLII, 2); L. 6. § 2, eod.

traîne la reconnaissance d'un rapport de droit (ici la dette résultant du prêt); mais cela ne change rien au fond des choses.

Néanmoins il y a un cas où les jurisconsultes romains font porter l'aveu exclusivement sur le fait, et il ne faut pas voir là une expression inexacte ou l'indice d'une divergence d'opinions, mais bien plutôt une conséquence déduite de la nature particulière d'une action unique. C'est un point que je vais approfondir dès à présent, car il se rattache à d'autres questions importantes.

On a vu plus haut que l'*actio L. Aquiliæ* était une des actions où, même antérieurement à l'*oratio D. Marci*, l'aveu avait un effet spécial : d'un côté, il mettait le défendeur à l'abri du payement du double, de l'autre côté il l'obligeait, comme un jugement prononcé, à payer la valeur simple (§ 303). En pareil cas, le simple aveu ne rendait pas le jugement superflu, car il restait toujours à déterminer la valeur du dommage éprouvé (*h*). Ainsi l'aveu, qui doit avoir ici des effets spéciaux, porte non sur la réclamation encore indéterminée du demandeur, mais uniquement sur le fait; non sur le fait entier et complet, mais sur la part que le défendeur y a prise personnellement : c'est ce que nos criminalistes appellent l'état subjectif de faits (*i*). Cette restric-

(*h*) L. 25, § 2 ; L. 26, ad L. Aqu. (IX 2,).
(*i*) L. 23, § 11 ; L. 24 ; L. 25, pr., ad L. Aqu. (IX, 2); L. 4.

tion n'a d'ailleurs rien d'accidentel ou d'arbitraire, et elle est pleinement justifiée par la circonstance suivante. Quand il s'agissait dans un procès d'un esclave tué ou blessé, le fait de la mort ou des blessures était rarement douteux, et, du reste, pouvait être aisément constaté. Le fait au contraire que le défendeur fût l'auteur de la mort ou des blessures pouvait être aisément dénié; c'est contre cette dénégation qu'est dirigée la menace du double payement, et l'aveu de cette partie du fait avait seule de l'importance. Dans la rédaction de la formule, cet aveu était seul obligatoire pour le juge, et l'action ainsi conçue s'appelait *confessoria actio* (*k*).

Après avoir exposé l'histoire et la forme de la *confessio in jure*, il nous reste à examiner son côté pratique. D'abord se présente, même en droit romain, l'importante question de savoir si foi absolue est due à l'aveu judiciaire, ou bien s'il peut être révoqué ou attaqué comme contraire à la vérité. — Nous aurons ensuite à examiner si les

de confessis (XLII, 2). Dans le premier de ces textes, le passage suivant est surtout décisif : « hoc enim solum remittere actori confessoriam actionem, ne necesse habeat docere, *eum occidisse*, ceterum *occisum esse* hominem a quocunque oportet. »

(*k*) L. 23, § 11; L. 25, § 1, ad L. Aqu. (IX, 2). Cette désignation ne se trouve pas ailleurs; cela tient sans doute à des circonstances accidentelles, car en soi elle était applicable à toute action intentée par suite d'une *confessio in jure* (§ 303, note *n*).

principes du droit romain sur l'aveu judiciaire
sont encore applicables au droit actuel, afin de
déterminer quels sont aujourd'hui les vrais principes de la matière.

Mais ces questions ne peuvent être résolues
définitivement que quand nous aurons traité de
la *interrogatio in jure*.

§ CCCV. *De ce qui supplée au jugement.* — I. *Aveu
judiciaire.* — Interrogatio in jure.

Quand un procès dépend d'une question préjudicielle concernant la personne du défendeur,
ce que les auteurs modernes appellent légitima-
tion passive, le demandeur a, comme le juge, le
droit de poser cette question au défendeur, le
quel est tenu d'y répondre ; cette obligation est
ici spéciale. Le contenu de la réponse lie le défendeur, et telle est l'analogie de cette institution
avec la *confessio in jure*.

La différence consiste en ce que la *confessio*
porte sur l'objet direct du procès, la réclamation
du demandeur, et dès lors peut suppléer au jugement (§ 3o3) ; l'*interrogatio,* au contraire, porte
non sur l'objet du litige, mais sur une question
préjudicielle, et par cela même ne peut jamais
suppléer au jugement.

Indépendamment de ce cas spécial, chacune
des parties pouvait, devant le préteur, adresser

une question à son adversaire; et si celui-ci faisait volontairement une réponse affirmative et précise, cette *in jure confessio* l'engageait, conformément aux principes exposés plus haut; mais alors l'*interrogatio* n'était regardée que comme l'occasion déterminante de la *confessio*, ce n'était pas un acte indépendant faisant partie de la procédure (*a*). — A ce principe se rattache notamment l'ancienne forme de la *in jure cessio*, comme transfert de la propriété par le consentement libre de l'ancien propriétaire.

Le nouveau propriétaire réclamait la chose pour la forme, le préteur demandait au vendeur s'il reconnaissait la propriété du demandeur; et sur sa réponse affirmative, ou même à défaut de réponse, le préteur prononçait l'*addictio*, qui transférait la propriété (*b*).

On comprend que l'interrogation aurait pu se faire aussi bien devant le préteur que devant le *judex*. Dans l'origine elle n'avait lieu que devant le préteur; aussi était-elle une *interrogatio in*

(*a*) Nous voyons un semblable exemple d'une question adressée par un défendeur à un demandeur dans la L. 29 , § 1, de don. (XXXIX, 5). Voy. § 303 , *r*. Les expressions que cette loi emploie indifféremment de : *interrogatus, respondit, confessus, confessio*, ne présentent donc aucune inexactitude. Dans tout le titre de interrogationibus, les mots *respondere* et *confiteri* sont employés alternativement comme synonymes.

(*b*) Gajus, II, § 24.

jure (c), et non *in judicio*; car, sa destination primitive étant d'influencer la rédaction de la formule, nous voyons son application mentionnée dans les cas suivants, où le demandeur avait intérêt à obtenir du défendeur une réponse sur ces diverses questions :

1) Le défendeur est-il héritier d'un débiteur du demandeur (d)?

2) Pour quelle part est-il héritier (e)?

3) Dans le cas de la *noxalis actio*, est-il propriétaire de l'esclave auteur du dommage, et dans le cas de l'*actio si quadrupes* est-il propriétaire de l'animal qui a causé le dommage (f)?

4) Dans le cas de l'*actio de peculio* existe-t-il un *peculium* appartenant au fils ou à l'esclave (g)?

5) Dans le cas d'une *cautio damni insecti* est-il propriétaire de la maison menaçant ruine (h)?

6) Dans le cas d'une revendication de propriété, de quelle partie de la chose le défendeur est-il en possession (i) ?

(c) Cette expression se trouve dans l'inscription du titre et dans la L. 1, pr.; L. 4, § 1, de interr. (XI, 1).

(d) L. 2, 3, 5, 9, § 7, de interr. (XI, 1).

(e) L. 1, pr.; L. 4, pr.; L. 5, eod.

(f) L. 5, 8, 7, eod.

(g) L. 9, § 8, eod.

(h) L. 10; L. 2, § 2, eod.

(i) L. 20, § 1, eod. — Le défendeur ne pouvait être interrogé sur sa propriété par le demandeur, car cela rentre dans le droit du demandeur, que celui-ci doit connaître. L. 73, pr., de R. V. (VI, 1).

7) Quel âge a le défendeur (*k*)? c’est-à-dire est-il impubère, ou bien mineur? car dans le premier cas la validité de la procédure exige la présence du tuteur comme *auctor*, dans le second cas l’assistance du curateur (*l*).

Toutes ces questions pouvaient être bonnes à poser pour épargner au demandeur les peines et les frais d’une procédure inutile ou mal engagée. Dans un de ces cas (Num. 2) la question était même nécessaire pour éviter la perte d’un droit; c’est-à-dire quand le demandeur voulait diriger une *certi condictio* contre un héritier de son débiteur primitif, et ignorait pour quelle part son défendeur était héritier. En effet, si sa réclamation excédait la part proportionnelle que devait payer le défendeur, d’après les règles de l’ancienne procédure il perdait tous ses droits contre cet héritier (*m*).

La réponse faite à la question devenait la base d’une *interrogatoria actio* (*n*), c’est-à-dire que

(*k*) L. 11, pr., de interr. (XI, 1).

(*l*) Le mari qui se séparait de sa femme pouvait l’interroger devant le préteur pour savoir si elle était enceinte. La constitution d’un gage ou une peine pécuniaire pouvaient être employées comme moyens de contraindre la femme à répondre; mais comme à cette interrogation il ne se rattache aucune action, et que tel est l’objet principal de l’institution qui nous occupe, cela n’appartient pas directement à notre sujet. L. 1, § 2, 3, de insp. ventre (XXV, 4).

(*m*) L. 1, pr., de interr. (XI, 1).

(*n*) Cette expression se trouve dans l’inscription du titre,

le contenu de la réponse était inséré dans la formule comme définitivement acquis au procès.
Un exemple rendra la chose sensible. Je suis
créancier de cent écus en vertu d'une stipulation ;
mon débiteur vient à mourir, un de ses héritiers
dénie la dette ; mais, interrogé sur sa qualité d'héritier du défunt, il répond qu'il est héritier pour
moitié : la formule peut alors être rédigée en ces
termes :

Quod N. Negidius, interrogatus, respondit se
esse Seji heredem ex semisse, si paret Sejum
Aulo Agerio centum dare oportere, N. Negidium
in quinquaginta condemna.

Cette procédure pouvait engager le défendeur
de différentes manières ; j'en parlerai tout à l'heure
avec détails.

Mais auparavant je dois faire mention d'un
changement qui remonte au temps des anciens
jurisconsultes. Voici à ce sujet les expressions
littérales de Callistrate (o) : « D'après la juris-
« prudence actuelle, le défendeur n'est plus tenu
« de répondre devant le préteur aux questions
« qui lui sont adressées : cette partie de la pro-
« cédure, comme tout ce qui se rapporte à la
« preuve des faits, est renvoyée devant le *judex*.
« Aussi les *interrogatoriæ actiones* sont-elles pres-

comme aussi dans la L. 1, § 1, et dans la L. 22, eod.
  (o) L. 1, § 1, eod.

« que totalement tombées en désuétude (*p*). »

Des auteurs modernes ont trouvé cet exposé historique tellement extraordinaire, qu'ils ont eu recours aux moyens les plus forcés pour expliquer sa prétendue contradiction avec l'ensemble des textes (*q*). L'abandon complet des interrogations comme institution positive, car c'est ainsi qu'ils entendent le récit de Callistrate, leur semble inconciliable avec les règles si précises que j'exposerai plus bas et que le Digeste nous représente comme le droit en vigueur. Pour résoudre cette difficulté on a proposé deux moyens.

Les uns voient dans tout ce récit une interpolation de Tribonien, et ils prétendent que jusque

---

(*p*) L. cit. « Interrogatoriis autem actionibus *hodie non utimur…. minus frequentantur et in desuetudinem abierunt.* » J'ai déjà dit que l'ancien usage se recommandait surtout par les facilités qu'il offrait, et que ces facilités pouvaient aussi exister devant le *judex.* Dans un seul cas, relativement rare (note *m*), l'ancien usage pouvait être indispensable pour éviter un danger, et vraisemblablement il se sera maintenu pour ce cas spécial, tant que l'*ordo judiciorum* subsista avec ses formes rigoureuses. Aussi le jurisconsulte ne dit pas que les actions interrogatives ont été complétement abandonnées, mais que l'on en use plus rarement (*minus* frequentantur), et cette expression a peut-être été choisie en vue du cas spécial dont je viens de parler. J'ajoute que la *nécessité* des *int. act.* pour ce cas spécial se trouve signalée un peu plus haut dans le même texte.

(*q*) Cf. Glück, vol. XI, p. 247-249, 255, 293 ; Zimmern, Rechtsgesch., vol. III, p. 379 ; Puchta, Institutionen., vol. II, p. 192.

alors il n'y avait eu rien de changé. — Mais l'interpolation serait à la fois inutile et contraire au but des compilateurs : inutile, car du temps de Justinien il n'y avait pas de confusion possible entre le préteur et le *judex;* contraire au but des compilateurs, car l'ensemble du titre du Digeste prouve évidemment que les anciennes règles pratiques sur les interrogations continuent de subsister.

D'autres ont proposé l'explication suivante. Anciennement, disent-ils, on avait recours à des interrogations *extra-judiciaires*, qui étaient une source d'injustices et d'oppression, et voilà les interrogations qui, d'après le témoignage de Callistrate, sont tombées en désuétude. — Mais il n'existe aucune trace de ces interrogations tyranniques, et elles n'ont été imaginées que pour résoudre la prétendue difficulté de notre texte, difficulté qui tient uniquement à deux expressions de Callistrate évidemment mal comprises (*r*).

Toute difficulté disparaît quand on se rend compte du changement accompli. Les anciennes interrogations avec leurs conséquences rigoureusement déterminées ne subirent aucune modifi-

(*r*) L. 1, § 1, cit. « Interrogatoriis autem actionibus hodie non utimur, quia nemo cogitur *ante judicium* de suo jure aliquid respondere. » On traduisait ces mots *ante judicium* par extra-judiciairement, tandis qu'ils équivalent à : *in jure, coram Prætore*.

cation; seulement au lieu de se faire devant le préteur, elles se firent devant le *judex*, et dès lors n'eurent plus d'influence sur la rédaction de la *formula*. Ainsi ce sont les *interrogatoriæ actiones* qui tombèrent en désuétude, et non les interrogations, qui continuèrent de subsister avec toutes leurs conséquences. Tel est presque littéralement le récit de Callistrate, dont le témoignage est pleinement confirmé par un texte d'Ulpien (*s*).

La chose envisagée ainsi, on comprend que Tribonien n'avait rien à changer, car ce que l'on voulait maintenir existait depuis l'abolition de l'*ordo judiciorum*. Nous n'avons donc aucun motif d'admettre qu'aucune interpolation importante ait été faite au texte de l'ancien jurisconsulte (*t*).

Il me reste maintenant à exposer les règles pratiques qui, établies dans l'origine pour l'*interrogatio in jure*, ont été plus tard, du temps même des anciens jurisconsultes, appliquées à l'*interrogatio in judicio*.

Le défendeur peut être interrogé sur tous les points préjudiciels relatifs à ses rapports person-

(*s*) L. 21, eod. « Ubicunque *judicem* æquitas moverit, æque oportere fieri interrogationem, dubium non est. »

(*t*) On peut tout au plus en admettre une très-innocente et très-peu dangereuse dans cette phrase d'Ulpien (L. 4, pr., eod.) : « Voluit Prætor adstringere eum qui convenitur ex sua *in judicio* responsione... » Ici il se pourrait qu'Ulpien ait écrit : *in jure.*

nels, tant par le magistrat que par son adversaire, et toujours il est tenu de répondre (*u*). Voici maintenant les différents cas qui peuvent se présenter.

A) Le défendeur répond, et son adversaire peut invoquer contre lui le contenu de sa réponse comme vérité par la forme, de même qu'il invoquerait un jugement. Sous ce point de vue, la réponse a la nature d'un quasi-contrat (*v*).

B) Le défendeur répond, et plus tard on lui prouve qu'il a répondu sciemment le contraire de la vérité.

C) Le défendeur refuse de répondre.

Dans ces deux derniers cas le demandeur est autorisé à admettre comme vrai le fait le plus défavorable à son adversaire que comporte l'état de la cause, et cela est considéré comme punition de la mauvaise foi du défendeur (*x*). Ainsi, par exemple, si celui-ci, héritier pour moitié du débiteur primitif, a répondu qu'il était héritier pour un quart, on le considère comme seul héritier, et dès lors il peut être poursuivi pour la totalité de la dette.

Néanmoins, l'obligation de répondre et la peine attachée au refus n'existent plus quand le dé-

---

(*u*) L. 9, pr., § 1; L. 11, § 9, eod.

(*v*) L. 11, § 9, eod.

(*x*) L. 4, pr.; L. 5; L. 11, § 2, 3, 4, 5, 9 ; L. 17, eod.; L. 39, pr., de proc. (III, 3); L. 26, § 5, de nox. act. (IX, 4). — Bethmann-Hollweg, p. 281.

fendeur peut donner pour motif de son silence son ignorance des faits, si, par exemple, on l'interroge sur sa qualité d'héritier, et qu'il soit en instance pour établir cette qualité (*y*).

§ CCCVI. *De ce qui supplée au jugement.* — I. *Aveu judiciaire.* —Révocation.

Après avoir traité successivement de la *confessio* et de l'*interrogatio*, nous pouvons aborder une question pratique importante qui touche à ces deux institutions, comme branches de l'aveu judiciaire. Voici la question : Le défendeur peut-il révoquer son aveu, comme contraire à la vérité, c'est-à-dire en prouvant qu'il est le résultat d'une erreur? Cette question est très-controversée par les auteurs modernes, ce qui tient aux contradictions apparentes que présentent les décisions des jurisconsultes romains.

Pour donner une base solide à cette recherche, il est nécessaire de remonter aux principes généraux, et ici nous trouvons deux points de vue extrêmes, diamétralement opposés. Suivant le premier, l'aveu judiciaire est un simple moyen de preuve, comme l'aveu extra-judiciaire (seulement plus efficace), comme aussi la preuve par témoins, et dès lors il doit céder à la preuve

____

(*y*) L. 6, § 1, de interr. (XI, 1).

contraire. — Suivant le second, l'aveu judiciaire constitue un droit par la forme, comme le jugement, et dès lors il est irrévocable quand même son auteur offrirait d'en prouver la fausseté.

La vérité se trouve entre ces deux points de vue extrêmes. Sans doute l'aveu judiciaire constitue un droit par la forme, enchaînant celui qui l'a fait ; et ce n'est pas un simple moyen de preuve, c'est-à-dire un moyen d'opérer la conviction du juge. Néanmoins on peut l'annuler, mais en vertu d'une restitution accordée par le préteur, c'est-à-dire par la même autorité qui, sous de certaines conditions, permet d'annuler un jugement. — Ces principes s'appliquent à la *confessio* comme à l'*interrogatio*. — Il y a néanmoins des cas exceptés où l'aveu judiciaire est absolument inattaquable. — Je vais développer ces diverses propositions, et les justifier par les sources du droit romain.

1) La *confessio in jure* (*in judicio* d'après le droit Justinien) lie celui qui avoue (§ 3o3 , 3o4). L'*interrogatio* et la *responsio in jure* (même du temps des anciens jurisconsultes *in judicio*) ont la même efficacité ; ordinairement elles opèrent comme quasi-contrats, et par exception comme peine. Ainsi donc toutes les formes de l'aveu judiciaire ont également force obligatoire.

Maintenant il s'agit de bien préciser la nature de cette force obligatoire. L'aveu a pour effet de circonscrire le litige, et ainsi il est un des actes qui préparent le jugement et en fixent les conditions. Ainsi encore il a une affinité intime avec la *litiscontestatio*, car c'est pour ainsi dire une *litiscontestatio* nouvelle, qui complète définitivement la première. En effet, l'aveu ne détermine pas un ou plusieurs faits sur lesquels le juge est appelé à prononcer; il les enlève au contraire à la décision du juge, et dès lors restreint plus ou moins le champ du litige.

2) Si l'aveu repose sur une erreur, celui qui l'a fait peut échapper à ses conséquences, au moyen de larestitution, que dans l'ancienne procédure le préteur seul pouvait accorder (*a*).

Mais la restitution ne s'obtient qu'aux conditions suivantes. — L'erreur doit étre une erreur de fait, non une erreur de droit (*b*). — Elle ne doit point provenir d'une extréme négligence (*c*). — On doit prouver qu'il y a réellement *erreur* : ainsi il ne suffit pas d'établir le contraire du fait avoué (*d*). Cette règle importante, formellement

(*a*) L. 7 de confessis (XLII, 2); L. 11, § 8, de interr. (XI, 1). Nous voyons ici un des cas nombreux où la restitution est accordée, pour cause d'erreur, contre des actes de procédure. Voy. vol. III, p. 380, 381.

(*b*) L. 2 de confessis (XLII, 2); C., 3, X, de confess. (II, 18); C., 2 de restit. in VI (I, 21).

(*c*) L. 11, § 11, de interr. (XI, 1) : « nisi culpa dolo proxima sit. »

(*d*) C., 3, X, de confessis (II, 18) : si de hujusmodi potue-

exprimée dans les sources du droit, est la conséquence nécessaire de ce que l'aveu n'a pas toujours pour but de rendre hommage à la vérité ;
il peut être dicté par un tout autre motif, tel que
celui de faire une donation (§ 3o3). On ne peut
d'ailleurs constater autrement l'existence des deux
autres conditions, savoir que l'erreur est purement
de fait et ne provient pas d'une extrême négligence.

Ces principes s'appliquent également à la *confessio* et à l'*interrogatio* (note *a*). Relativement
à celle-ci, la restitution annule le quasi-contrat
(§ 3o5, *v*). Quant à la peine encourue pour une
déclaration mensongère (§ 3o5 , *x*), la preuve
même de l'erreur exclut toute idée de mensonge (*e*).

J'ai encore à signaler ici l'analogie intime qui
existe entre l'aveu erroné et la *condictio indebiti*.
Dans les deux cas il s'agit d'établir l'erreur, qui
doit être une erreur de fait et ne point provenir
d'une extrême négligence. Je reviendrai tout à
l'heure sur cette analogie.

3) Une restitution formelle n'est pas toujours
nécessaire.

Celui qui, en présence du préteur, ayant fait
un aveu, voulait le retirer ou le modifier avant

rit errore docere. » — Il s'agit toujours d'établir par des faits
extérieurs vraisemblables l'origine de l'opinion erronée. On
trouve des exemples de ce genre de preuves dans la L. 11,
§ 8, de interr. (XI, 1).

(*e*) L. 11, § 5, 10, 11, de interr. (XI, 1).

que son adversaire n'en eût éprouvé de préjudice, n'avait pour cela besoin ni de preuves ni de restitution. Après la *litiscontestatio*, c'est-à-dire devant le *judex*, cela n'était plus permis sans retourner devant le préteur et obtenir la restitution (*f*).

Quand le fait avoué devait être reconnu comme impossible en vertu des règles du droit, la restitution devenait inutile et le *judex* romain devait refuser tout effet à un pareil aveu. Ainsi, lorsque une action noxale, motivée sur un acte d'un esclave ou d'un fils, était dirigée contre le prétendu maître ou père, et que celui-ci, sur l'interrogation du demandeur, se reconnaissait investi de la *potestas*, cet aveu suffisait pour le constituer débiteur et le charger de la dette du maître ou du père véritable. Mais si plus tard on venait à établir que l'auteur de l'acte faisant la base de l'action n'était ni esclave ni fils, mais libre et indépendant, ou bien que le défendeur était incapable soit d'avoir la propriété de l'esclave, soit d'avoir la puissance paternelle, comme moins âgé que le prétendu fils, dans tous ces cas l'aveu ne produisait aucun effet (*g*).

(*f*) L. 11, § 12, de interr. (XI, 1) : « licere responsi pœnitere. » L. 26, § 3, de nox. act. (IX, 4).

(*g*) L. 13, 14, 16, de interr. (XI, 1). Voilà ce qu'expriment les textes cités par ces mots : « quia falsæ confessiones naturalibus convenire deberent » et : « si id, quod in confessionibus venit, et jus et naturam recipere potest. »

Plusieurs auteurs ont beaucoup exagéré l'importance de la preuve de l'impossibilité ; mais telle est en réalité son unique influence. Sans doute tout fait impossible est en même temps un fait faux, et la preuve de cette fausseté sert de base à la preuve de l'erreur commise par celui qui a avoué le fait comme vrai. Cela ne fournit pas la preuve complète de l'erreur, car une chose impossible aussi bien qu'une chose fausse peut être avancée sciemment et par conséquent sans erreur. Il ne faut donc pas dire avec certains auteurs que la preuve de l'impossibilité suffit et dispense de prouver l'erreur. Ainsi lorsque quelqu'un se reconnaît l'auteur d'un acte, il ne lui suffit pas pour révoquer cet aveu d'établir un alibi. Car s'il résulte de l'alibi qu'il ne peut pas être et n'est pas l'auteur de l'acte, il n'en résulte nullement que l'aveu ait été fait par erreur. En pareil cas, au contraire, l'erreur est bien peu vraisemblable, et ne saurait être admise sans recourir aux suppositions les plus aventureuses.

§ CCCVII. *De ce qui supplée au jugement.* —
I. *Aveu judiciaire.* — *Révocation* (Suite).

Les principes que je viens d'exposer souffrent exception toutes les fois qu'une dénégation malicieuse entraîne une condamnation au double de la valeur (ubi lis inficiando crescit in duplum)

(§ 3o4). L'aveu prend alors le caractère d'une transaction faite pour échapper au péril de la condamnation ; aussi ne peut-il être révoqué en alléguant l'erreur, et la restitution n'est pas admise lors même que l'erreur pourrait être prouvée (*a*).

Ici se retrouve l'analogie signalée plus haut (§ 3o6) entre la révocation de l'aveu et la *condictio indebiti*. En effet la *condictio indebiti* n'est pas non plus admise dans des circonstances semblables (*b*), car le payement n'est pas l'accomplissement d'un engagement certain, mais une transaction faite pour échapper au péril d'une condamnation plus forte.

Cette exception devait donc s'appliquer également à l'*actio judicati* et *depensi*, comme à l'action résultant d'un *legatum damnationis* pour une somme déterminée. Si les anciens jurisconsultes n'en ont pas fait mention, cela tient à la nature de ces dettes, qui étaient simplement des dettes d'argent. Comme tout se passait alors devant le préteur sans *judex* (§ 3o4), le temps et l'occasion manquaient à la révocation de l'aveu. Je n'ai donc plus à examiner que deux actions de cette espèce, l'*actio L. Aquiliæ* et l'action qui

______

(*a*) Cette exception ne s'applique pas aux *interrogationes*, mais seulement à la *confessio in jure* proprement dite.

(*b*) § 7, J., de obl. quasi ex contr. (III, 27); L. 4, C., de cond. ind. (IV, 5).

résulte d'un *legatum damnationis* ayant pour objet une chose déterminée autre qu'une somme d'argent.

Quand l'*actio L. Aquiliæ* s'exerce parce qu'un esclave a été tué ou blessé, si le défendeur avoue le fait, il s'oblige par cet aveu à la simple réparation du dommage, et il n'a point de restitution à espérer, lors même qu'il offrirait de prouver son erreur. Le motif péremptoire de cette décision remarquable est, comme je l'ai dit plus haut, le caractère de transaction imprimé à l'aveu qui protége le défendeur contre le risque d'être condamné à une double réparation (§ 304, *i*). Mais ce risque, et l'obligation absolue qui en dérive, est restreint à l'acte personnel du demandeur. Si donc la révocation de l'aveu se fonde sur ce que l'esclave est encore vivant ou n'a pas reçu de blessures, la restitution pour cause d'erreur est admissible comme dans toute autre action. — Outre ce motif, il en existe un autre, qui, indépendamment de la preuve de l'erreur, suffirait pour faire rejeter l'action. En effet, si l'esclave est vivant et sans blessures, l'action tombe de soi-même, puisqu'il n'y a pas de dommage, dont l'estimation seule pourrait donner matière à une condamnation (*c*). — D'un autre côté, l'impossibilité n'est nullement la raison décisive; car l'im-

(*c*) L. 24 ad L. Aqu. (IX, 2).

possibilité de l'acte attribué au défendeur pourrait résulter d'un alibi, et néanmoins cette preuve ne détruirait pas l'obligation créée par l'aveu.

Le second cas dont nous ayons à nous occuper est celui d'un *legatum damnationis* ayant pour objet une chose déterminée autre qu'une somme d'argent. Lorsque, sur la demande du légataire, l'héritier se reconnaît débiteur du legs, son obligation est définitive et absolue, quand même il pourrait prouver que la chose léguée n'a jamais existé ou qu'elle n'existe plus (*d*). Dans ces deux cas le legs est nul (*e*), et par conséquent l'obli-

(*d*) L. 3 de confessis (XLII, 2) : « Julianus ait confessum *certum se debere* legatum, *omnimodo damnandum*, etiamsi in rerum natura non fuisset, etsi jam a natura recessit, ita tamen, ut in æstimationem ejus damnetur, *quia confessus pro judicato habetur*. » — Ce texte semble contredit à plus d'un égard par les textes suivants : L. 8 eod. : « *Non omnimodo* confessus condemnari debet rei nomine quæ an in rerum natura esset incertum sit. » Mais on ne dit pas qu'il s'agisse ici d'un *legatum damnationis*, et les expressions indéterminées de cette loi sont parfaitement applicables à toute autre action. — L. 5 eod. : « Qui Stichum debere se confessus est, sive mortuus jam Stichus erat, sive post litis contestationem decesserit, condemnandus est. » D'après l'inscription de ce texte, Ulpien parle ici d'une dette résultant d'une stipulation ; mais nous ne pouvons rien conclure de ce fragment isolé, car l'obligation devait nécessairement avoir encore une autre cause, surtout puisque la mort de l'esclave est postérieure à la *lit. cont.*, et que dans ce cas l'obligation ne peut résulter que *du dolus* de la *culpa* ou de la *mora* du défendeur. Voy. vol. VI, § 272, 273, note *l*.

(*e*) L. 108, § 10; L. 36, § 3, de leg. 1 (XXX, un.), § 16, J., de leg. (II, 20).

gation d'en faire la délivrance, impossible : d'où l'on voit que l'impossibilité du fait avoué (se *debere* legatum) n'influe en rien sur l'obligation. — Dans ce cas, comme dans celui qui précède, l'aveu a la nature d'une transaction, puisque l'héritier fournit seulement la valeur du legs(*f*), et par là se soustrait au danger d'une condamnation plus onéreuse.

Ces cas exceptionnels, où l'aveu oblige d'une manière absolue sans restitution pour cause d'erreur, n'ont aucune application au droit actuel. En effet, l'institution désignée sous ce titre : *lis inficiando crescit in duplum*, forme une partie spéciale et toute positive des peines privées des Romains, complétement étrangère au droit actuel. Les exceptions dont je viens de parler, n'étant que des conséquences de cette institution, n'existent donc plus pour nous.

J'ai essayé de concilier les contradictions apparentes des textes du droit romain sur cette matière. Des auteurs modernes ont proposé d'autres moyens pour arriver au même but. Si mes explications sont justes, je n'ai pas besoin d'exposer et de réfuter celles proposées par ces auteurs (*g*).

(*f*) L. 61, in f., ad L. Falc. (XXXV, 2); L. 71, § 3, de leg. 1 (XXX, un.).

(*g*) Bayer, Vorträge, p. 305-310, est celui qui approche le plus de la vérité ; seulement, il admet l'impossibilité et l'erreur

§ CCCVIII. *De ce qui supplée au jugement.* — I. *Aveu judiciaire.* — *Droit actuel.*

Au premier abord on pourrait croire que toute la matière dont je viens de traiter est pour nous sans application, puisque la « confessio *in jure* » et « l'interrogatio *in jure* » ont dû disparaître avec l'ancien *ordo judiciorum*. Mais du temps de Justinien il n'existait plus aucune trace de l'*ordo judiciorum*, et néanmoins cette matière est représentée au Digeste comme le droit en vigueur ; nous devons donc admettre, et tel est le vérirable sens de la législation justinienne, que depuis la fusion du *jus* et du *judicium* les anciennes institutions continuèrent de subsister comme *confessio* et *interrogatio in judicio*.

A cela se rattache une question sur laquelle des auteurs modernes distingués sont partagés d'opinion : les règles positives du droit romain exposées plus haut sont-elles encore applicables

comme deux motifs distincts de rétractation, de sorte que l'impossibilité dispense de prouver l'erreur. — De même Bethmann-Hollweg, p. 272, 273, attache une trop grande importance à l'impossibilité en soi, et relègue l'erreur sur le second plan. — Weber, p. 58-64, a tout confondu. — Linde, § 256, pose comme règle que la rétractation est inadmissible, puis il limite cette règle par un grand nombre d'exceptions isolées.

aujourd'hui (*a*)? Suivant moi, la plupart des décisions du droit romain sur cette matière, et les plus importantes, subsistent non comme lois positives, mais comme développement naturel de cette institution, sauf quelques détails secondaires purement positifs, qui pour nous n'ont plus d'application.

Rien n'a contribué davantage à obscurcir les vrais principes de la matière que le point de départ ordinairement adopté par les auteurs. Ils commencent par poser l'aveu comme un genre de preuve, qui consiste en une déclaration sur des faits contre lesquels une preuve devrait être fournie. Puis ils divisent ce genre en deux espèces, l'aveu judiciaire et l'aveu extra-judiciaire, selon que la déclaration a lieu en présence ou hors de la présence du juge ; mais cette distinction secondaire ne les empêche pas de traiter les deux espèces d'aveu comme appartenant à un seul et même genre.

Mon point de départ est tout différent ; c'est celui que j'ai indiqué plus haut (§ 3o6). L'aveu judiciaire et l'aveu extra-judiciaire ont une dénomination commune, mais une nature essentiellement distincte, et l'étude approfondie de ces différences nous mène à la solution de la question qui nous occupe : jusqu'à quel point

(*a*) Heffter, p. 290, 291, résout la question affirmativement; Bethmann-Hollweg, p. 301, la résout négativement.

les règles et les principes du droit romain relatifs à l'aveu sont-ils applicables au droit actuel ?

L'aveu judiciaire est une déclaration sur des points litigieux faite devant le juge par l'une des parties; l'essence et l'efficacité de cette déclaration est la délimitation des points contestés par les parties et de ceux qui ne le sont pas. Or, comme le juge a pour unique mission de prononcer sur les objets litigieux, l'aveu judiciaire détermine et circonscrit cette mission. Ainsi donc, à la différence d'une véritable preuve, qui serait pour le juge un motif de prononcer de telle ou de telle manière, l'aveu désigne les objets sur lesquels le juge doit s'abstenir de prononcer, puisqu'ils sont en dehors du litige. On voit d'après cela que l'aveu judiciaire constitue une vérité en la forme (§ 3o3).

Sans doute l'aveu judiciaire peut porter simplement sur des faits, puisque des faits peuvent être l'objet, souvent même l'objet principal, d'un litige. Rigoureusement parlant il faudrait dire, non que l'aveu prouve le fait, mais qu'il dispense de le prouver; cette distinction est, du reste, sans intérêt pour la pratique.

Mais l'aveu judiciaire peut porter aussi sur des rapports de droit, et tel est le véritable champ où se déploie son efficacité.

Tout aveu judiciaire peut être révoqué après une restitution accordée par le juge. Mais celle-ci doit être motivée sur une erreur, une erreur de fait seulement, et qui ne provienne pas d'une extrême négligence. Pour que le juge admette l'erreur comme motif de l'aveu, il faut des circonstances qui rendent l'erreur naturelle et vraisemblable (§ 306, *d*). La simple preuve que le fait avoué est faux ou même impossible ne suffit pas sans la preuve de l'erreur pour obtenir la restitution.

Telles sont sur l'aveu judiciaire les règles du droit romain que j'ai développées plus haut. Elles ne contiennent rien que l'on doive considérer comme purement positif ou qui tienne à l'organisation judiciaire des Romains. Nous y voyons, au contraire, le simple développement de cette institution fondée sur les véritables besoins de la pratique. Rien dans la procédure du droit commun de l'Allemagne ne s'oppose à l'application complète de ces règles.

D'un autre côté, le droit romain nous offre certains points peu importants, il est vrai, dont l'application est aujourd'hui impossible, et cela n'a jamais fait aucun doute dans la pratique; je vais les résumer successivement.

1) Il ne peut plus être question de distinction à établir entre la *confessio in jure* et l'*interrogatio in jure;* déjà du temps des Romains ces expressions et ces formes avaient perdu toute valeur pratique, et n'avaient plus qu'une signification his-

torique. Ainsi donc, que l'aveu judiciaire soit provoqué par la partie adverse ou par un décret du juge, qu'il porte sur un point préjudiciel ou sur le fond même du procès, tout cela est aujourd'hui indifférent.

2) Les peines prononcées par le droit romain contre ceux qui font une déclaration mensongère ou qui refusent de répondre (§ 3o5) sont certainement étrangères à la procédure actuelle.

3) Elle ne reconnaît pas davantage l'obligation absolue sans espoir de restitution, établie exceptionnellement par le droit romain dans le cas de l'*actio legis Aquiliæ* et de l'action résultant d'un *legatum damnationis* (§ 3o7). Cette prescription est une simple conséquence de la condamnation au double de la valeur ; elle appartient au système des peines privées que le droit moderne n'a jamais admis : l'exception relative au *legatum damnationis* est surtout inapplicable, car, non-seulement cette forme spéciale de legs n'existe plus pour nous, mais en outre Justinien l'avait abolie législativement, et l'avait assimilée à tous les autres legs (*b*).

4) En droit actuel, l'aveu judiciaire ne supplée jamais au jugement de telle sorte qu'il le rende inutile. Le jugement doit toujours être prononcé ; seulement, son contenu doit s'accorder avec le

(*b*) L. 1, C. communia de leg. (VI, 43), § 2, J. de leg. (II, 20).

contenu de l'aveu. Cela avait toujours existé en droit romain, sauf le cas où l'aveu portait sur une somme d'argent déterminée (§ 3o3), et cette exception même avait disparu depuis l'abolition de l'*ordo judiciorum* (§ 3o4). Ainsi donc, sous ce rapport, la procédure actuelle ne diffère en rien de la procédure romaine.

On appelle aveu extrajudiciaire toute décla-ration sur une chose litigieuse faite par une des parties devant toute autre personne que le juge appelé à connaître du litige, ce qui comprend les déclarations privées, soit écrites, soit orales, et même les déclarations judiciaires faites à l'occasion d'un autre procès. Cet aveu est purement un moyen de preuve, et il peut fournir une preuve complète ; car chacun peut rendre contre soi-même un témoignage digne de foi (*c*).

Comme moyen de preuve, cet aveu ne peut porter que sur des faits et non sur des rapports de droit. Néanmoins, comme tout rapport de droit repose sur des faits, et comme souvent la chose est tellement simple que le fait seul peut être contesté, une déclaration sur un rapport de

____

(*c*) Danz Prozesz, § 292-299 ; Martin, § 128. Bethmann-Hollweg lui-même, qui en général a très-bien traité le sujet, ne semble pas avoir sur ce point des idées bien claires. Ainsi, p. 310, il admet l'aveu judiciaire comme vérité *de forme*, et, p. 311, il admet contre cet aveu la simple preuve du fait contraire, sans qu'il y ait d'erreur prouvée.

droit peut, suivant les circonstancés, fournir la preuve complète d'un fait (§ 3o4). Ainsi, par exemple, celui qui déclare dans une lettre *devoir* cent écus pour un prêt ou pour prix d'une acquisition, reconnaît implicitement avoir *reçu* les cent écus prêtés, ou avoir *promis* les cent écus formant le prix de la vente. Or, ce sont là de simples faits susceptibles d'être prouvés complétement par un aveu extrajudiciaire.

On peut révoquer et annuler l'aveu extrajudiciaire en prouvant d'une manière complète le contraire du fait avoué. Ici l'on n'a besoin ni d'obtenir la restitution, ni d'établir d'erreur d'aucune espèce, précisément parce que cet aveu n'est pas un acte qui oblige, mais un simple moyen de preuve.

Les auteurs qui ont écrit sur la procédure ont en grande partie méconnu cette distinction essentielle entre les deux espèces d'aveux, et voilà pourquoi ils n'ont pas traité ce sujet d'une manière satisfaisante.

La manière dont la loi prussienne sur la procédure traite ce sujet est très-remarquable (*d*). En général, elle suit les principes adoptés par les commentateurs du droit commun, qui regardent l'aveu judiciaire et l'aveu extrajudiciaire comme de simples moyens de preuve et comme les deux

____

(*d*) Allg. Gerichtsordnung, I, 8, § 14-16 ; II, 10, § 27-82 et § 88, *b*.

espèces d'un même genre. Mais dans les détails elle se rapproche singulièrement des vrais principes du droit romain.

Si le défendeur admet complétement les prétentions du demandeur, il n'y a pas de jugement prononcé, mais l'acte de cette reconnaissance est publié comme un jugement et susceptible d'exécution. — Cela répond pour les points essentiels à la *confessio in jure* de l'ancien droit romain.

Tout aveu peut être révoqué; mais pour cela il ne suffit pas de prouver le contraire du fait avoué, il faut dans tous les cas établir l'erreur, c'est-à-dire lui assigner des motifs vraisemblables. Contre toute révocation s'élève la présomption de la vérité de l'aveu, mais cette présomption est plus ou moins forte selon les circonstances; c'est-à-dire que le juge doit admettre très-difficilement la révocation d'un aveu judiciaire fait sur un procès actuel, moins difficilement celle d'un aveu judiciaire dans un autre procès, enfin il doit être encore plus facile s'il s'agit d'un aveu extrajudiciaire. — Cette gradation corrige en grande partie le vice du point de vue fondamental.

§ CCCIX. *De ce qui supplée au jugement.* — II. *Le serment.* — Introduction.

Sources :
Dig. XII, 2 (de jurejurando, sive voluntario, sive necessario, sive judiciali).

Cod. IV, 1 (de rebus creditis et jurejurando).
Paulus, II, 1.

Auteurs :

Malblanc, Doctrina de jurejurando. Nor. 1781, 8. (On y trouve de nombreux matériaux relatifs à la pratique.)

Zimmern Rechtsgeschichte, vol. III, § 127, 135, 150.

Puchta, Cursus der Institutionem, 2ᵉ éd., vol. II, § 173, 174.

(Ces deux auteurs ont traité le côté historique du sujet.)

Le serment est une affirmation faite sous l'invocation d'une chose objet de notre culte ou de nos respects (*a*). Le serment donne une certaine garantie de la vérité de l'affirmation, c'est-à-dire de la bonne foi de celui qui affirme; car on suppose que la vénération pour le témoignage invoqué n'admet pas l'idée du mensonge (*b*).

L'assurance donnée sous la foi du serment

(*a*) Le droit romain laisse à cet égard la plus grande liberté. Ainsi l'on peut jurer *per salutem tuam, per caput tuum vel filiorum, per genium principis*, même aussi *propriæ superstitionis*, mais non *improbatæ publice religionis;* ce dernier serment est défendu et n'a pas les effets du serment. L. 5, pr. § 1-3, de jur. (XII, 2). — Les chrétiens ne font de serment qu'au nom de Dieu, quels que soient d'ailleurs les termes dont ils se servent.

(*b*) Cicero, de Officiis, III, 29. « Est enim jusjurandum affirmatio religiosa. Quod autem affirmate, *quasi Deo teste*, pro. miseris, id tenendum est. »

peut se rapporter à l'avenir ou au passé :

1) A l'avenir; et alors il garantit une détermination future et des actes conformes à cette détermination. Les auteurs modernes appellent *jusjurandum promissorium* ce serment, dont le caractère juridique ne peut être qu'une obligation confirmant une promesse.

II) Au passé; et alors il garantit la vérité de la déclaration ainsi faite. Les auteurs modernes appellent ce serment *assertorium*. D'après sa nature générale, il ne peut porter que sur des faits; ce n'est donc qu'un simple moyen de preuve, et dont l'étude appartient dès lors à la théorie de la procédure.

Tel est le serment des témoins appelés dans un procès; tel est aussi le serment supplétif et celui de purgation prêtés par les parties.

Mais en droit romain, le serment déféré (*jusjurandum delatum*) revêt un caractère spécial; dans de certaines circonstances il suffit pour terminer le litige; par conséquent, il supplée au jugement, et à ce titre nous devons nous en occuper ici.

Pour embrasser d'une manière complète l'ensemble de notre sujet, il est nécessaire d'indiquer brièvement les applications du *jusjurandum promissorium*. Ces applications sont de tant d'espèces différentes, que le droit des obligations ne nous fournit aucune occasion de les réunir sous un point de vue commun.

Ce serment existe tant en droit public qu'en droit privé. En droit public, nous avons le serment des soldats, des fonctionnaires, des tuteurs.

En droit privé, ses applications ont peu d'importance. Voici celles que nous présente le droit romain.

1) La plus remarquable et la plus spéciale se rapporte aux services des esclaves affranchis, pour lesquels le patron avait une action, s'ils avaient été promis avec serment. L'utilité de cette forme de droit serait évidente, si l'engagement avait pu se prendre pendant la durée de l'esclavage ; car l'esclave ne pouvait s'obliger dans les formes ordinaires des contrats. Or, précisément dans ce cas, le serment lui-même ne donnait lieu à une action que s'il avait été prêté depuis l'affranchissement ; mais depuis l'affranchissement la stipulation ordinaire était également valable, de sorte que l'on avait à choisir entre la stipulation et le serment. L'emploi de cette dernière forme s'explique très-bien, si l'on admet que le serment se prêtait pendant la durée de l'esclavage et sans donner lieu à aucune action, mais que, par respect pour l'engagement religieux, il se renouvelait après l'affranchissement, et alors il engendrait une action (c).

(c) L. 7, de op. libert. (XXXVIII, 1) ; L. 44, de lib. causa (XL, 12).

J'ai dit ailleurs (*d*) que toute *capitis deminutio* du patron entraînait la perte du droit fondé sur un pareil serment.

2) Tout acte juridique attaquable par certaines voies de droit devient inattaquable quand il a été confirmé par serment.

Ce principe abstrait est étranger au droit romain proprement dit. Seulement, la restitution en général, surtout en ce qui concerne les mineurs, est abandonnée à la libre appréciation du juge (*e*), et il existe un rescrit impérial où un mineur qui vraisemblablement avait interjeté appel devant l'empereur, et demandait sa restitution contre une vente, voit rejeter sa demande, entre autres motifs, parce que le contrat ayant été confirmé par serment, son annulation impliquerait un parjure (*f*). Mais ce rescrit, où l'on prenait évidemment en considération toutes les circonstances particulières de l'espèce, ne saurait être regardé comme une règle abstraite établie pour tout serment des mineurs, ni dans l'intention de son auteur ni dans l'esprit de la compilation où il figure; ce rescrit montre uniquement que le serment peut être au nombre des motifs qui font refuser

____

(*d*) Gajus, III, § 83, § 1, J. de adqu. per adrog. (III, 10). Voy. vol. II, p. 79.

(*e*) L. 3, de in int. rest. (IV, 1); L. 24, § 1, 5, de minor. (IV, 4).

(*f*) L. 1, C, si adv. vend. (II, 28).

la restitution. Néanmoins, au douzième siècle, ce texte est devenu pour les jurisconsultes un sujet de controverse, plusieurs lui ont attribué ce sens général et abstrait, et l'empereur Frédéric Ier, adoptant cette fausse interprétation, l'a confirmée par une loi qui, depuis, a été reconnue comme partie intégrante du droit romain (*g*). Des décrets pontificaux ont admis ce principe et l'ont précisé davantage (*h*).

3) Celui qui se refuse à exécuter une transaction ou un contrat fait sous la foi du serment encourt l'infamie (*i*).

4) Celui qui a juré *per genium principis* de faire un payement, et qui manque à sa promesse, doit être battu de verges (*k*).

5) La décision prononcée par un arbitre donnait lieu à une action, si le compromis avait été confirmé par serment (*l*); mais cette disposition fut abolie plus tard (*m*).

6) Enfin, la prestation d'un serment peut être ajoutée comme condition à un acte juridique, et

(*g*) Auth. Frid-*Sacramenta puberum*, C. si adv. vend. (II, 28). Cf. Savigny, Histoire du droit romain au moyen âge, vol. IV, p. 45.

(*h*) C. 28, X, de jurej. (II, 24); C. 2, de pactis in VI, (I, 18).

(*i*) L. 41, C. de transact. (II, 4).

(*k*) L. 13, § 6, de jurej. (XII, 2).

(*l*) L. 4, C. de recept. (II, 56).

(*m*) Nov. 82, C. XI, Auth. *Decernit.* C. de receptis (II, 56).

alors le serment, comme tout autre fait, peut donner naissance à une obligation ou l'éteindre (*n*).
— Pour les institutions d'héritier et pour les
legs, la *conditio jurisjurandi* est spécialement pro-
hibée; lorsque néanmoins elle se trouve dans un
acte de dernière volonté, la disposition est ré-
putée pure et simple, et l'acte dont il s'agit est
transformé en *modus* (*o*).

Le serment déféré, dont je vais m'occuper exclusivement, repose sur ce principe que quiconque
se trouve vis-à-vis d'un autre engagé dans un rapport de droit incertain et douteux, peut le fixer
par serment. Le serment alors constitue une vérité en la forme, aussi bien que l'aveu judiciaire
(§ 303). Il peut même, sous de certaines conditions, opérer la décision complète du litige, et
alors il supplée au jugement devenu inutile.

Si par là il fallait entendre que chacune des
parties pût demander à décider le litige par son
propre serment, cette institution serait très-dangereuse pour la sûreté du droit; dans bien des
cas, tout dépendrait d'un hasard, la priorité à of-
frir le serment. Aucune des parties ne peut donc
de soi-même recourir au serment (*p*). Notre

<hr>

(*n*) L. 19, § 6, de don. (XXXIX, 5); L. 39, de jurej.
(XII, 2).

(*o*) Voy. vol. III, p. 195-200.

(*p*) L. 3, pr., de jurej. (XII, 2) : « ...nam si reus juravit,
nemine ei jusjurandum deferente, Prætor id jusjurandum non
tuebitur, sibi enim juravit; alioquin facillimus quisque ad jus-

principe signifie plutôt que chacune des parties peut déférer à l'autre le serment, et que le serment ainsi prêté vaut comme décision du litige. Le sens de cette institution est que l'une des parties, se fiant à la moralité et à la religion de son adversaire, suppose qu'il ne jurera pas sans être convaincu de son bon droit, c'est-à-dire de la vérité de ses allégations. Celui qui défère le serment compte donc, non qu'il sera prêté, mais au contraire qu'il ne le sera pas, et que, dans la crainte du parjure, l'adversaire renoncera volontairement à ses prétentions.

Tout cela peut avoir lieu dans trois circonstances différentes :

1) Avant qu'il y ait de procès engagé (serment extrajudiciaire);

2) Dans le cours d'un procès et devant le préteur (*in jure*) ;

3) Dans le cours d'un procès et devant le *judex* (*in judicio*).

Quant au point principal, la vérité en la forme qui résulte du serment, le droit romain place ces trois cas sur la même ligne; mais les deux derniers présentent les particularités suivantes :

Dans le second et dans le troisième cas, la simple délation du serment constitue pour l'adversaire

jurandum decurrens, nemine sibi deferente jusjurandum, oneribus actionum se liberabit. »

une sorte de nécessité et de contrainte qui n'existe pas dans le premier.

Le second cas peut en outre avoir des conséquences spéciales et plus graves.

Indépendamment de la prestation du serment, il y a encore d'autres circonstances importantes qui doivent nous occuper :

A) La remise du serment (*remissio*), quand l'adversaire consent et se dispose à jurer ;

B) Le serment référé (*relatio*). Nous retrouvons ici le même rapport et les mêmes conséquences que pour le serment déféré ; seulement, la position des parties est inverse.

Ces diverses propositions doivent être maintenant successivement développées et justifiées par les sources du droit. Voici la marche que je suivrai dans cette recherche :

A) Droit romain.

I) Serment déféré.

II) Prestation.

III) Contenu possible du serment.

IV) Forme du serment.

V) Remise.

VI) Effets généraux.

VII) Effets spéciaux, suivant les divers états du litige.

B) Droit actuel.

§ CCCX. *De ce qui supplée au jugement.* — II. *Le serment.* — *Serment déféré, prestation, contenu, forme, remise du serment déféré.*

1) Le serment déféré.

De l'acte entièrement libre par lequel l'une des parties défère à l'autre le serment dérivent toutes les conséquences qui font l'essence de cette institution. Ainsi donc, le serment prêté spontanément n'a aucune efficacité (§ 309, *p*).

Le serment peut être déféré à l'occasion et en dehors d'un procès. Il peut être déféré tant par celui qui est primitivement ou qui devient demandeur, que par le défendeur. Quand les deux parties prétendent déférer le serment, le demandeur obtient la préférence (*a*).

Mais cette règle n'a pas d'importance pratique ; car le serment déféré peut toujours être référé, et ces deux actes ont une égale efficacité (§ 312, *c*, *g*).

L'acte libre par lequel on défère le serment n'est pas sans danger, car il met la décision du procès entre les mains de l'adversaire, et il participe ainsi à la nature de l'aliénation (*deteriorem facit conditionem*). C'est pourquoi l'impubère ne peut déférer le serment sans son tuteur (*b*); le mineur peut déférer le serment, mais il a le

(*a*) Paulus, II, 1, § 2.
(*b*) L. 17, § 1, de jurej. (XII, 2).

recours de la restitution (*c*); celui qui a été déclaré prodigue en est absolument incapable (*d*). — Le débiteur insolvable n'a pas le droit de déférer le serment au préjudice de ses créanciers (*e*). — Ce droit appartient au tuteur ou au curateur de la partie, au procureur, si la procuration est spéciale à cet effet, si elle s'applique à l'universalité des biens, ou si elle est *in rem suam* (f). — L'esclave ou le fils de la partie n'a capacité pour déférer le serment que si le litige porte sur son pécule et s'il en a la libre administration (*g*).

II) Prestation du serment.

Cet acte libre ne peut causer de préjudice à son auteur; il ne peut que lui procurer un avantage; c'est pourquoi on l'assimile à une acquisition (*meliorem facit conditionem*).

En conséquence, chacun, sans égard à l'âge, et même un impubère, est capable de jurer; car l'adversaire accepte le danger auquel il s'expose (*h*).

(*c*) L. 9, § 4, eod. — L. 4, C. eod. (IV, 1), loi qui doit s'expliquer par le texte cité du Digeste ; ainsi pupillus équivaut à *quondam* pupillus.

(*d*) L. 35, § 1, eod.

(*e*) L. 9, § 5, eod.

(*f*) L. 17, § 2, 3; L. 18, 19, 34, § 1 ; L. 35, pr., eod.; L. 7, C. eod. (IV, 1).

(*g*) L. 20, 21, 22, eod.

(*h*) L. 26, pr.; L. 42, pr., eod. — Ces expressions de la L. 34, § 2 eod. : « pupillo non defertur jusjurandum » semblent en contradiction avec ce que j'avance; mais par là on doit

Le procureur de la partie et le défenseur sans mandat peuvent prêter le serment qui leur est déféré, mais ils ne sont pas tenus de le faire (*i*).

Dans un procès relatif à un pécule, l'esclave ou le fils peut jurer, quoiqu'il n'ait pas la libre administration du pécule (*k*). Le père peut également ment jurer que le fils ne doit rien (*l*).

Mais si ces personnes refusent de jurer et réfèrent le serment, alors se présentent les mêmes restrictions que pour le serment déféré (*m*).

Du reste, l'offre acceptée de prêter le serment ne constitue pas un droit irrévocable à sa prestation ; celui qui l'a déféré peut, au contraire, retirer son offre jusqu'au prononcé du jugement (*n*).

Une question très-controversée est celle de savoir par qui doit être prêté le serment déféré à une personne juridique, car celle-ci n'a qu'une existence fictive et ne possède pas les conditions morales que suppose le serment déféré à une personne réelle. Si le procureur d'une personne juridique consent à prêter le serment, il a certainement droit de le faire (note *i*). Mais cela suppose que l'adversaire a déféré le serment précisé-

seulement entendre que l'impubère n'est pas tenu aussi rigoureusement qu'un autre à prêter le serment qu'on lui défère.

(*i*) L. 9, § 6 ; L. 42, § 2 ; L. 34, § 3, eod.

(*k*) L. 23 , 24, 25, eod.

(*l*) L. 26, § 1, eod.

(*m*) L. 24, eod.

(*n*) L. 11, 12, pr., C. eod. (IV, 1).

ment à ce procureur, et ainsi il lui témoigne la confiance qui fait l'essence du serment; mais l'occasion s'en présente rarement, car souvent le procureur n'a pas connaissance des faits litigieux. En droit romain, ce sont les chefs de la corporation, comme exerçant les droits de la personne juridique, qui ont qualité pour jurer, et c'est à l'adversaire à examiner s'il a assez de confiance en ces personnes pour leur déférer le serment. D'après la pratique aujourd'hui généralement adoptée, le serment est prêté par plusieurs membres de la corporation, et, conformément aux principes, ces membres sont désignés par l'adversaire (*o*).

III) Le contenu possible du serment déféré mérite un examen spécial et attentif. D'abord, j'observe que le serment exprime toujours le contraire des prétentions de celui qui le défère. Ainsi, quand il s'agit d'une dette réclamée, le serment déféré par le demandeur porte sur la non existence, celui déféré par le défendeur, sur l'existence de la dette. Cela vient de ce que le serment est toujours déféré dans la croyance et dans l'espoir qu'il ne sera pas prêté (§ 309). C'est ainsi que, dans l'ancienne procédure, les exceptions proposées par le défendeur exprimaient le contraire de ses prétentions (*p*).

Au reste, en droit romain le serment pouvait

(*o*) Voy. vol. II, p. 297.
(*p*) Gajus, IV, § 119.

porter aussi bien sur un rapport de droit que sur un fait.

A) Le premier cas est le plus ordinaire. Il exprime la reconnaissance contractuelle de l'existence ou de la non existence d'un rapport de droit. Mais, comme le rapport de droit repose toujours sur des faits, toujours aussi ces faits se trouvent indirectement établis par le serment. Souvent même le litige est tellement simple que les deux cas donnent absolument le même résultat et qu'il n'y a de différence que dans les termes du serment.

Le serment peut d'ailleurs s'appliquer à toutes les espèces de rapports de droit et d'actions (*q*). Les cas mentionnés expressément dans les sources du droit portent :

Sur l'existence ou la non existence de la propriété ou d'un droit de succession (*r*);

Sur l'existence ou la non existence d'une dette (*s*);

Sur la puissance paternelle ou sur la puissance du maître (*t*);

Sur le droit de pâturage (*u*);

Sur la naissance et l'*ingenuitas* d'un individu (*v*).

(*q*) L. 3, § 1; L. 34, pr., de jurej. (XII, 2).
(*r*) L. 9, § 7; L. 11, pr., § 1, eod.
(*s*) L. 3, pr.; L. 7, pr.; L. 9, pr. eod.
(*t*) L. 3, § 2, eod.
(*u*) L. 13, pr.; L. 30, § 4, eod.
(*v*) L. 6, C. eod. (IV, 1).

B) Nous voyons plus rarement le serment déféré porter sur de simples faits, et tel n'est pas l'objet spécial de cette institution en droit romain. Voici les cas de cette espèce dont nous avons des exemples, et le fait y est évidemment décisif sur l'existence du rapport de droit :

Le défendeur a commis ou n'a pas commis un vol (w).

Vente d'une chose à un prix déterminé (x).

Formation d'une société (y).

Délivrance d'une chose à titre de gage ou de constitution de dot (z).

Grossesse ou non grossesse d'une femme (aa).

Existence d'un pécule (bb).

Le fait d'un serment déjà prêté sur une question litigieuse (cc).

Les deux espèces de cas que je viens d'énumérer répondent à peu près au contraste de la *formula in jus* et *in factum concepta*, mais non d'une manière absolue et complète, car la rédaction des formules était fixée par une règle géné-

---

(w) L. 13, § 2; L. 28, § 5, eod.; L. 11, § 1, rer. amot. (XXV, 2).

(x) L. 13, § 3, de jurej. (XII, 2).

(y) L. 13, § 4, eod.

(z) L. 13, § 5, eod.

(aa) L. 3, § 3, eod.

(bb) L. 26, § 1, eod.

(cc) L. 29, eod.

rale, et les termes du serment sont dictés par
celui qui le défère (*dd*).

IV) Quant à la forme du serment, j'ai déjà dit
que le droit romain admettait les formules d'affirmation les plus variées et les plus arbitraires
(§ 309, *a*). La seule chose essentielle est que le serment doit être prêté précisément dans les termes
où il est déféré, autrement il ne produit pas d'effet, et il doit être renouvelé dans la forme vou-
lue (*ee*).

Quant au lieu où se prête le serment, celui
que défère le préteur doit être prêté devant le
tribunal. Il y a seulement une exception en faveur
des malades et des personnes d'une grande distinction; le préteur envoie recevoir leur serment en
leur domicile (*ff*).

V) La remise du serment (*remissio*), faite par
celui qui le défère, équivaut au serment prêté (*gg*).
Cela signifie que l'intention de jurer exprimée
par l'adversaire est acceptée comme une aussi
bonne preuve de sa conviction que le serment
lui-même. Ici l'on suppose que l'offre de jurer
est acceptée immédiatement; si, refusée d'abord,

(*dd*) Puchta, Institutionen, vol. II, § 173.

(*ee*) L. 3, § 4; L. 4; L. 5, pr.; L. 33, eod. — S'il s'élevait
des contestations sur la rédaction de la formule du serment,
c'était au juge à en connaître; L. 34, § 5, 8, eod.

(*ff*) L. 15, eod.; Cf. L. 12, § 5, C. eod.

(*gg*) L. 6; L. 9, § 1, eod.

elle était acceptée plus tard, et qu'alors son auteur ne voulût plus la maintenir, cette déclaration ne vaudrait pas comme remise du serment (*hh*).

La remise du serment peut se faire en présence ou en absence de l'adversaire, verbalement ou par écrit ; et elle produit tous ses effets lors même que l'adversaire n'en aurait pas connaissance (*ii*).

L'acte par lequel on remet le serment, comme celui par lequel on le défère, participe de l'aliénation ; il est donc soumis aux mêmes restrictions quant à la capacité de son auteur (*kk*).

§ CCCXI. *De ce qui supplée au jugement.* — II. *Le serment.* — Effets généraux.

VI) Les effets du serment déféré et prêté (*a*) ou remis sont très-variés et de différents genres, mais tous peuvent se ramener à ce principe commun, que le serment constitue une vérité en la forme, c'est-à-dire une fiction de vérité, et à cet égard, il se place absolument sur la même ligne que l'aveu judiciaire (§ 303) et le jugement (§ 280). Cette fiction de vérité existe soit que le serment porte sur un rapport de droit ou sur un

----

(*hh*) L. 6 ; L. 9, § 1, eod.
(*ii*) L. 41, eod.
(*kk*) L. 32, eod.
(*a*) Les Romains désignent le serment prêté par : *præstitum* ou *datum* jusjurandum ; L. 9, pr., § 1, de jurej. (XII, 2).

fait (§ 3ro). Voilà ce que les anciens jurisconsultes expriment en disant que le serment, une fois prêté, on n'a plus autre chose à constater que le fait même du serment, sans s'occuper de l'état de choses antérieur (*b*).

Il résulte naturellement de ce principe que l'action nouvelle engendrée par le serment est une « in *factum* actio » (*c*); que sur le fait du serment, s'il est contesté, un serment nouveau peut être déféré (*d*); que s'il existe plusieurs serments contradictoires, le dernier seul est efficace (*e*), car il absorbe le passé tout entier, et aussi dès lors tout serment antérieur. — Ainsi, le serment exerce sur les rapports de droit eux-mêmes une force de transformation, c'est pourquoi on l'assimile tantôt au payement, tantôt à l'acceptilation, à la novation, à la délégation et au *constitutum* (*f*).

Mais le serment n'a d'effets qu'entre les parties qui l'ont déféré et prêté, de sorte qu'il ne

---

(*b*) L. 5, § 2, eod. « non aliud *quæritur* quam an juratum sit. » De même, L. 9, § 1; L. 28, § 10; L. 29; L. 30, pr., eod., § 11, J. de act. (IV, 6). Quant à cet effet, le jugement, l'aveu et le serment sont placés absolument sur la même ligne; L. 56, de re jud. (XLII, 1).

(*c*) L. 11, § 1, de jur. (XII, 2); L. 8, C. eod. (IV, 1).

(*d*) L. 29, eod.

(*e*) L. 28, § 10, eod.

(*f*) L. 21; L. 27; L. 28, § 1; L. 35, § 1, eod.; L. 40, eod.; L. 26, § 2, eod.; L. 25, § 1, de pec. const. (XIII, 5):

crée pour les tiers ni droits ni obligations (*g*).
Toutefois on assimile aux parties leurs ayants
cause, les héritiers, les successeurs à titre singulier et les cautions (*h*).

Pour se rendre un compte plus exact de ces effets, il faut considérer que la nature juridique du
serment est mixte, car il nous apparaît à la fois
comme contrat et comme acte de procédure
obligatoire (*i*).

Ainsi, le serment repose, premièrement sur un
contrat véritable, c'est-à-dire sur une transaction,
puisque les deux parties se sont accordées pour
terminer par cette voie leur différend (*k*). Cet
accord n'est pas douteux dans les cas même où
le serment est appelé nécessaire. En effet, si en déférant le serment à un adversaire qui ne le demandait pas, on exerce contre lui une contrainte
indirecte, celui-ci ne consent pas moins à jurer et

(*g*) L. 3, § 3 ; L. 9, § 7 ; L. 10 ; L. 11, § 3 ; L. 12, de jur.
(XII, 2) ; L. 7, § 7, de publ. (VI, 2).

(*h*) L. 7, 8, 9, § 7, 28, § 1-3, 42, pr., § 1-3 de jur. (XII, 2).
— Le serment prêté dans une *popularis actio* a, vis-à-vis des
tiers, la même efficacité que le jugement, si toutefois il n'y a pas
preuve de collusion ; L. 30, § 3 , cod. — Si une condamnation
infamante a été prononcée par suite d'un serment, le condamné
est infâme vis-à-vis de tous. Néanmoins cela est la conséquence,
non du serment, mais du jugement.

(*i*) L. 26, § 2, eod. « ... proficiscitur *ex conventione*, quamvis
habeat *et instar judicii*. »

(*k*) L. 2 ; L. 26, § 2 ; L. 35, § 1, cod. ; L. 21, de dolo
(IV, 3).

ce consentement est certainement un acte libre.

En second lieu, le serment nous apparaît comme un acte de procédure obligatoire (*l*), car il tient à la fois de la *litiscontestatio* et du jugement.

Il tient de la *litiscontestatio* sous un double rapport (*m*); de même que la *litiscontestatio*, il interrompt la prescription (*n*), quelquefois il la rend inutile, et dès lors il y supplée, ainsi que je l'expliquerai plus bas.

Il tient aussi du jugement (*o*), et l'on dit même que son efficacité est encore plus grande(*p*). Cela signifie que l'autorité de la chose jugée, institution purement positive, est étrangère au *jus gentium*, tandis que le serment, vu sa nature de contrat (note *k*), appartient au *jus gentium* (*q*). De là

(*l*) L. 26, § 2, eod. (note *i*); L. 35, § 1, 2 ; L. 42, § 3, eod.; L. 8, C. eod.

(*m*) « ...hoc jusjurandum in locum litis contestatæ succedit. »

(*n*) L. 9, § 3, de jur. (XII, 2), c'est-à-dire d'après l'ancien droit, qui faisait dépendre l'interruption de la *lit. cont.* Voy. vol. V, p. 324.

(*o*) L. 1, quarum rer. actio (XLIV, 5) « ... vicem rei judicatæ obstinet. » Cela ressort de la vérité de forme attribuée à l'un et à l'autre et de la *in factum actio.* Voy. plus haut, notes *b*, *c*. Voy. aussi L. 11, § 3 ; L. 12, de jur. (XII, 2).

(*p*) L. 2, eod. « *majoremque* habet auctoritatem quam res judicata. »

(*q*) § 4, J. de except. (IV, 13) « ... quia *iniquum est*, de perjurio quæri, defenditur per exceptionem jurisjurandi. » Cette exception se trouve dans les trois paragraphes précédents, tandis qu'elle ne se trouve pas dans le paragraphe suivant (§ 5, eod.), qui traite de l'*exc. rei jud.*

il résulte qu'un serment prêté contre une obligation détruit non-seulement le droit d'action,
mais encore la partie naturelle de l'obligation ;
aussi les gages deviennent libres, et un payement
postérieur est sujet à répétition comme *indebi-
tum* (*r*).

Il en résulte aussi, et c'est là une conséquence
plus importante encore pour la pratique, que les
effets du serment ne peuvent être infirmés
même par l'allégation d'un parjure (*s*), et cette
allégation ne peut dès lors servir de base à aucune *doli actio, exceptio, replicatio* (*t*). — Le
droit romain nouveau ne fait d'exception à cette
règle que quand un legs ou un fidéicommis a été
établi sous la seule foi du serment et que le parjure est prouvé plus tard (*u*). — Une loi de l'empire d'Allemagne ordonne, au contraire, que tout
serment prêté devant un juge criminel implique
l'obligation de réparer le dommage (*v*). — La
prescription assez extraordinaire du droit romain
signifie évidemment que celui qui défère le ser-

(*r*) L. 40, 42, pr., de jur. (XII, 2) ; L. 43, de cond. ind.
(XII, 6) ; L. 95, § 4, de solut. (XLVI, 3).

(*s*) L. 31, in f. de jur. (XII, 2) ; L. 1, C, eod. Cf. note *q*.

(*t*) L. 21, 22, de dolo (IV, 3) ; L. 5, de except. (XLIV, 1).

(*u*) L. 13, C. de jur. (IV, 1). La L. 1, C. eod. parle en termes
généraux de ces exceptions établies par la loi ; mais cela paraît
être une interpolation des compilateurs, puisqu'il n'existe aucune
autre exception de cette espèce.

(*v*) Const. crim. Carol. art. 107.

ment remet la décision du procès entre les mains
de son adversaire, au risque même d'un parjure,
risque qu'il n'a pu ignorer.

Toutes les voies de droit que peuvent exiger
les circonstances sont ouvertes pour assurer au
serment les effets énumérés plus haut.

Si une action est nécessaire, une action est
donnée (*w*), et cela s'applique surtout au serment
extrajudiciaire (*x*). Une exception est également
donnée dès qu'elle est nécessaire ; ainsi quand
le demandeur conteste le fait du serment prêté ;
car sans cela l'action est rejetée immédiatement
et sans exception (*y*).

Mais les effets du serment et les voies de droit
dont l'emploi devient nécessaire doivent se renfermer rigoureusement dans les termes du serment prêté, et ne jamais excéder leur contenu.
— Ainsi, celui qui jure qu'il est propriétaire ou
héritier acquiert une action et une exception (*z*).

(*w*) L. 9, § 1, 6, de jur. (XII, 2), et c'est une *actio in factum*. Voy. note *c*.

(*x*) L. 28, § 10, eod.

(*y*) L. 3, pr.; L. 7; L. 9, pr., § 1, eod.

(*z*) L. 9, § 7 ; L. 11, § 1, 3, eod. Le sens de la L. 13, § 1,
eod., est très-controversé. « Julianus ait eum qui juravit
fundum suum esse, post. l. t. præscriptionem etiam, utilem
actionem habere. » Plusieurs auteurs voient dans ce texte la
preuve que du temps des anciens jurisconsultes la *l. t. præscriptio* engendrait aussi une action. Ainsi ils supposent que,
dans ce texte, celui qui a prêté le serment et le possesseur qui
a acquis la *l. t. præscriptio* sont une seule et même personne,

— S'il jure que la chose litigieuse n'appartient pas à l'adversaire, il n'acquiert qu'une exception (*aa*). Pour les détails, nous retrouvons ici les mêmes conséquences pratiques que quand des actions résultant de la propriété, d'un droit de succession, d'une créance, etc., sont exercées et établies indépendamment d'aucun serment (*bb*).

La décision d'un procès fournie par un serment peut avoir de l'importance, quand il s'agit non plus de ce procès, mais d'un procès ultérieur, identique ou analogue. C'est la même influence

et qu'on lui attribue une action pour le cas où plus tard elle aurait perdu la possession. Cette interprétation est nécessairement inadmissible. En effet, si la *l. t. præscriptio* pouvait engendrer une action (ce que l'on prétend établi par notre texte), à quoi bon faire mention du serment? D'un autre côté, s'il est certain que le serment engendre par soi-même une action (note *w*), pourquoi aurait-on fait mention de la *l. t. præscriptio?* — Pour interpréter sainement notre texte, voici l'espèce qu'il faut supposer : L'action de la propriété est exercée contre un possesseur, qui dénie la propriété du demandeur, et prétend en outre avoir acquis la *l. t. præscriptio*. Au lieu de s'en tenir à cette prescription et, avant tout, d'attendre la preuve de la propriété, il défère le serment au demandeur. Le serment une fois prêté, le demandeur acquiert une action dont le résultat est certain (*utilem* actionem), *quoique* le défendeur eût pu invoquer la *l. t. præscriptio* (post. l. t. præscr. *etiam*). Le serment déféré (sans addition ni réserve) sur la propriété implique renonciation à la *l. t. præscr.*, puisque le défendeur, en déférant le serment, remet entièrement la décision du procès aux mains du demandeur.

(*aa*) L. 11, pr., eod.; L. 7, § 7, de publ. (VI, 2).

(*bb*) L. 11, § 1, 2, 3 ; L. 30, § 1, 2, 5; L. 36; L. 42, pr., § 1, de jur. (XII, 2).

dont nous avons déjà étudié la nature au sujet du jugement, et toutes les règles qui régissent cette matière trouvent ici leur application (*cc*). — Ainsi donc, pour que le serment prêté dans le premier procès exerce son influence sur la décision du second, il s'agit uniquement de constater que tous deux ont comme base une *eadem quæstio* (*dd*). — L'influence du serment, comme celle du jugement, s'exerce sans égard aux circonstances suivantes :

1) La différence de l'objet extérieur (*ee*) ;

2) La différence de l'action (*ff*) ; ainsi, par exemple, celui qui sur une *furti actio* jure qu'il n'a pas volé, est à l'abri de la *condictio furtiva*, et réciproquement ;

3) La différence du rôle que jouent les parties ; ainsi le serment lie tout aussi bien celui qui le prête que son adversaire (*gg*).

§ CCCXII. *De ce qui supplée au jugement.* — II. *Le serment. — Effets spéciaux suivant les divers états du litige.*

VIII) Effets spéciaux.

J'ai déjà dit que le serment pouvait être déféré

(*cc*) Voy. vol. VI, p. 408, 409, et § 297, *d*; § 299, *e*.
(*dd*) L. 28, § 4, 7, eod.
(*ee*) L. 11, § 3, 7, eod.
(*ff*) L. 28, § 4, 6-9 ; L. 13, § 2 ; L. 3, § 4, eod.
(*gg*) L. 13, § 3, 5, eod.

dans trois états différents du litige : extrajudiciairement, *in jure, in judicio* (§ 309). Nous
avons maintenant à établir quels sont les effets
spéciaux du serment déféré dans chacun de ces
trois cas. Mais on ne doit pas oublier que les effets
généraux énumérés dans le paragraphe précédent
sont indépendants de ces différences. Ces effets
se rapportent tous au cas de la prestation effec-
tive du serment déféré ; ce sont : la fiction de vérité, puis le double caractère du serment, comme
contrat et comme acte de procédure obligatoire,
enfin la protection donnée à la fiction de vérité
par toutes les voies de droit nécessaires, action
ou exception. Les différences dont nous devons
maintenant nous occuper se rapportent donc
surtout à ce qui se passe entre le serment déféré
et le serment prêté.

1) Serment déféré extrajudiciairement.

Ce cas a pour caractère spécial que tout est
remis au libre arbitre de l'adversaire. Celui-ci
peut consentir à prêter le serment, s'y refuser
d'une manière expresse, ou ne répondre que par
le silence, sans s'exposer à aucune contrainte
directe ou indirecte (*a*). Tout moyen de contrainte
est d'ailleurs inutile, du moins pour le deman-

(*a*) Le seul texte que l'on pourrait invoquer touchant la
contrainte indirecte est la L. 38 de jur. (XII, 2), mais je montrerai plus bas (§ 313, *f*) que ce texte ne se rapporte pas au
serment déféré extrajudiciairement.

deur, car il peut à chaque instant porter son action en justice et recourir alors au serment nécessaire.

Ainsi donc, en pareilles circonstances, le serment offert et non accepté est considéré comme non offert (*b*); il ne saurait être question de le référer (*c*); cela n'aboutirait qu'à une offre inverse de serment, offre que l'adversaire serait également libre d'accepter ou de rejeter.

2) Serment déféré devant le préteur (*in jure.*)

Quand, dans cet état du litige, le demandeur ou le défendeur défère le serment, l'adversaire ne peut refuser de jurer, il peut même y être contraint (*d*). Mais la contrainte n'est nullement la menace d'une peine, elle consiste à ne laisser à l'adversaire que le choix entre les trois résolutions suivantes :

Il doit, ou abandonner le procès , c'est-à-dire faire ce que demande la partie adverse, ou jurer;

(*b*) L. 5, § 4, eod.

(*c*) L. 17, pr. eod. « Jusjurandum, quod ex conventione extra judicium defertur, referri non potest. » Le serment référé n'est qu'un moyen d'échapper à la contrainte, en lui donnant un autre cours (note *g*).

(*d*) L. 28, § 2, de jud. (V, 1). « ...nec jurare *cogendus est.* » Il s'agit ici d'une exception établie en faveur des légats, d'où il résulte que toute autre personne est soumise à la contrainte.

Ou référer le serment à son adversaire (*re-ferre*).

Dans les deux derniers cas il n'y a pas de contrainte proprement dite; elle n'existe réellement que pour le premier (*e*), et elle revêt différentes formes dont je parlerai plus bas. Quand donc l'adversaire refuse expressément de prendre aucun de ces trois partis, ou, ce qui revient au même, s'abstient de toute déclaration, le contenu du serment déféré devient une vérité en la forme, et l'on procède à son exécution par voie de contrainte directe (*f*).

J'ai dit que l'adversaire pouvait à son tour référer le serment. Cet acte a absolument la même nature que l'acte par lequel on défère le serment; ses conséquences sont absolument les mêmes, et il n'y a de changé que le rôle des parties (*g*). Référer le serment est regardé comme le parti le plus décisif et le plus convenable, comme l'expression de la confiance en la loyauté de l'adversaire (*h*). Il n'est pas toujours nécessaire ou utile que le second serment réponde littéralement au pre-

(*e*) L. 34, § 6, de jur. (XII, 2) : « Ait prætor : eum, a quo jusjurandum petetur, *solvere aut jurare cogam.* Alterum itaque eligat reus, aut solvat aut juret; *si non jurat, solvere cogendus erit a prætore.* »

(*f*) L. 34, § 7, 9, eod. Je reviendrai plus bas (§ 313, *d*) sur le dernier de ces paragraphes.

(*g*) L. 34, § 7, eod.

(*h*) L. 25, § 1, de pec. const. (XIII, 5).

mier ; c'est au juge à prononcer là-dessus suivant les circonstances (*i*).

La contrainte dont je viens de parler est néanmoins soumise aux restrictions suivantes. — Le respect que l'on doit à une personne telle qu'un père ou un patron n'empêche pas de lui déférer le serment (*k*) ; cet acte n'exprime que la confiance et par conséquent le respect. Seulement, d'après l'ancien droit, aucune contrainte de ce genre ne peut être exercée contre les Vestales et contre le *Flamen Dialis* (*l*). — L'impubère n'est pas tenu de jurer dans sa propre cause ; les procureurs et les défenseurs ne sont pas tenus de jurer dans la cause dont ils sont chargés (§ 3 10, *i*). — Celui auquel on défère le serment peut exiger que son adversaire commence par jurer de sa bonne foi (*jusjurandum de calumnia*) ; s'il refuse, ce refus équivaut à la remise, c'est-à-dire à la prestation même du serment (*m*). La plupart des auteurs modernes passent sous silence la question de savoir si le serment de calomnie,

(*i*) L. 34, § 8, de jur. (XII, 2).

(*k*) L. 14, eod. Il n'y a qu'une seule exception, c'est lorsque, sur une *actio rerum amotarum*, le serment est déféré au patron (comme demandeur) ; L. 16, eod.

(*l*) Gellius, X, 15. Cf. Zimmern, § 127, note 12.

(*m*) L. 34, § 4 ; L. 37, de jur. (XII, 2). Seulement, celui qui réfère le serment ne peut exiger le serment *de calumnia*, puisque son adversaire, en déférant le serment, a suffisamment prouvé la loyauté de ses intentions ; L. 34, § 7, eod.

comme condition de la contrainte à exercer, est admis par le droit moderne. Je résous négativement la question, en me fondant sur la jurisprudence des tribunaux et sur le point de vue nouveau qui laisse en cette matière moins de place à la volonté des parties et fait prédominer l'influence du juge (n).

En second lieu, nul n'est tenu de jurer sur ce dont il peut n'avoir pas connaissance, notamment sur les actes des tiers dont il n'a pas été témoin. Ainsi, par exemple, nul n'est tenu de jurer que son adversaire a commis un vol (o), qu'il n'a pas l'obligation de livrer un esclave déterminé, quand on ignore si cet esclave est ou non vivant (p); que celui dont il est l'héritier n'a pas passé un contrat (q). — En pareilles circonstances, pour satisfaire à l'équité, il suffit quelquefois de référer le serment, quelquefois aussi on accorde un délai pour constater l'état réel des choses (r). Quand tous ces moyens sont insuffisants, on n'a pas recours au serment; en droit romain cela n'est pas douteux, et si nous ne le voyons pas exprimé, c'est que chez les Romains le serment était ordinairement déféré sur des rap-

---

(n) Cf. Martin Prozesz, § 226, notes g, h.
(o) L. 11, § 2, 3; L. 12; L. 13, pr., rer. amot. (XXV, 2).
(p) L. 34, pr., de jur. (XII, 2).
(q) Paulus, II, 1, § 4.
(r) L. 34, pr., de jur. (XII, 2).

ports de droit, et que souvent alors cette difficulté reste cachée. —Quelquefois la pratique moderne a recours à un serment sur la simple
croyance (*de credulitate*) ou sur l'ignorance (*de
ignorantia*). Le premier moyen est certainement
inadmissible, car il ne saurait opérer la conviction du juge, et il peut devenir l'occasion d'un
serment légèrement prêté. Le second n'offre pas
d'inconvénients, si la partie consent à faire dépendre la décision du procès de la simple ignorance de l'adversaire, si, par conséquent, elle défère le serment en ces termes, ou si elle accepte
la sentence du juge basée sur ce serment (*s*).

Il me reste à indiquer les moyens par lesquels
le préteur met à exécution la contrainte dont je
viens de déterminer les conditions.

Le serment peut être prêté par le demandeur ou
par le défendeur, suivant qu'il a été déféré ou référé par l'adversaire. Mais je rappelle que la remise du serment, comme aussi le refus de prêter
le serment déféré ou référé, équivaut à sa prestation. Ces trois cas sont placés absolument sur la
même ligne, et l'on doit leur appliquer tout ce
que je vais dire sur les conséquences du serment
prêté.

Quand le demandeur a juré, le défendeur doit

____

(*s*) Cf. Bayer, Vorlesungen, p. 391; Heffter, Prozesz, § 229,
n. 64, 65; Linde, Prozesz, § 301, n. 4; § 302, n. 16-18.

satisfaire à sa demande. Cela s'opère de deux manières, suivant la différence des cas, ainsi que je l'ai expliqué plus haut au sujet de l'aveu judiciaire (§ 3o3).

Si l'action est une *certi condictio*, c'est-à-dire si son objet est une somme d'argent déterminée, tout se trouve consommé par le serment, et le préteur pourvoit directement à l'exécution (*t*). En pareil cas, le serment supplée en réalité au jugement, il rend inutile le *judex* et la *litiscontestatio*.

Dans toute autre espèce d'action, le serment une fois prêté, un procès régulier s'engage devant le *judex*. Plusieurs auteurs prétendent à tort que c'est là une *actio in factum de jurejurando* (*u*), car c'est bien plutôt la continuation de l'action déjà intentée, et elle s'exerce d'une manière moins complète que s'il n'y avait pas eu de serment. Ainsi, plus de *litiscontestatio* proprement dite, et le *judex* n'a plus à apprécier le mérite de la réclamation, mais seulement à en fixer la valeur (§ 3ıı *b*), et la *formula* devait être conçue à peu près en ces termes :

____

(*t*) L. 34, § 6 de jur. (XII, 2) : « solvere cogendus erit a prætore. » La nature propre du serment, dans le cas de la *certi condictio*, se montre très-clairement dans l'inscription du titre au code (IV, 1) : « De *rebus creditis* et jurejurando. » Paulus, II, 1, a adopté précisément la même inscription.

(*u*) Bayer, Vorlesungen, p. 401, 402.

Quod A. Agerius juravit, N. Negidium fundum Cornelianum ipsi dare oportere, quanti is fundus est, eum condemna.

De sorte que l'*intentio : si paret dare oportere* était omise, car cela était déjà connu et mis hors de doute par le serment prêté devant le préteur, et le *judex* n'avait plus besoin de le constater. — Pour la pétition d'hérédité notamment, et sans doute aussi pour toutes les actions arbitraires, le serment du demandeur équivalait à une *pronunciatio* (*v*).

Quand, au contraire, le serment a été prêté par le défendeur, tout est consommé, quelle que soit la nature de l'action. Le préteur rejette la demande par un décret, sans qu'il y ait besoin pour cela d'une exception ou d'un *judex* (*w*). Ce décret a la même efficacité que le renvoi des fins de la demande prononcé par le *judex* (*x*).

§ CCCXIII. *De ce qui supplée au jugement. — II. Le serment. — Effets spéciaux suivant les divers états du litige* (Suite).

3) Serment déféré devant le *judex* (*in judicio*).

Je commencerai par exposer l'état de choses qui résulte du droit justinien, et qui remonte au

______

(*v*) L. 11, § 3, de jur. (XII, 2).
(*w*) L. 7 ; L. 9, pr. ; L. 34, § 7, eod.
(*x*) Voy. vol. VI, § 284, notes *c*, *d*.

temps où fut aboli l'*ordo judiciorum*. Comme il n'y a plus de distinction entre le *jus* et le *judicium*, entre le *préteur* et le *judex*, les règles exposées plus haut sur la procédure devant le préteur s'appliquent à la procédure tout entière, et le juge appelé à prononcer, qui n'est plus distinct du magistrat investi de la juridiction, exerce les droits anciennement attribués au préteur. L'alternative que prononçait autrefois le préteur : *Solvere aut jurare cogam* (§ 312, *e*) se trouve donc depuis littéralement appliquée au *judex* (au magistrat qui prononce la sentence) (*a*). Rien de tout cela n'est mis en doute par les auteurs modernes ; l'on est également d'accord sur l'état de choses qui ressort du droit justinien et sur la manière dont nous devons interpréter ce droit. Maintenant, comment se passaient les choses du temps de l'*ordo judiciorum?* On croit généralement que quand le serment était déféré devant l'ancien *judex,* celui-ci n'avait pas les mêmes moyens de contrainte que le préteur, et que tous les textes où nous leur voyons attribuer des pouvoirs égaux, ont été interpolés dans le sens de l'innovation accomplie plus tard (*b*). Je crois que c'est aller beaucoup trop loin, et que, même en

____

(*a*) L. 9, C. de R. C. et jur. (IV, 1) : « ... per judicem solvere vel jurare... necesse habet. »

(*b*) Keller, Litiscontestation, p. 50, 51; Zimmern., § 135; Puchta, § 174, p.

admettant certaines interpolations, question que je n'examine pas ici, il ne s'opéra pas au fond de changement essentiel. Je commencerai par examiner les textes qui appartiennent aux temps anciens.

Le plus important de ces textes a pour auteur Ulpien (c). Après avoir cité littéralement et expliqué un passage de l'édit (dans les §§ 6 et 7), il décrit les autres actes de la procédure, et il fait figurer directement le *judex* (d). Cette partie du texte est, dit-on, évidemment interpolée, car Ulpien n'a dû parler que du préteur. L'interpolation n'est pas impossible, mais je prétends qu'elle n'est nullement nécessaire. En effet, je prouverai tout à l'heure qu'en cette procédure les fonctions du préteur n'ont jamais différé essentiellement de celles du *judex*. Il est donc tout naturel qu'Ulpien nomme indifféremment l'un ou l'autre à propos des mêmes fonctions.

Un texte de Paul, en parlant de la preuve administrée devant le *judex,* mentionne le serment prêté devant le *judex* dans des termes parfaitement appropriés au droit nouveau (e), et ce

____

(c) L. 34, § 6, 7, 8, 9, de jur. (XII, 2).

(d) L. c. § 8 : « .... officio judicis; » surtout le § 9, si important dans tout son contenu : « Quum res in jusjurandum demissa sit, *judex* jurantem absolvit... *nolentem jurare reum... non solventem condemnat :* » c'est précisément ce que dit le § 6, au sujet du préteur.

(e) L. 25, § 3, de prob. (XXII, 3) : « ... licentia concedenda

texte est encore moins que celui d'Ulpien suspect d'interpolation.

Je vais maintenant examiner la chose en elle-même, indépendamment des témoignages isolés des anciens jurisconsultes.

Quand un serment est déféré devant le *judex*, et que l'adversaire consent à le prêter, son efficacité n'est pas douteuse ; car le serment extrajudiciaire lui-même constitue une vérité en la forme (§ 312). L'incertitude ne peut donc porter que sur le cas d'un refus ; et alors on demande si le *judex* a les mêmes moyens de contrainte que le préteur. Si ces moyens de contrainte eussent été la condamnation à une amende, je n'hésiterais pas à résoudre négativement la question. Mais il s'agit uniquement de tenir pour vrai le contraire de ce qu'aurait pu jurer celui qui refuse le serment (§ 312,*f*), et je ne vois aucune raison pour ne pas attribuer ce moyen de contrainte au *judex* aussi bien qu'au préteur. Le texte suivant de Paul exprime très-bien ce qui se trouve établi au préjudice de celui qui refuse le serment déféré (*f*) : « Manifestæ turpitudinis *et confessionis* est, nolle nec jurare, nec jusjurandum referre. » Ce texte semble écrit pour justifier le *judex* qui,

est ei, cui onus probationis incumbit, adversario suo... jusjurandum inferre... ut judex juramenti fidem secutus ita suam sententiam possit formare. »

(*f*) L. 38, de jur. (XII, 2).

traitant le refus de jurer comme un aveu judiciaire, en fait la base de sa sentence, et on le
rapporte tout naturellement au serment déféré
devant le *judex*. On ne peut le rapporter au
serment extrajudiciaire, car il n'y avait alors
aucune espèce de contrainte, et notamment pas
de *referre* (§ 312, notes *a*, *c*); ni au serment
déféré devant le préteur (*g*), les moyens de contrainte dont celui-ci dispose n'ayant besoin d'aucune justification, puisqu'ils étaient fondés sur la
lettre de l'édit.

Ce que je viens de dire se trouve confirmé
par le procès d'Albutius, où nous voyons le tribunal des triumvirs assimiler à un aveu judiciaire
le refus de serment et en faire la base de sa sentence (*h*). Or, la position des centumvirs était
celle du *judex* et non du préteur, ils siégeaient
comme juges et non comme magistrats.

Il y a une manière de faire servir le serment à
la décision d'un procès qui diffère entièrement
du serment déféré, et qui, d'après l'ancienne organisation judiciaire des Romains, ne pouvait être
mise en usage que devant le *judex*. Lorsque le
juge ne trouve pas les faits suffisamment éclaircis
par le débat contradictoire, il peut ordonner à
l'une ou à l'autre des parties de prêter un serment

C'est le sens donné à ce texte par Puchta, § 173, *e*.
Seneca, Controv. lib. 3, præf.

auquel il doit ensuite conformer sa décision (*i*). Ce cas diffère essentiellement de celui du serment déféré, en ce qu'il n'y a pas de consentement donné par les parties, et dès lors pas de contrat. Le serment n'est ici qu'un simple moyen de preuve, et on peut lui opposer des titres découverts postérieurement (*k*). — Cette espèce de serment existe dans la procédure moderne sous le nom de *serment déféré d'office* et *serment de purgation*.

Je n'ai pas besoin d'ajouter qu'un serment semblable prêté devant le *judex* ne suppléait jamais au jugement et ne le rendait jamais superflu. Le litige ne pouvait être terminé que par le jugement (*l*), mais son contenu devait être conforme à celui du serment.

L'inscription du titre du Digeste (XII, 2) est ainsi conçue : De jurejurando, sive voluntario, sive necessario, sive judiciali. Ce sont là évidemment des expressions techniques, mais les auteurs modernes ne sont pas d'accord sur leur signification (*m*). D'après la recherche précé-

(*i*) L. 1, 31, de jur. (XII, 2); L. 3; L. 12, pr., C. eod.

(*k*) C'est surtout en cela que les jugements diffèrent des transactions, et le serment est une espèce de transaction. L. 35, de re jud. (XLII, 1); L. 19, 29, C. de transact. (II, 4). Cf. Burchardi Wiedereinsetzung in den Vorigen Stand, p. 138.

(*l*) L. 34, § 9; L. 31, de jur. (XII, 2).

(*m*) Donellus, Lib. XXIV, C. 24; Puchta Institutionen, § 173, note *e*.

dente, voici le sens qu'elles paraissent avoir. *Voluntarium* est le serment extrajudiciaire, parce que la partie à laquelle on le défère est entièrement libre de l'accepter et de le prêter. *Necessarium* est le serment déféré *in jure* ou *in judicio*, parce que dans les deux cas on était obligé de donner satisfaction d'une manière ou d'une autre à la partie adverse. Enfin, *judiciale* est le serment imposé par le *judex* sans qu'il ait été déféré par aucune des parties. — Cette phraséologie diffère de celle adoptée par les auteurs modernes qui ont écrit sur la procédure. Ils appellent *voluntarium* le serment déféré par l'une des parties, et qui dès lors dépend de leur volonté; *necessarium* celui prescrit par le juge, et qui dès lors est indépendant de la volonté des parties. Ainsi donc les auteurs modernes prennent la volonté et la nécessité dans un autre sens que les jurisconsultes romains.

§ CCCXIV. *De ce qui supplée au jugement.* — II. *Le serment.* — *Droit actuel.*

Après avoir exposé les principes de l'ancien droit sur le serment, j'arrive aux modifications qu'il a subies plus tard; j'ai déjà parlé de celles opérées par la législation justinienne (§ 3r3), il ne me reste donc plus à m'occuper que du droit actuel.

Le point de vue qui domine cette matière est la reconnaissance de la sainteté du serment comme acte religieux. Toutes les innovations ont pour but d'empêcher les parjures ou de prévenir les abus que pourrait entraîner un serment déplacé ou inutile. A cela se rattachent les principes suivants, qui s'éloignent de ceux du droit romain.

D'abord le juge a des pouvoirs plus étendus, et pour que le serment soit déféré, il ne suffit plus, comme en droit romain, du seul accord des parties. — Le juge prohibe le serment toutes les fois que les circonstances sont de nature à faire craindre un parjure. — Les termes du serment sont proposés par celui qui le défère, et après que l'adversaire a été entendu dans ses explications, ils sont arrêtés définitivement par le juge. Le germe de cette disposition existait déjà en droit romain (§ 310, *ee*). — Le droit romain permettait à l'impubère de prêter un serment déféré, par le motif qu'il ne pouvait que gagner et jamais perdre (§ 310, *h*); à présent cela lui est interdit. — Le droit moderne n'admet plus le serment de calomnie (§ 312, *n*).

Le serment extrajudiciaire qui échapperait à la surveillance du juge n'est point autorisé, et quand néanmoins les parties ont voulu y recourir, il n'a plus les effets que lui attribue le droit romain (*a*). Plusieurs lois particulières le prohibent expressément (*b*).

Le serment n'est désormais qu'un simple moyen de preuve, il doit être déféré uniquement sur des faits, non sur des rapports de droit et telle était en droit romain son application la plus ordinaire). Si néanmoins le serment était déféré sur un rapport de droit, le juge devrait le rectifier. Cette innovation importante est généralement admise par le droit actuel, bien que des juges peu instruits ne s'y conforment pas toujours; quelquefois même cela arrive à leur insu, faute de ne se rendre pas un compte exact du contraste dont il s'agit (*c*). — Ainsi,

(*a*) Voy. § 311, 312. C'est à tort que Linde, Prozesz, § 301, n. 6, met cela en doute. Ainsi, d'après le droit actuel, la prestation d'un semblable serment n'engendre ni action ni exception contre celui qui l'a déféré, quoiqu'il ait lui-même provoqué le serment.

(*b*) Ainsi, par exemple, dans le Preuszen. Allg. L. R. II, 20, § 1425, 1426, 1429; Allg. G. O. I, 10, § 248.

(*c*) Ce principe est reconnu par les auteurs suivants : Böhmer, Electa, t. II, Ex. 14, § 12; Glück, vol. VIII, § 585; Martin, § 224 (11ᵉ éd.); Linde, § 302, n. 15. — Bayer, Vorlesungen, p. 390, exprime une opinion différente; néanmoins il n'invoque que des textes de droit romain; et, du reste, il reconnaît que l'opinion contraire à la sienne est généralement adoptée. Mais il pense que, si l'adversaire consent à prêter un serment sur un rapport de droit, cela vaut comme transaction. Or, le droit actuel s'éloigne du droit romain, précisément en ce qu'il restreint, quant au serment, l'arbitraire des volontés privées.

le serment doit être déféré non sur l'existence d'une propriété ou d'une créance, mais
sur les faits allégués comme bases de la propriété ou de la créance. Le motif de ce principe
important est qu'un jugement sur un rapport
de droit renferme nécessairement l'application
d'une théorie juridique, et cela ne saurait être
la matière d'un serment. L'obscurité résultant
du mélange des règles du droit et des faits peut,
dans plusieurs cas, induire un plaideur conscien-
cieux à prêter un serment, qu'il n'aurait pas
prêté si les règles et les faits eussent été bien
distincts. Cela mène à un abus encore plus dan-
gereux du serment, comme je le montre par
l'exemple suivant. Supposons qu'il s'agisse d'une
question de propriété à décider par les dépositions et les serments de témoins. Deux témoins
peuvent affirmer l'existence de la propriété litigieuse en partant de règles et de faits tout différents. Leur accord n'est ici qu'apparent ; or,
l'accord réel des témoins constitue la véritable
base de ce genre de preuve.

Enfin, chacune des parties peut refuser le serment qui lui est déféré, en fournissant par d'autres
moyens la preuve complète de son assertion. Cette
preuve, en effet, rend le serment inutile, et c'est
déjà abuser du serment que de l'employer sans nécessité. L'expression technique employée en pareil cas est très-remarquable : substitution de la

preuve au témoignage de la conscience. Un plaideur d'une probité scrupuleuse peut aimer mieux abandonner au juge l'appréciation de la preuve fournie par lui que de jurer et de faire dépendre la décision du procès de son propre témoignage. Une semblable disposition d'esprit mérite plutôt du respect que du blâme, et elle ne cause aucun préjudice à l'adversaire. — Cette substitution de la preuve au serment est généralement admise, et la preuve contraire peut lui être opposée (*d*). On écarte alors le serment, pour y revenir si la preuve offerte n'est pas fournie.

Le droit romain ne parle pas de cette substitution, d'ailleurs incompatible avec ses principes; car le serment n'était pas un simple moyen de preuve, mais une sorte de transaction pour arriver à la décision du procès (*e*). Le droit canon reconnaît expressément cette substitution, et nous la voyons appliquer dans une espèce où le serment était déféré au demandeur, bien qu'il eût déjà fourni la preuve de son droit (*f*).

Tels sont les seuls points sur lesquels le droit actuel s'éloigne du droit romain : on a dit qu'il

(*d*) Malblanc, § 58 ; Bayer, p. 397 ; Gónner, vol. II, Abhandl. 48 ; Martin, § 228 ; Linde, § 308.

(*e*) Le passage de Quintilien (Inst. V, 6) ne contient qu'un raisonnement général et non un témoignage historique.

(*f*) C. 2, X, de prob. (II, 19).

y en avait encore d'autres, mais cette opinion
n'est pas fondée.

Ainsi, l'on a prétendu que le serment ne pouvait être déféré que comme complément d'une
autre preuve, et qu'il suppose nécessairement un
commencement de preuve, une preuve imparfaite. Cette doctrine est certainement contraire
au droit romain (*g*), et pour le serment extrajudiciaire elle est surtout inadmissible. Elle n'est
pas même conforme au droit commun de l'Allemagne (*h*), et elle n'a été adoptée que par des
droits particuliers (*i*).

On a dit aussi que l'on ne devait recourir au
serment qu'en cas d'une nécessité absolue, et qu'il
ne pouvait être déféré qu'en l'absence de toute
autre preuve. Mais chacun doit être libre d'apprécier ses preuves et la confiance qu'elles méri-
tent; on ne pourrait sans injustice lui imposer
l'usage exclusif de ses preuves et l'empêcher de
déférer le serment. Ce serait renverser contre
toute raison la règle exposée plus haut touchant
la substitution de la preuve au témoignage de la
conscience, et qui permet à un plaideur de

(*g*) L. 35, pr., de jur. (XII, 2); L. 22, § 10, C. de jur. de-
lib. (VI, 30).

(*h*) Danz Prozesz, § 241, note *b*; Linde, Lehrbuch, § 303,
notes 6, 7.

(*i*) Telle est, par exemple, la jurisprudence du tribunal de
Wismar (aujourd'hui Greiswald), fondée sur la fausse doctrine
de Mevius. Cf. Pufendorf, t. II, obs. 151.

fournir des preuves au lieu de prêter le serment déféré. Le seul texte de droit canon que l'on puisse alléguer à l'appui de cette opinion ne parle en réalité que de la substitution de la preuve au témoignage de la conscience, mais les expressions dont il se sert pour la justifier sont tellement vagues qu'on peut aisément leur donner une fausse interprétation (*k*).

D'après toutes ces dérogations faites au droit romain par le droit actuel, on pourrait croire que les principes du droit romain sur le serment déféré ont été changés de fond en comble et qu'aujourd'hui il n'en reste à peu près rien. Ce serait une erreur; les innovations portent plus sur la forme que sur le fond des choses; l'on peut même les regarder comme amélioration de cette institution presque indispensable à l'administration de la justice. Le serment a conservé sa nature de contrat avec les conséquences importantes qui en dérivent, mais il ne dépend plus uniquement de la volonté des parties, une prescription fort sage exige l'intervention et la surveillance du juge. Dès lors aussi le serment dans aucun cas ne supplée au jugement, il peut seulement en fournir les bases, et le juge doit confor-

---

(*k*) C. 2, X, de prob. (II, 19), « quum tunc demum ad hujusmodi sit suffragium recurrendum, quum aliæ legitimæ probationes deesse noscuntur. »

mer le contenu de sa sentence à celui du serment (*l*).

§ CCCXV. *Restitution.* — Introduction.

Sources :
Paulus Lib. I, T. 7, 8, 9.
Cod. Greg. Lib. II, T. 1-4.
Cod. Theod. Lib. II, T. 15-17.
Dig. Lib. IV, T. 1-7.
Cod. Just. Lib. II, T. 20-55.
Auteurs :
Burchardi, die Lehre von der Wiederein-
setzung in den vorigen Stand. Gott'ngen. 1831; 8.
v. Schroter, Wesen und Umfang der in int.
restitutio (Zeitschrift v. Linde V. VI, n. III,
p. 91-175).
Puchta, Pandekten, 4e éd., § 100-107.
Vorlesungen, § 100-107.
Cursus der Institutionem, 2e éd., vol. II,
§ 177-209.
Il est assez difficile de définir cette institution
et de déterminer le point de vue auquel nous
devons nous placer pour l'étudier. Dans les
sources du droit romain, elle est ordinairement

______

(*l*) Plusieurs tribunaux commencent par rendre un jugement
conditionnel, qui devient définitif après la prestation du serment.
Cette différence ne porte que sur une forme extérieure, néanmoins je ne saurais l'approuver.

désignée sous le nom de : *In integrum restitutio* (*a*), dont la traduction : Rétablissement de l'état antérieur, semble beaucoup trop longue pour être employée constamment. Cette expression désigne le rétablissement d'une chose endommagée dans son intégrité première, et en soi elle est applicable à des faits purement matériels, tels que la reconstruction d'une maison incendiée ou écroulée, faits dont il ne peut être question à propos d'une institution juridique. Nous devons donc nécessairement entendre par rétablissement, un rétablissement qui s'opère dans le domaine du droit (*b*). Mais cette restriction n'est pas encore suffisante.

En effet, sans sortir du domaine du droit, la possibilité et le besoin d'une réparation se font sentir dans les cas nombreux et importants où l'ordre a été troublé par la violation d'un droit.

(*a*) Cette construction est sans doute la plus ordinaire, mais on a prétendu à tort qu'il n'y avait pas d'exemple d'une autre construction. Ainsi la L. 86, pr., de adqu. her. (XXIX, 2), porte *restitutio in integrum* certainement une fois et, d'après le texte adopté par Haloander, deux fois. Cf. Burchardi, p. 3, Göschen Vorlesungen, I, p. 529. On lit aussi dans la L. 39, § 6, de proc. (III, 3) : « *propter hanc restitutionem in integrum.* »

(*b*) J'observe que l'expression *in integrum restitutio*, même dans son acception technique, s'emploie de deux manières différentes. Ainsi, on parle ordinairement de la restitution de la personne en un meilleur état (par exemple : *minor* restituitur), mais ailleurs il est aussi question de la restitution du droit (à la personne), par exemple : L. 1, § 1, ex. qu. c. huj. (IV, 6) : « ...... *actionem... in integrum restituam.* » (§ 325, note *m.*)

Le caractère commun à tous ces cas est la séparation du fait et du droit, et le remède consiste à rétablir la conformité entre le fait et le droit. Cela peut s'effectuer par l'acte volontaire d'un tiers ou par une contrainte exercée légalement. A ce dernier chef se réfèrent plusieurs parties importantes du droit, et dans le cercle du droit privé, le droit entier des actions (§ 204). *Restituere* est l'expression technique employée pour désigner la réparation faite par un tiers au titulaire d'un droit, sans distinguer si l'acte de ce tiers émane de sa volonté libre, ou lui a été ordonné et imposé par le juge. Ainsi donc ce *restituere* désigne toujours l'acte d'une personne privée (*c*). — Mais la réparation dont je viens de parler n'a rien de commun avec l'institution qui nous occupe, et si néanmoins le nom de *restituere* lui est applicable, il n'exprime pas par lui-même la restitution posée plus haut.

Pour saisir le véritable caractère de notre institution, il faut nous reporter au développement intime et au complément de tout droit positif.

(*c*) Cette restitution peut s'opérer de deux manières : 1° naturellement et directement ; 2° artificiellement et médiatement : 1° ainsi, par exemple, quand le propriétaire est remis en possession de sa chose ; 2° quand il reçoit une indemnité en argent pour une chose qui a été consommée. Cette observation est également applicable aux différents cas dont je vais parler, où il y a rétablissement d'un état antérieur. — Sur la définition et l'étendue du *restituere*, voy. L. 22, 35, 75 ; L. 246. § 1, de V. S. (L. 16). Voy. aussi Vol. V, p. 133.

Une des sources les plus fécondes de ce développement est le besoin de faire cesser la lutte constante qui s'établit entre le droit rigoureux et l'équité, le *jus* (*jus strictum*) et l'*æquitas* (*d*), ce besoin a fait naître des institutions nouvelles et indépendantes (*e*), mais souvent il n'exige que le rétablissement d'un état du droit dont le changement cause un préjudice. Ainsi donc on suppose qu'un changement dans l'état du droit a été réellement effectué au préjudice du titulaire, et que ce changement, conforme au droit rigoureux, est contraire à l'équité, qui demande le rétablissement de l'état antérieur. Or, ce rétablissement s'opère par des voies de droit de différentes espèces, actions ou exceptions appartenant les unes au droit civil, les autres au droit prétorien.

Parmi les actions civiles tendant à ce but, je citerai les conditions en restitution sans contrat, telles que *indebiti, sine causa, ob causam datorum* (*f*); puis la *redhibitoria actio*, la demande

---

(*d*) Voy. Vol. I, § 15, 22. — Par *æquitas* il faut entendre ici la justice envisagée d'un point de vue plus élevé et plus libre. La nature de ce contraste et les bases générales de la restitution sont exposées avec beaucoup de précision et de talent dans Puchta, Institutionen, § 177, et Vorlesungen, § 100.

(*e*) Voy. Vol. V, § 219, et Appendice XIII, num. XIII, XX; Appendice XIV, num. XLVII. A cette classe appartiennent les *bonæ fidei actiones*, dont le but est de donner des moyens juridiques de contrainte contre ceux qui refusent de se soumettre aux usages volontairement suivis par tous les gens de bien.

(*f*) Voy. Vol. V, Appendice XIV, num. VIII.

en rescision d'une vente pour lésion de plus de moitié. — Parmi les actions prétoriennes je citerai l'*actio doli* et *quod metus causa.* — Toutes ces actions peuvent, suivant les circonstances, s'exercer sous la forme d'exceptions, notamment la *doli* et la *metus exceptio.* — Dans tous ces cas, le rétablissement que réclame l'équité s'obtient par des obligations spéciales, c'est-à-dire par des actions personnelles et des exceptions. Cette équité une fois reconnue avait donné naissance à des règles de droit précises, qui, comme les actions fondées sur des contrats ou des délits, étaient appliquées par les juges ordinaires, dès que leurs conditions existaient en fait. Pour cela il n'était besoin d'aucune institution spéciale, et jusqu'ici nous n'avons pas trouvé la base de celle qui nous occupe.

§ CCCXVI. *Restitution. — Définition.*

Parmi les cas où l'équité demande le rétablissement d'un état antérieur (§ 315), il s'en trouve plusieurs que le préteur n'a pas cru convenable de laisser à l'appréciation du juge sous la forme d'actions ou d'exceptions ordinaires, mais sur lesquels il se réserve de prononcer lui-même d'après les circonstances particulières de chaque espèce. Il y a donc alors reconnaissance d'une nouvelle règle de droit, non comme dans les cas précédents d'une règle parfaite, et placée sur la même ligne que toutes les autres, mais d'une règle à l'état d'ébauche, qui, pour arriver à sa perfection et à son application dans la vie réelle, exige l'intervention de la toute-puissance du préteur. Voilà les cas qui forment la *in integrum restitutio* prétorienne. On peut donc la définir ainsi : le rétablissement d'un état antérieur du droit, motivé par une opposition entre l'équité et le droit rigoureux, et opéré par la puissance du préteur qui change avec connaissance de cause un droit réellement acquis. — Seulement, d'après la phraséologie constante du droit romain, il faut ajouter que ce rétablissement d'un état antérieur opéré par l'autorité judiciaire n'est pas un rétablissement véritable (*ipso jure*), mais la fiction d'un rétablissement *ipso jure*. Ainsi, celui qui par voie de restitution recouvre une succession à laquelle il avait renoncé, n'est pas *heres*, mais il exerce tous les droits qui appartiendraient à un héritier (*utiles actiones*). Nous retrouvons donc ici la marche et la dénomination adoptée pour la succession prétorienne, la *bonorum possessio*.

Pour assigner à l'institution qui nous occupe sa véritable place, il est nécessaire de rechercher les rapports et les affinités qu'elle peut avoir avec d'autres institutions.

Son affinité avec le jugement est la plus étroite de toutes, et elle motive la place que je lui donne

dans ce traité. Un droit nouveau et indépendant
créé par l'autorité judiciaire, voilà ce que ces
deux institutions ont de commun. Voici maintenant la différence. Le droit nouveau résultant
du jugement ne repose pas sur une fiction de
vérité, mais bien sur une supposition de vérité.
Ainsi, l'on n'admet pas qu'il y ait de différence
entre l'état actuel et l'état antérieur du droit; quand
par hasard une différence existe, on doit la regarder comme un mal inévitable (§ 280). Par la
restitution, au contraire, l'état du droit est changé
sciemment et volontairement. En ce sens on peut
appeler la restitution un jugement à une puissance plus élevée (*a*).

La restitution a aussi de l'affinité avec certains
actes de l'autorité judiciaire, par lesquels l'état
du droit se trouve modifié sciemment et volontairement. Telle est la *rescissio inofficiosi testa-
menti* prononcée par les centumvirs (plus tard
par d'autres juges); telle est l'*adjudicatio*, par laquelle le juge qui préside au partage peut faire cesser l'indivision, soit en attribuant, soit en ôtant la
propriété, soit en créant des servitudes, c'est-à-dire
en limitant avec connaissance de cause une propriété existante. Ces deux institutions se réfèrent
aux besoins spéciaux de rapports de droit déter-

______

(*a*) Voy. Vol. VI, p. 261. — Ainsi ces deux institutions nous
montrent l'application d'une fiction, mais dans un sens différent
(§ 280, 316).

minés, et elles se distinguent de la restitution en ce que jamais elles n'ont pour but le rétablissement d'un état de choses antérieur, rétablissement qui forme l'essence de la restitution. — La grâce d'un condamné prononcée par l'autorité suprême a plus d'affinité encore avec la restitution. Ici, comme dans le cas de la restitution, l'état actuel du droit est changé volontairement par le rétablissement d'un état antérieur ; ce changement n'est pas non plus prescrit par une règle de droit effectué par la juridiction ordinaire, mais nous y voyons le sacrifice du droit rigoureux à l'équité et l'intervention d'un pouvoir supérieur. Jusqu'ici donc la grâce et la restitution viennent absolument sur la même ligne. Mais elles diffèrent essentiellement par la nature de leur objet. Ainsi, la restitution rétablit des rapports de droit privé, et dès lors rentre dans le droit privé, tandis que la grâce appartient au droit public, et se trouve, par conséquent, tout à fait hors de notre sujet.

Enfin, une troisième affinité existe entre la restitution et les cas exposés plus haut (§ 315) où un état antérieur du droit est rétabli par voie d'action ou d'exception. Ces cas ont de commun avec la restitution le but et le motif; car ils tendent à rétablir un état antérieur du droit privé, par des raisons d'équité mises au-dessus du droit rigoureux. Outre la parité de but et de motif, il y

a entre ces institutions similitude de développement historique, comme le montre clairement
l'ordre adopté dans l'édit et dans le Digeste (*b*).
D'un autre côté, les voies de droit employées pour
arriver au but sont essentiellement différentes.
Dans les cas exposés plus haut on a recours à
des actions et à des exceptions soumises, comme
toutes les autres, à la juridiction ordinaire, et ju-
gées d'après des règles spéciales, c'est-à-dire conformément au droit établi par ces règles. Pour
la restitution, il n'y a point de règle préexistante
à appliquer, mais le préteur crée une règle nouvelle pour le besoin de chaque espèce, et, en vertu
de ses pouvoirs, change ainsi l'état du droit pour
rétablir un état antérieur.

Les auteurs qui jusqu'ici ont traité ce sujet y
ont introduit beaucoup de confusion, en assimi-
lant la restitution aux actions dont je viens de
parler, au lieu de les distinguer soigneusement.
Pour mettre dans tout son jour la différence qui
existe entre les deux manières de traiter notre
sujet, il me suffira de revenir en peu de mots sur
le rapport de la restitution avec d'autres institutions. Le caractère essentiel de la restitution
peut être envisagé sous deux aspects. Son but
est le rétablissement d'un état antérieur du droit

(*b*) Le second et le troisième titre du quatrième livre du Digeste ne parlent de la restitution qu'en passant, et néanmoins
ils se trouvent au centre de cette matière.

par le changement de l'état actuel. Sa forme ou le moyen employé pour atteindre ce but est la modification par l'autorité judiciaire des rapports de droit existants. Maintenant il s'agit de savoir lequel de ces deux points de vue l'on adopte pour étudier la théorie de la restitution. Si l'on choisit le premier, la restitution figure dans la série des cas où des motifs d'équité font rétablir un état antérieur ; elle se place à côté de l'*actio doli* et *quod metus causa*, et conséquemment aussi à côté des principales condictions (§ 315). Si l'on choisit le second, toutes ces actions rentrent dans la partie spéciale du traité (*c*), et la restitution, comme je l'ai dit au commencement de ce paragraphe, se place à côté du jugement. Ce second point de vue, parfaitement conforme aux doctrines des jurisconsultes romains, peut seul nous donner l'intelligence complète des sources (*d*).

Cette confusion faite entre des institutions essentiellement différentes a en partie pour cause, en partie pour excuse, plusieurs textes dont la phraséologie n'est point irréprochable et où les juris-

---

(*c*) Cf. Göschen, Vorlesungen, I, p. 531.

(*d*) Burchardi, § 1, donne une définition tout à fait arbitraire de la restitution, sous laquelle, outre la restitution véritable, il comprend les condictions, l'*actio doli* et *quod metus causa* et plusieurs autres encore. Aussi il traite effectivement des deux actions que je viens de nommer dans sa théorie de la restitution. Burchardi est victorieusement réfuté par Schröter, p. 157-169.

consultes romains désignent, sous le nom de *in inte-grum restitutio*, des cas qui, en réalité, n'appartien-nent pas à cette institution spéciale. Tout en re-connaissant cette impropriété de langage dont bientôt je fournirai la preuve, je dois dire qu'on l'a singulièrement exagérée, et qu'on a cru la trou-ver dans beaucoup de textes où elle n'existe pas.

Ainsi d'abord sont à l'abri de toute critique les textes nombreux où le mot *restituere* désigne l'acte émanant d'une personne privée qui fait cesser une injustice et rétablit le titulaire dans l'exercice de son droit (§ 315), que cet acte ré-sulte d'une volonté tout à fait libre, ou d'une sommation faite par le juge (*e*), ou d'une condam-nation prononcée (*f*).

Cette expression est parfaitement juste et tech-nique ; on ne saurait la remplacer par une autre, et elle ne prête à aucune confusion avec la *in inte-grum restitutio* prétorienne ; car jamais on ne con-fondra une décision du préteur avec l'acte d'une personne privée, bien que le même mot *restituere* serve à désigner deux choses aussi différentes.

Il n'y a non plus aucune inexactitude dans les textes où la grâce accordée à un condamné par le

---

(*e*) Cela s'applique aux actions arbitraires en conséquence de la restriction insérée dans la formule : *nisi restituas*. Voy. Vol. V, § 221.

(*f*) § 2, J. de off. jud. (IV, 17) : « sive contra possessorem, jubere ei debet, ut rem ipsam restituat cum fructibus. »

pouvoir suprême (l'empereur ou le sénat) est représentée comme une *in integrum restitutio* (*g*); car on a vu plus haut que la grâce constitue une véritable *in integrum restitutio* ayant absolument la même nature que la restitution prétorienne, avec la seule différence qu'elle appartient non au droit privé, mais au droit public; aussi ne peut-elle être octroyée que par l'autorité suprême. Quand l'empereur fait grâce, il agit en vertu de son *imperium* précisément comme le préteur, quand il accorde une restitution dans le cercle du droit privé. Ensuite les textes cités à ce sujet (note *g*) sont empruntés à l'édit ou à des décisions solennelles de l'empereur, ce qui ne permet pas de supposer aucune négligence ou impropriété de rédaction.

Voici maintenant des textes réellement entachés d'inexactitude et où la domination de *in integrum restitutio* est appliquée à des cas qui

(*g*) L. 1, § 9, 10, de postul. (III, 1) : » Deinde adjicit Prætor : Qui ex his omnibus.... in integrum restitutus non erit... et putat, de ea restitutione sensum, quam Princeps vel Senatus indulsit. » (L'affinité intime de ces matières ressort surtout de la comparaison avec la restitution prétorienne qui suit immédiatement le passage que je viens de transcrire) — L. 1, C. de sent. passis (IX, 51) : « .... tunc Antoninus Aug. dixit : Restituo te in integrum provinciæ tuæ, et adjecit : Ut autem scias quid sit in integrum restituere, honoribus, et ordini tuo, et omnibus ceteris te restituo. » — L. 1, § 2, ad L. J. de amb. (XLVIII, 14) : « Qua lege damnatus si alium convicerit, in integrum restituitur : non tam pecuniam recipit. »

n'appartiennent point à la restitution véritable.

1) Lorsque le possesseur d'une chose s'attendant à une action de ma part, vend cette chose à un tiers dans l'intention déloyale de me causer préjudice par la substitution d'un défendeur nouveau, j'ai contre le vendeur une action en réparation du préjudice que me cause la vente (*h*) ; et cette action, qui évidemment n'est pas une restitution, est représentée comme telle par Gaius (*i*), ce qui me semble une expression impropre. Sans doute en pareil cas il pouvait y avoir une restitition véritable, si le préteur donnait par voie de restitution la *in rem actio* originaire contre le vendeur. L'édit vraisemblablement offrait cette restitution, de sorte que la partie lésée pouvait choisir entre la restitution ou l'action personnelle en indemnité (*k*) ; par là s'expliqueraient également la

(*h*) L. 1, pr. ; L. 4, § 5, de al. jud. mut. (IV, 7). Les textes du Digeste relatifs à cette règle de droit sont empruntés tant aux commentaires sur l'édit provincial (L. 1, eod.) qu'aux commentaires sur l'édit du préteur (L. 8, eod.). Sans doute les deux édits s'accordaient quant au fond.

(*i*) L. 3, § 4, eod. « Ex quibus apparet, quod Proconsul *in integrum restituturum* se pollicetur : ut hac actione officio tantum judicis consequatur actor, quanti ejus intersit alium adversarium non habuisse. » Ici évidemment une indemnité en argent est représentée comme fruit de la restitution, quoique cette indemnité n'ait de commun avec la restitution, que de garantir d'un dommage les biens du titulaire. — Au reste, nous ignorons jusqu'à quel point ce texte a été interpolé.

(*k*) Cela résulte d'un rescrit de Dioclétien dans la L. 1, C. eod. (II, 55), où il est dit que la partie lésée peut intenter l'action

mention de cette action au quatrième livre du Digeste et l'expression impropre de Gajus, qui du reste est peut-être une interpolation. Cette restitution ne se retrouve plus au Digeste, une règle postérieure l'ayant rendue tout à fait inutile. En effet, quiconque abandonne déloyalement la possession est considéré comme possesseur, et l'action *in rem* s'exerce contre lui sans restitution *(l)*. La partie lésée peut donc choisir entre l'action *in rem* ou l'action personnelle en indemnité. Mais si le défendeur se soumet volontairement comme possesseur à l'action *in rem*, l'action en indemnité n'est plus recevable, puisqu'il n'y a pas de dommage causé par l'aliénation *(m)*.

2) Ulpien cite un rescrit de Caracalla rendu au sujet d'une *cautio pollicitationis* que les Campaniens avaient arrachée par la crainte à un individu ; le rescrit porte : « posse eum a Prætore

ordinaire *in rem* contre le nouvel acquéreur, ou actionner, le vendeur. Ce dernier point est exprimé en ces termes : « cum .. in integrum restitutio *edicto perpetuo permittatur.* » Seulement, nous ignorons si l'auteur de ce rescrit entendait par restitution l'action en dommages-intérêts (comme Gajus), ou le nouveau principe touchant la *in rem actio* contre celui *qui dolo desiit possidere* (note *l*).

(l) L. 27, § 3 ; L. 36, pr., de R. V. (VI, 1) ; L. 131 ; L. 157, § 1, de R. J. (L. 17). Voorda, Interpr. II, 10, traite avec détails du rapport historique existant entre l'*alienatio judicii mutandi causa* et la *ficta possessio* de celui *qui dolo desiit possidere*. Seulement, il se montre un peu trop subtil, et il s'exagère les difficultés du sujet.

(m) L. 3, § 5, de al. jud. mut. (IV, 7).

in integrum restitutionem postulare. » Le préteur et Ulpien lui-même entendent cette décision en ce sens que la victime de la violence peut réclamer toute espèce de protection et par conséquent tant une action qu'une exception (*n*). Ici la dénomination de *restitutio* est appliquée à des voies de droit ordinaires qui n'ont que le but et le résultat de commun avec la restitution véritable ; un peu plus loin (§ 4), le même texte ajoute que la victime de la violence peut aussi obtenir une restitution proprement dite : tous ces droits, ainsi que le choix laissé à la victime de la violence, résultent de ces termes du rescrit : *Posse in integrum restitutionem postulare.*

3) La même observation s'applique à une décision de Julien, d'après laquelle la *redhibitoria actio* doit avoir pour les deux parties à peu près les mêmes conséquences que la *in integrum restitutio* (*o*).

4) Celui qui a employé la fraude pour se faire rendre une chose peut, en vertu de l'*actio venditi*, être contraint de payer une indemnité (*p*). Un decret semble dire que cela constitue une *in inte-*

(*n*) L. 9, § 3, quod metus (IV, 2). Cf. § 330, note *d*, *e*.

(*o*) L. 23, § 7, de æd. ed. (XXI, 1) : Julianus ait, judicium redhibitoriæ actionis utrumque, i. e. venditorem et emtorem, quodammodo *in integrum restituere* debere. »

(*p*) L. 13, § 5, de act. emti (XIX, 1; L. 14, § 1, de in diem addict. (XVIII, 2).

grum restitutio (*q*). Tout ce qu'il y a de vrai là dedans, c'est que l'*actio venditi* protége le vendeur aussi sûrement qu'une restitution.

Des auteurs modernes ont proposé de désigner les actions mentionnées plus haut (§ 315), qui ne sont pas des restitutions, sous le nom de *actions en restitution*, afin d'exprimer que ces actions ont pour but, comme restitution véritable, le rétablissement d'un état antérieur (*r*). Je rejette cette dénomination par deux motifs. D'abord, elle expose à la confusion que j'ai déjà signalée entre des institutions essentiellement distinctes ; ensuite, elle impose à des expressions techniques un sens tout différent de celui qu'elles ont dans les sources (*s*).

§ CCCXVII. *Restitution. — Sa nature spéciale et son développement intime.*

La restitution a une nature juridique toute spéciale, dont la détermination exacte et rigoureuse doit servir de base à l'exposé des diverses

(*q*) L. 10, C. de resc. vend. (IV, 44) : « .... contra illum, cum quo contraxerat, in integrum restitutio competit. »

(*r*) Burchardi, p. 8.

(*s*) On appelle *restitutoria actio* (*judicium*) une action effectivement perdue, mais rétablie en vertu d'une règle de droit, soit quelle opère une restitution véritable (L. 3, § 1, de eo per quem, II, 10) ou non (L. 8, § 9, 12, ad. Sc. Vell. XVI, 1). — On appelle *restitutorium interdictum* un interdit ayant pour objet la restitution d'une chose, par opposition à l'interdit *prohibitorium* et *exhibitorium*, § 1, J. de interd. (IV 15).

règles qui ont trait à cette institution. Seulement il ne faut pas se représenter ce caractère spécial dans un état de fixité, mais bien de progression constante. Se rendre compte exact du développement intime de cette institution est donc l'unique moyen de l'étudier convenablement au point de vue actuel.

La définition donnée plus haut (§ 316) de la restitution embrasse deux points plus saillants que tous les autres. Le premier est une latitude de pouvoirs laissée à l'autorité judiciaire, latitude qui n'existe pas ailleurs. Sans doute il est souvent question pour les actions ordinaires d'une libre appréciation (*arbitrium*) dont on comprend l'utilité et même la nécessité; mais cette libre appréciation est soumise à des règles précises de droit, et elle diffère essentiellement de cette liberté sans aucun contrôle dont la restitution nous offre l'application. Aussi, dans la procédure engagée sur une question de restitution, nous ne retrouvons pas les dénominations et les formes ordinaires de *actio*, *exceptio*, etc. Cette latitude extraordinaire de pouvoirs laissée à l'autorité judiciaire provient de ce que la restitution repose, il est vrai, sur des règles de droit, mais sur des règles qui n'ont pas encore atteint leur maturité et leur perfection (§ 316).

Le second point capital qui ressort de notre définition est la qualité du magistrat exclusivement chargé d'opérer la restitution. Ainsi, ce droit n'appartient pas aux juges privés qui rendent les jugements ordinaires, ni aux magistrats municipaux, quoique réellement investis d'une juridiction subalterne. A Rome et dans toute l'Italie, ce droit appartient exclusivement au préteur, c'est-à-dire au magistrat investi de l'autorité judiciaire suprême. Dans chaque province, cette fonction, comme toutes les autres fonctions de l'autorité prétorienne, est remplie par le lieutenant romain chef suprême de la juridiction comme le préteur l'est à Rome.

Ces deux points capitaux de la restitution ne se trouvaient pas réunis par l'effet du hasard. Subordonnés réciproquement l'un à l'autre, ils ne s'expliquent et ne se justifient que par leur réunion.

L'extrême latitude des pouvoirs remis à l'autorité judiciaire en matière de restitution pouvait prêter à l'arbitraire et à l'injustice; les Romains ne méconnaissaient pas ce danger, puisqu'ils regardaient la restitution comme un remède extraordinaire réservé pour les cas où les moyens de droit ordinaires étaient insuffisants. Une garantie contre ce danger se trouvait précisément dans la position du fonctionnaire qui seul avait droit d'accorder la restitution. C'était déjà une précaution fort sage de ne pas placer la restitution aux mains de ceux qui regardaient les jugements ordinaires des juges privés ; car la réunion de ces deux fonctions eût été compromettante pour l'application impartiale des règles pures du droit, et eût favorisé l'abus des opinions individuelles et subjectives. Mais une garantie encore plus forte contre l'arbitraire se trouvait dans la position spéciale du préteur. La courte durée de ses fonctions (un an) servait de contre-poids à l'abus qu'il pouvait faire de son pouvoir ; car, une fois sorti de charge, il devait renoncer à tout crédit et à toute influence, s'il n'avait pas mérité la confiance de ses concitoyens par une administration impartiale de la justice. Ensuite, le préteur, pendant la durée même de ses fonctions, avait à côté de lui un grand nombre de magistrats, ses égaux ou ses supérieurs, sans compter les tribuns du peuple, dont chacun pouvait, par son intervention, arrêter toute tentative d'injustice (a).

Telles sont les conditions dans lesquelles se trouvait primitivement la restitution, et les diverses parties de cette institution présentent un accord satisfaisant. Il nous reste maintenant à

(a) Voy. vol. VI, Appendice XV. La garantie contre les abus que les préteurs pouvaient faire de la restitution était précisément celle qui rendait sans dangers la grande influence exercée sur le droit par les édits du préteur. Ces édits n'étaient pas des lois, comme on l'a cru pendant longtemps, mais ils exerçaient sur le droit la même action que des lois véritables. Voy. vol. I, p. 112-115.

parler des grands changements qu'elle a subis par
la suite des temps.

Ces changements portent d'abord sur la position des fonctionnaires autorisés à accorder la
restitution. Depuis l'établissement de la domination impériale, le préteur était bien déchu du
rang qu'il occupait sous la république libre. Dans
la suite, le droit d'accorder la restitution fut étendu
à plusieurs autres classes de juges. L'abolition de
l'ancien *ordo judiciorum* fit cesser la séparation
qui existait, touchant la restitution, entre les
pouvoirs du magistrat et ceux du juge, et ces
pouvoirs furent réunis dans les mêmes mains.
Enfin, dans les temps modernes, le droit d'accorder la restitution fut étendu à tous les juges sans
exception (§ 334). Tous ces changements ont fait
successivement disparaître les garanties décrites
plus haut, et il semble que la restitution doive
être désormais une institution très-dangereuse
pour la sûreté du droit.

Mais, d'un autre côté, des changements sont
intervenus qui ont en grande partie atténué ce
danger.

Le premier est le droit d'appel généralement
établi depuis la domination impériale (Appendice XV.) La restitution fut aussi soumise à
l'appel, et placée à cet égard sur la même ligne
que les jugements ordinaires ; elle cessa de pouvoir être l'instrument d'une injustice irréparable.

Mais, ce qui est plus important encore, le pouvoir d'accorder la restitution, presque illimité dans l'origine, subit insensiblement de nombreuses restrictions, qui ne laissent plus en quelque sorte aucune place à l'arbitraire.

Déjà les préteurs eux-mêmes s'étaient dans un cas réservé le droit absolu d'accorder ou de refuser la restitution (*b*); mais, dans d'autres cas, ils avaient mis à la restitution des conditions très-précises(*c*), qui rapprochaient ces cas des moyens de droit ordinaires.

Ensuite dans beaucoup de cas importants les préteurs avaient transformé l'ancienne restitution en actions et en exceptions ordinaires, donnant ainsi à la règle la perfection qui lui manquait ; de sorte que, sauf des restes insignifiants d'application, il ne reste pour ces cas que le souvenir de l'ancienne restitution, par la place qu'ils occupent dans l'édit et dans le Digeste (*d*).

Enfin, les anciens jurisconsultes élaborèrent la théorie de la restitution, surtout dans leurs commentaires sur l'édit, où ils déposèrent les résultats d'une longue expérience sur l'application de cette institution. Les règles détaillées qu'ils donnaient en casuistes sur l'admission ou le refus de

---

(*b*) L. 1, § 1, de minor. (IV, 4).

(*c*) L. 1, § 1, ex quib. caus. (IV, 6).

(*d*) Telles sont les actions *quod metus causa*, *doli* et *de alienatione judicii mutandi causa*. Voy. § 316, notes *h-l*.

la restitution l'assimilèrent tous les jours davantage aux moyens de droit ordinaires, et lui en-
levèrent son caractère primitif de dépendance
absolue aux volontés du préteur. Telle est notamment la forme que revêt la restitution dans la
législation justinienne. On aurait pu remplacer
entièrement l'ancienne forme et même la dénomination de la restitution par des actions ordinaires, ainsi que cela se faisait autrefois partiel-
lement au moyen de l'*actio doli* et *quod metus
causa* ; cette substitution nous eût fait perdre
quelques renseignements historiques, mais elle
nous eût donné une idée plus exacte de la pratique au point de vue du droit justinien.

Par la suite des temps, la restitution a subi
des modifications de plus d'un genre tendant à
la rapprocher de plus en plus des moyens de
droit ordinaires, et c'est dans cette forme nouvelle qu'elle fait aujourd'hui partie constitutive
du droit commun. Néanmoins, entre les mains de
juges subalternes, elle a plus que toute autre institution prêté à l'abus et à l'arbitraire, parce que
ces juges et les auteurs qui leur servaient de
guides entendaient mal le droit romain et en
faisaient de fausses applications. Un examen im-
partial nous montre que, parmi les institutions
du droit romain, il y en a peu qui soient moins
intimement liées à l'état actuel du droit et y
exercent moins d'influence ; aussi occupe-t-elle

très-peu de place dans les législations modernes (e). Ce jugement général porté sur la
valeur intime de cette institution se trouve mer-
veilleusement confirmé par l'examen des divers
motifs de restitution. Quand je traiterai de la
restitution des mineurs, je développerai les objections qu'elle soulève au point de vue pratique
(§ 322). Il n'y a point de critique générale à
faire de la restitution des absents, mais son besoin et son importance ont beaucoup diminué
depuis sa première introduction. Elle était surtout utile pour réparer le préjudice résultant de
la courte durée de l'usucapion (un an) et de
celle de plusieurs autres prescriptions. Mais les
grands changements apportés aux prescriptions
ont rendu cette restitution moins nécessaire.
Déjà, d'après le droit romain nouveau, la plupart
des autres restitutions étaient remplacées par des
moyens de droit ordinaires, et elles avaient ainsi
perdu leur importance comme restitutions.

Je résume ce que je viens de dire sur le développement intime de la restitution. Elle nous
apparaît avec une tendance constante à s'anni-
hiler, et sa dernière forme conserve à peine quel-

(e) Le code prussien (A. L. R. I. 9, § 531, sq. § 594) accorde la restitution contre la prescription. Le droit français,
comme le droit romain nouveau, procède plus simplement; il
déclare en pareils cas la prescription interrompue *ipso jure*
(Code civil, art. 2252).

ques traits de son caractère primitif. Ce développement extraordinaire ne provient pas de ce que la pensée originaire aurait été abandonnée après avoir été reconnue fausse ou comme ayant avorté. Nous y voyons, au contraire, la marche naturelle d'une transformation organique du droit ; la règle d'abord imparfaite, et qui exigeait l'intervention toute-puissante du magistrat, grandit peu à peu et arrive à sa perfection, de sorte que l'*extraordinarium auxilium* se change en un *commune auxilium* (*f*).

Un auteur contemporain exprime une opinion qui est précisément l'inverse de la mienne ; il prétend que, par la suite des temps, les Romains préférèrent la restitution à plusieurs actions ordinaires, et que son application devint de jour en jour plus fréquente (*g*). Elle se recommandait, dit-il, par des formes plus expéditives et par divers avantages pratiques qu'elle procurait au demandeur ; ainsi, notamment, tandis que les actions arbitraires permettaient au défendeur de restituer la chose même, ou de se laisser condamner à une indemnité, la restitution procurait toujours la

---

(*f*) Ces expressions se trouvent dans la L. 16, pr., de minor. (IV, 4).

(*g*) Burchardi, § 19, 20, surtout p. 361-363, 376, 382. Néanmoins cette doctrine n'a chez lui qu'une valeur historique. Quand il s'occupe des besoins pratiques du droit actuel, il regarde la restitution comme dangereuse, et il voudrait que l'on en restreignît l'application, p. 546.

chose réclamée (*h*), — Burchardi cherche à prouver cette assertion d'abord par les textes cités plus haut, où l'expression *in integrum restitutio* est réellement employée d'une manière inexacte , ensuite par un plus grand nombre de textes dont les expressions indéterminées peuvent s'appliquer également à la restitution ou à des moyens de droit ordinaires , et qu'il applique arbitrairement à la restitution. Il n'y a rien dans tout cela qui témoigne d'une critique impartiale et éclairée.

La question de savoir si la restitution prétorienne appartient au domaine de la grâce ou à celui du droit a été vivement controversée. Un auteur moderne l'appelle l'acte, l'effet d'une grâce, une faveur spéciale à laquelle personne ne peut avoir un droit véritable dans le sens juridique du mot (*i*). D'autres auteurs ont combattu cette doctrine , et ils soutiennent que la restitution rentre dans le domaine du droit (*k*).

(*h*) Mais cette espèce d'avantage accordé au défendeur était plus que compensé par les préjudices qu'entraînait pour lui le jugement. Voy. vol. V, p. 127 , 128. — Ce que dit Burchardi , p. 363 , relativement à la succession acceptée ou répudiée par crainte , est exact en soi , mais cet avantage pratique, loin d'être une extension subséquente de la restitution, ne nous en offre, au contraire , qu'une trace effacée ; car l'action et l'exception contre la violence assuraient dans la plupart des cas une protection suffisante.

(*i*) Burchardi , § 1 , 3 , surtout p. 7, 20 , 40 , 41.

(*k*) Puchta, Pandekten, § 100, note *c*. Schröter, p. 169-174, traite ce sujet avec plus de détails.

Si l'on se rend un compte exact de ce que l'on
entend ici par grâce, on se convaincra que le débat porte plutôt sur la dénomination de la chose
que sur la chose même, et que dès lors il est inutile. On peut entendre par cette expression, l'effet
d'un caprice, d'une disposition bienveillante,
d'une prédilection personnelle ou de tout autre
mobile purement subjectif. Or, personne ne pré-
tendra que le nom de grâce pris en ce sens soit
applicable à la restitution. — On peut aussi
prendre cette expression dans un sens plus sérieux, celui que l'on entend quand il s'agit de la
grâce accordée à un criminel, et le mot de grâce
ne prête alors à aucune objection, mais on
n'admet pas qu'elle soit dictée par aucun des
motifs énumérés plus haut. La grâce, au contraire,
est légitime, quand, se plaçant à un point de vue
plus élevé, l'application rigoureuse du droit nous
apparaît comme une injustice eu égard aux circonstances spéciales du cas particulier. C'est au
même point de vue que la restitution doit concilier le *jus* et *l'æquitas* (§ 315, note *d*), et en ce
sens, la restitution peut être appelée une grâce.
C'est effectivement ainsi que l'entend l'auteur
dont nous parlons; il a voulu par le nom de
grâce faire ressortir l'indépendance complète du
magistrat en matière de restitution. Aussi recon-
naît-il lui-même que, quand la restitution est soumise à des conditions, le préteur est tenu de

l'accorder dès que ces conditions existent, et l'accomplissement de ce devoir a pour garantie le recours de l'appel (*l*). — Mais, comme l'expression de grâce prête au malentendu que j'ai signalé, comme elle a donné lieu à un débat inutile, et qu'en réalité son emploi ne présente aucun avantage, il est mieux de ne jamais s'en servir à propos de la restitution. J'ajoute que, même en droit criminel, si la dénomination de grâce appliquée à la restitution a été généralement admise, c'est parce que ce droit se rattache à la haute position du souverain, et nul n'admettra que celle du préteur puisse, à aucune époque, lui être comparée.

§ CCCXVIII. *Restitution.* — *Conditions.* — I. *Lésion.*

Après avoir posé par la recherche qui précède les bases de notre sujet, il s'agit d'abord de déterminer les conditions qui permettent de recourir à ce moyen de droit extraordinaire ; ces conditions nous feront connaître en même temps

(*l*) Burchardi, p. 40, 41. Cela est difficile à concilier avec un autre passage où l'auteur dénie formellement que la restitution ait pour base un droit véritable. Burchardi a peut-être été induit en erreur par cette circonstance qu'un criminel ne saurait réclamer sa grâce comme droit. Mais le droit de faire grâce est l'attribut de la souveraineté, et en exerçant ce droit, le souverain est absolu et irresponsable.

les différentes espèces de restitution. Nous allons donc traiter successivement des règles d'après lesquelles s'opère la restitution, des fonctionnaires appelés à la prononcer, des parties entre lesquelles elle intervient, de la procédure et aussi de la prescription spéciale à laquelle elle est soumise, enfin des effets attachés à sa prononciation. — La première partie de cette recherche porte sur le fond même de l'institution, la seconde porte sur la forme.

Les conditions de la restitution peuvent se résumer en peu de mots.

La première condition est une lésion que ce moyen de droit est appelé à faire disparaître.

La seconde est un motif de restitution qui permette d'user de ce recours extraordinaire par exception aux règles ordinaires du droit. Les différents motifs de restitution constituent en même temps ses différentes espèces.

Enfin, la troisième condition est l'absence des exceptions positives qui rendent la restitution inadmissible, malgré l'existence des deux premières conditions.

La première condition de la restitution est donc un dommage éprouvé, une lésion. On pourrait être tenté d'entendre par là une violation du droit; mais, loin que la restitution implique une violation du droit, lorsque celle-ci existe réellement, dans le cas d'un vol, par exemple, les actions ordinaires sont pleinement suffisantes ; ce qui rend la restitution superflue et par là même inadmissible.

Il faut entendre par la lésion, condition première de la restitution, un changement véritable de l'état du droit, et un changement préjudiciable à celui qui réclame la restitution (§ 315). Mais ce changement véritable de l'état du droit ne peut être que régulier et légitime en soi, autrement il y aurait tout au plus un changement de fait, un obstacle apporté à l'exercice du droit.

Un semblable changement peut résulter d'un acte ou d'une omission. L'acte en ce cas s'appelle un *gestum*, un acte produisant des effets juridiques (*a*). Ceux auxquels il cause un préjudice s'appellent *lapsi, capti, circumventi, circumscripti* (*b*); mais il ne faut pas croire que ces expressions impliquent une fraude commise par l'adversaire, cette circonstance est tout à fait indifférente, et souvent le préjudice n'a d'autre cause que la légèreté ou l'inexpérience de la partie lésée (*c*).

(*a*) L. 1 , § 1 ; L. 7, pr., de minor. (IV, 4) : « Quod cum minore... gestum esse dicetur. — Gestum accipimus, qualiter-qualiter : sive contractus sit, sive quid aliud contigit. »

(*b*) L. 1, de in int. rest. (IV, 1); L. 24, § 1; L. 44, de minor. (IV, 4); L. 9, § 4, de jurej. (XII, 2).

(*c*) L. 11, § 4; L. 44, de minor. (IV, 4). — C'est en ce

On entend par lésion non-seulement une diminution accomplie dans l'état du droit, mais aussi la transformation d'un droit certain en un droit douteux ou contesté ; car sa poursuite coûte toujours des frais et des peines, et expose à la perte d'un procès (*d*).

Une question très-controversée est celle de savoir si la restitution a exclusivement pour objet la diminution d'un bien déjà acquis ou aussi son défaut d'accroissement (*lucrum*). L'application à ce dernier cas, c'est-à-dire l'interprétation la plus favorable et la plus large, d'après plusieurs textes, n'est pas douteuse en ce qui touche la restitution des mineurs (*e*). Mais, comme le contraire semble établi pour d'autres cas de restitution (*f*), plusieurs auteurs ont posé comme

sens que l'on dit ailleurs : « naturaliter licere contrahentibus se circumvenire (circumscribere). » L. 16, § 4, de minor. (IV, 4); L. 22, § 3, loc. (XIX, 2), expressions qui n'impliquent aucune idée de fraude, puisque la fraude n'est jamais permise. — Il est vrai que ces mêmes expressions désignent quelquefois un acte frauduleux.

(*d*) L. 6, de minor. (IV, 4) : « ... cum intersit eorum, litibus et sumptibus non vexari. » Nous voyons une application de cette règle dans la L. 40, pr., eod.

(*e*) L. 7, § 6, de minor. (IV, 4) : « Hodie certo jure utimur. ut et in lucro minoribus subveniatur. » L. 44, eod. ; L. 17, § 3 de usuris (XXII, 1).

(*f*) L. 18, ex quib. caus. (IV, 6) : « Sciendum est. quod in his casibus restitutionis auxilium majoribus damus, in quibus *rei duntaxat persequendæ gratia queruntur*, non cum et *lucri faciendi* ex alterius pœna vel damno auxilium sibi impertiri desiderant. »

règle que les mineurs sont restituables pour les pertes et pour le défaut de gain, et les autres personnes seulement pour les pertes (*g*).

Mais, si l'on veut trouver un contraste réel, il faut se placer à un autre point de vue, et alors on reconnaît qu'il n'existe pour les mineurs aucun privilége spécial. En effet, il faut distinguer entre le gain provenant de la diminution d'un bien déjà acquis à un autre et celui dont l'origine est différente. Le premier ne peut jamais donner lieu à une restitution ni pour un mineur, ni pour qui que ce soit. Ainsi, point de restitution contre la perte d'une action pénale qui appauvrit le défendeur de tout ce que gagne le demandeur (*h*). Point de restitution non plus pour le gain qu'aurait procuré une usucapion non accomplie; car ce gain ne s'obtient que par une diminution égale des biens de l'ancien propriétaire (*i*). — Quand, au contraire, le gain non réalisé ne devait pas être pris sur des biens déjà acquis à un autre, la restitution est admissible,

(*g*) Puchta, Pandekten, § 101, note *d*.

(*h*) L. 37, pr., de minor. (IV, 4) (au sujet des mineurs). — L. 18, ex quib. caus. Voy. note *f*; dans ce dernier texte le point essentiel n'est pas *lucri faciendi*, mais bien *ex alterius pœna vel damno.* Il s'agit donc des actions pénales bilatérales. Voy. vol. V, § 210. — Les intérêts d'un fidéicommis ont le même caractère, quand le défaut de payement a eu lieu sans aucune faute de l'héritier grevé. Alors la restitution est refusée même aux mineurs. L. 17, § 3, de usur. (XXII, 1).

(*i*) L. 20, ex quib. caus. (IV, 6).

dès qu'il y a un motif de restitution. Je citerai comme exemple le cas d'une succession ou d'un legs non recueilli, parce que l'héritier ou le légataire est mineur (*k*), ou absent pour le service militaire (*l*); car, si la restitution les replace dans l'état antérieur, ce qu'ils obtiennent ne faisait encore partie du patrimoine de personne. On peut donc dire que la restitution de l'absent, comme celle du mineur, s'applique à un bénéfice non réalisé (*m*), et entre ces deux cas de restitution il n'y a réellement aucune différence (*n*).

En cas de contestation, le fait de la lésion, c'est-à-dire du préjudice éprouvé par le changement de l'état du droit, doit, comme tout autre fait, être prouvé par celui qui demande la restitution. C'est donc à tort que plusieurs auteurs re-

(*k*) L. 1, 2, C. si ut omissam (II, 40).

(*l*) L. 17, pr., § 1 ; L. 41, ex quib. caus. (IV, 6).

(*m*) L. 27, ex quib. caus. (IV, 6) . « Et sive quid amiserit, *vel lucratus non sit*, restitutio facienda est, etiamsi non ex bonis quid amissum sit. » On doit remarquer que ce texte est tiré du même livre que celui transcrit note *f*; L. 18, eod. (Paul. lib. XII, ad Ed.), ce qui exclut toute idée d'une controverse entre les anciens jurisconsultes.

(*n*) La distinction que je fais ici se trouve déjà dans Cujacius in Paul. lib. XII, ad Ed. opp. T. V, p. 167. — Burchardi, p. 60-69, reconnaît aussi qu'il n'y a pas à cet égard de différence entre les mineurs et les majeurs. Seulement il regarde (p. 132) le défaut de restitution pour les actions pénales comme une exception isolée, tandis que, au contraire, elle dérive des principes essentiels qui régissent cette matière.

gardent cette preuve comme inutile et prétendent qu'il suffit d'alléguer le préjudice (*o*).

§ CCCXIX. *Restitution*. — *Conditions*. — I. *Lésion* (Suite).

Pour mieux faire ressortir la nature de la lésion que suppose toute restitution, je vais passer en revue les divers rapports de droit où cette lésion peut exister et nécessiter une restitution (*a*).

Dans le domaine du droit des choses, l'usucapion nous apparaît comme le cas le plus fréquent où une lésion motive la restitution. En effet, quand un propriétaire est dépouillé de sa propriété par une usucapion à laquelle il n'a pas mis obstacle, la restitution le relevant de cette négligence peut faire revivre l'état du droit qui existait avant l'usucapion accomplie (*b*). — La perte d'une servitude par le non usage a une nature semblable. J'en dis autant de la perte d'une succession prétorienne par défaut d'adition

(*o*) L. 7, § 3 ; L. 35, 44, de minor. (IV, 4); L. 9, § 4, de jurej. (XII, 2); L. 5, pr. C. de in int. rest. min. (II, 22); L. 1, C. si adv. vend. pign. (II, 29). — Burchardi, p. 57-59; p. 448.

(*a*) Burchardi, § 9, où l'on voit citer un grand nombre de textes relatifs à la plupart de ces applications.

(*b*) C'est ce que décide pour les mineurs la L. 45, pr., de minor. (IV, 4). — Il en est de même dans le cas de l'usucapion accomplie soit au préjudice, soit au bénéfice d'un absent; L. 1, § 1, ex quib. caus. (IV, 6).

dans le délai fixé. — Enfin, la ert e d'un droit d'action par la prescription présenterait absolument le même caractère, sans les dispositions exceptionnelles que voici. Contre la prescription de trente ans, aucune restitution n'est admise, même pour les mineurs; les prescriptions plus courtes ne courent pas pendant la minorité du titulaire du droit, et cela sans qu'il soit besoin d'aucune restitution; les autres motifs de restitution, tels que la perte de la propriété par l'usucapion, et les lésions de toute espèce, s'appliquent aux mineurs comme aux majeurs (c).

Le droit des obligations nous présente les applications les plus larges de la restitution. — Ainsi, elle existe pour toutes les espèces de contrats qui peuvent engendrer des obligations préjudiciables à un individu, notamment pour l'achat et la vente, le louage, le contrat de société; comme aussi pour le prêt, quand l'emprunteur a dissipé la somme reçue en totalité ou en partie (d); pour le cautionnement de la dette d'un tiers (e); pour le compromis qui nomme des arbitres (f). — La restitution s'applique également à plusieurs actes qui éteignent des obligations : telles sont, de la part du créancier, la novation, quand elle lui

(c) Voy. vol. III, Appendice VIII, num. XXVII.
(d) L. 24, § 4; L. 27, § 1, de minor. (IV, 4).
(e) L. 50, de minor. (IV, 4).
(f) L. 34, § 1, de minor. (IV, 4).

donne une espèce de créance moins sûre ou un débiteur moins solvable (*g*); la libération du débiteur au moyen d'une acceptilation (*h*), la réception d'un payement, quand la somme reçue est dissipée (*i*); tels sont, de la part du débiteur, le payement d'une dette qu'il pouvait refuser, parce qu'il n'y avait pas d'action pour l'y contraindre (*k*); la dation d'une chose en payement, quand cette chose a une valeur supérieure à la dette (*l*).

Dans le domaine du droit de succession, la restitution s'applique, quand une succession onéreuse a été acceptée et que l'héritier demande à en être déchargé (*m*); de même quand, après avoir renoncé à une succession avantageuse, on veut

(*g*) L. 27, § 3 ; L. 40, pr., de minor. (IV, 4.)

(*h*) L. 27, § 2, de minor. (IV, 4).

(*i*) L. 24, § 4; L. 27, § 1; L. 47, § 1 , de minor. (IV, 4); L. 32, § 4, de admin. (XXVI, 7). Le motif est le même que pour le prêt reçu et dissipé; seulement, dans ce dernier cas, la restitution doit s'accorder plus aisément; car un prêt est un acte purement volontaire, tandis que le payement d'une dette est un acte obligé.

(*k*) L. 25, pr., de minor. (IV, 4).

(*l*) L. 40, § 1, de minor. (IV, 4).

(*m*) L. 6, de in int. rest. (IV, 1), L. 21 , § 5, quod metus (IV, 2); L. 7, § 5, 10; L. 22; L. 29, § 2; L. 31 , de minor. (IV, 4); L. 85, de adqu. her. (XXIX, 2). — D'après la L. 6, § 7, eod., on pourrait croire que l'acceptation d'une succession résultant d'une contrainte est nulle *ipso jure*, et partant sans restitution, mais dans ce texte il s'agit d'une acceptation simulée (*fallens* adierit). Burchardi, p. 366.

VII. 9

la recouvrer, ou quand on a laissé passer le délai fixé pour recueillir une succession prétorienne (*n*); enfin, quand l'héritier n'a pas rempli
la condition sous laquelle il était institué (*o*).

Le droit de la famille nous montre un exemple
de la restitution, dans le cas d'une adrogation
préjudiciable à l'adrogé, quand plus tard celui-ci
réclame son ancienne indépendance (*p*).

Enfin, le droit de la procédure nous fournit
surtout de nombreuses et importantes applications de la restitution (*q*). — Les formes rigoureuses et inflexibles de l'ancienne procédure romaine demandaient souvent que l'équité vînt
réparer de simples méprises au moyen de la
restitution. — Mais les sources du droit justinien
contiennent aussi de nombreuses applications de
la restitution à la procédure. Telle est la restitution accordée, quand on n'a pas produit une
pièce au procès, quand on a laissé passer le délai
de l'appel, quand il s'agit d'échapper au préjudice qu'entraîne la désobéissance aux injonctions

(*n*) L. 21, § 6, quod met. (IV, 2); L. 7, § 10; L. 22; L. 24,
§ 2; L. 30, de minor. (IV, 4); L. 2, C. si ut omissam (II, 40).

(*o*) L. 3, § 8, de minor. (IV, 4).

(*p*) L. 3, § 6, de minor. (IV, 4). Ainsi donc il ne faut pas
dire que toute *capitis deminutio* échappe à la restitution,
comme cela semble résulter de la L. 9, § 4, eod. Burchardi,
p. 129-132.

(*q*) L. 7, § 4, de minor. (IV, 4) : « Sed et in judiciis subvenitur, sive dum agit, sive dum convenitur, captus sit. »

du juge (*r*). — Parmi les restitutions de cette espèce la plus importante est celle contre un jugement prononcé, quand même il a été prononcé par le magistrat appelé à connaître de la restitution (*s*). Cette restitution produit les mêmes effets que l'appel, c'est-à-dire un nouvel examen et une modification possible du jugement rendu (*t*). On part de ce principe que la partie qui succombe et qui demande la restitution, aurait obtenu une décision différente si elle eût conduit plus habilement le procès. — Par application de ce principe, on peut demander contre une restitution prononcée une restitution nouvelle qui détruise l'effet de la première (*u*). Si celle-ci avait pour objet un simple rapport de droit entre deux per-

(*r*) L. 36, de minor. (IV, 4); L. 7, § 11, 12; L. 8, de minor. (IV, 4); L. 9, § 4, de jurej. (XII, 2).

(*s*) L. 16. § 5; L. 17; L. 18; L. 29, § 1; L. 42, de minor. (IV, 4); L. 8, de in int. rest. (IV, 1), tit. C. si adv. rem jud. (II, 27). — La restitution contre le *possidere jubere* nous offre une application particulière de ce principe; L. 15, § 2, ex quib. c. majores (IV, 6); L. 15, § 3, de damn. inf. (XXXIX, 2).

(*t*) L. 42, de minor. (IV, 4); L. 18, de interrog. (XI, 1). Ces deux institutions diffèrent en ce que l'appel porte sur la partie injuste du jugement, tandis que la restitution est motivée par l'imprévoyance de celui même qui réclame, ou par un préjudice que lui cause son adversaire; L. 17, de minor. (IV, 4).

(*u*) L. 7, § 9, de min. (IV, 4). On trouve pour les pécules une exception à cette règle dans la L. 8, § 6, C. de bon. quæ lib. (VI, 61). Burchardi, p. 99, 248.

sonnes déterminées, par exemple l'annulation d'un contrat de vente, on n'a pas toujours besoin d'une seconde restitution. En effet, l'adversaire qui demande par voie d'action le rétablissement de l'état de choses primitif peut être repoussé par une simple exception ; car celui qui a obtenu l'avantage de la restitution est toujours libre de n'en pas profiter (*v*). — On pourrait croire que le refus d'une restitution peut motiver la demande d'une restitution nouvelle. En principe elle est inadmissible, et contre ce refus il n'y a que le recours de l'appel (*w*) ; autrement, les demandes de restitution pourraient se renouveler indéfiniment. Ce refus peut, par exception, donner lieu à une seconde demande en restitution, si celle-ci est fondée sur des motifs différents (*x*).

(*v*) L. 41, de min. (IV, 4) : quia cuique licet contemnere hæc, quæ pro se introducta sunt. » Il n'en est pas de même de la restitution contre l'acceptation ou la répudiation d'une succession (L. 7, § 9, de min.), à cause de l'indétermination des rapports existant vis-à-vis de diverses personnes.

(*w*) L. 1, C. si sæpius (II, 44). Bürchardi, p. 95, prétend à tort que la L. 38, pr., de min. (IV, 4), est en contradiction avec ce principe, et doit être regardée comme un acte arbitraire de l'autorité impériale. Mais il s'agit, au contraire, d'un appel porté devant l'empereur, qui était compétent pour prononcer en dernier ressort.

(*x*) L. 2, 3, C. si sæpius (II, 44).

§ CCCXX. *Restitution. — Conditions. —* II. *Motifs de restitution.*

La seconde condition de toute restitution est un motif de restitution (*justa causa*), c'est-à-dire un état anomal qui nécessite ce recours extraordinaire, par exception aux règles ordinaires du droit (§ 318). C'est principalement sur le motif de la restitution que s'exerce l'indépendance absolue du magistrat qui fait le caractère essentiel de la restitution. Et ici il ne s'agit pas uniquement, comme dans une action ordinaire, de rechercher si le motif de la restitution existe en fait, mais bien de décider, d'après les circonstances particulières de l'espèce, si la restitution est admissible et nécessaire (*a*).

Dans un procès de cette nature, deux points principaux doivent surtout appeler l'attention des magistrats. Premièrement, il faut qu'il existe un rapport de causalité entre l'état spécial de la partie lésée, motif de la restitution, et la lésion

(*a*) L. 3, de in int. rest. (IV, 1) : « Omnes in integrum restitutiones causa cognita a Prætore promittuntur : scilicet ut justitiam earum causarum examinet, an veræ sint, quarum nomine singulis subvenit. Dejo Johannes observe avec raison, dans la glose, que *veræ* implique ici l'idée de *justæ*, et que dès lors il ne s'agit pas d'un simple fait à constater. On doit donc rejeter la correction proposée par divers auteurs : *examinet, et an veræ sint*. Voy. aussi L. 11, § 3; L. 24, § 5; L. 44, de min. (IV, 4).

éprouvée. Ainsi, par exemple, un mineur doit être restitué, s'il a acheté une chose mauvaise, non s'il a acheté une chose bonne qui plus tard périt par cas fortuit (*b*); car un majeur aurait pu éprouver cette perte, qui ne résulte nullement de l'inexpérience de la jeunesse. Si cette circonstance même est douteuse, on prend en considération la conduite connue du mineur, et celui qui fait ordinairement preuve de prudence et de sagesse doit être moins facilement restitué (*c*). — De même, la restitution pour cause d'absence doit être refusée, si le préjudice n'est pas la conséquence nécessaire de l'absence, et si l'on eût pu s'en garantir par une sage prévoyance (*d*).

Secondement, le juge ne doit pas exclusivement s'occuper de l'avantage ou du préjudice actuel de la partie lésée, mais il doit avoir égard à l'ensemble de sa position. Ainsi, il ne doit pas prononcer une restitution qui, en garantissant un mineur d'un préjudice médiocre et isolé, ruinerait entièrement son crédit (*e*).

(*b*) L. 11, § 4, de min. (IV, 4); de même aussi l'acceptation d'une succession peut être préjudiciable en soi ou le devenir par suite de circonstances postérieures; L. 11, § 5, eod.

(*c*) L. 11, § 4 , de min. (IV, 4); L. 1, C. qui et adv. quos (II, 42).

(*d*) L. 15, § 3 ; L. 16 ; L. 44, ex quib. caus. (IV, 6).

(*e*) L. 7, § 8 ; L. 24, § 1, de min. (IV, 4). — Par le même motif, la restitution doit être refusée, quand la réparation d'un faible préjudice entraînerait pour un autre un préjudice beaucoup plus grave. L. 4 de in int. rest. (IV, 1). D'un autre côté,

Je vais maintenant énumérer les divers motifs
de restitution contenus dans l'édit, et cette énumération nous servira en même temps de base
pour l'étude des diverses espèces de restitution,
à laquelle seront consacrés les paragraphes suivants. Je citerai d'abord les témoignages des
sources.

L. 1 de in int. rest. (IV. 1), tirée d'Ulpien,
Lib. XII ad Ed.

«... sub hoc Titulo plurifariam Prætor homini-
bus vel lapsis vel circumscriptis subvenit (*f*) :
sive *metu*, sive *calliditate*, sive *ætate*, sive absentia
inciderunt in captionem. »

L. 2. eod., tirée de Paul, Lib. I Sent.

« Sive per status mutationem, aut justum errorem. »

Paulus, Sent. I, 7, § 2 (*g*).

« Integri restitutionem Prætor tribuit (*h*) ex

il serait injuste de refuser la restitution uniquement parce
que le préjudice est de peu d'importance. Burchardi , § 8 et
p. 126.

(*f*) Ici Ulpien ne dit pas seulement qu'en pareils cas le préteur
a coutume d'accorder la restitution (subvenit), mais qu'il promet la restitution dans l'édit (*sub hoc titulo* subvenit).

(*g*) Ce témoignage ne doit pas être considéré comme distinct
et indépendant de celui qui précède ; c'est uniquement pour compléter le texte d'Ulpien que l'on a inséré au Digeste quelques
mots tirés des *sententiæ* de Paul.

(*h*) Le mot *tribuit* est en soi susceptible de deux acceptions,
il peut s'appliquer au simple fait de la restitution ou à sa promesse dans l'édit. Mais comme la plupart des cas étaient certai-

his causis, quæ per *metum*, *dolum*, et *status permutationem*, et *absentiam necessariam*, et *infirmitatem ætatis* gestæ esse dicuntur. »

J'ajoute à ces textes les titres suivants du quatrième livre du Digeste, dont l'ordre est également remarquable :

Tit. 2 Quod metus causa (Codex II, 20).

Tit. 3 De dolo malo (Codex II, 21).

— 4 De minoribus XXV annis (Codex II, 22).

— 4 De capite minutis.

— 6 Ex quibus causis majores (Codex II, 51).

— 7 De alienatione judicii mutandi causa facta (Codex II, 55).

Parmi ces motifs de restitution quatre se retrouvent également partout, et dès lors n'ont pas besoin d'être justifiés ; ce sont : la violence, la fraude, la minorité, l'absence. — Chez Ulpien manque d'abord là *capitis deminutio*. Mais celle-ci, comme on le verra plus bas, n'a jamais eu que le nom et les formes extérieures de la restitution, sans aucun de ses caractères essentiels, l'indépendance absolue du magistrat et la courte prescription. Par la s'explique d'une manière satisfaisante son omission dans le texte d'Ulpien. — Parmi les motifs de restitution Ulpien omet aussi l'erreur. Peut-être cela tient-il à ce que

nement énumérés dans l'édit, cette seconde signification est la plus vraisemblable. (Cf. note *f*.)

l'erreur n'est mentionnée d'une manière expresse dans l'édit, comme motif de restitution, que pour un cas isolé ; du reste, la chose n'est nullement douteuse, et Ulpien lui-même a formellement reconnu ailleurs l'erreur comme un motif de restitution (*i*). — Enfin, Ulpien et Paul omettent l'*alienatio judicii mutandi causa*, qui néanmoins figure parmi les titres du Digeste relatifs à la restitution. Mais, du temps de ces deux jurisconsultes, elle n'existait plus comme restitution, et son but se trouvait atteint autrement (§ 316).

Nous n'avons pas de témoignages positifs sur l'époque à laquelle ces divers motifs de restitution ont été introduits dans l'édit. L'ordre de leur insertion dans l'édit répond vraisemblablement à l'ordre chronologique de leur établissement ; car on ne saurait assigner à cette classification aucun motif tiré de la nature des choses ou d'un besoin pratique. L'édit présentait sans doute les motifs de restitution dans l'ordre que nous avons vu adopté pour les titres du Digeste et qui a été reproduit au Code. J'ajoute que les principaux textes d'Ulpien sur la restitution sont tirés des

(*i*) L. 1, § 1, 6, quod falso (XXVII, 6). — Gajus aussi traite de l'erreur dans le même lib. IV, ad Ed. prov., où il énumère les autres causes de restitution ; L. 10, eod., rapprochée des L. 6, 19, quod metus ; L. 6, 8, 23, 26, 28, de dolo ; L. 12, 15, 25, 27, de min.; L. 25, ex quib. c.; L. 1, 3, 7, de al. jud. mut.

Livres XI et XII ad Edictum (*k*), comme aussi
les principaux textes de Paul, et que les divers
motifs de restitution y sont présentés précisément dans l'ordre que nous attribuons à l'é-
dit.

Je pense donc que les divers motifs de restitution ont été successivement insérés dans l'édit,
et que la date de leur introduction détermine en
même temps la place qu'ils y occupent.

1) Violence.

2) Fraude. Ces deux motifs de restitution
viennent en première ligne, non-seulement au
Digeste et au Code, mais aussi dans les textes
transcrits plus haut d'Ulpien et de Paul, et l'on ne
peut guère expliquer cette priorité que par le fait
historique de leur date ; car des actions ordinaires
vinrent bientôt remplacer ces deux motifs de
restitution et les rendre en grande partie inutiles, de sorte que nous en voyons à peine quelques restes sous le titre des restitutions (§ 316-
317).

3) Minorité. Ulpien place également au troisième rang ce motif de restitution.

4) *Capitis deminutio.*

(*k*) Les seuls textes douteux sont les L. 2, 4, , de al. jud.
mut. (IV, 7), qui dans le manuscrit de Florence ont pour inscription : lib. XIII (dans Haloander : lib. XII), tandis que
la L. 10, eod., a aussi pour inscription dans le manuscrit de
Florence : lib. XII.

5) Absence. Ulpien la met au quatrième rang, parce qu'il omet la *capitis deminutio.*

6) *Alienatio judicii mutandi causa.* Elle cessa plus tard d'exister comme motif de restitution.

7) Erreur. L'édit ne faisait mention de l'erreur qu'à propos d'un cas isolé; mais les rédacteurs du Digeste, enlevant à ce motif la place qu'il occupait dans l'édit, l'incorporèrent au droit de la tutelle (Lib. XXVII. Tit. 6), substitution déterminée évidemment par l'enchaînement logique des idées.

L'auteur moderne qui a traité plus explicitement de la restitution (*l*) ne s'accorde nullement avec moi sur l'ordre chronologique dans lequel furent adoptés les divers motifs de restitution. Il prétend que l'édit s'occupe d'abord de l'absence, mais sous une forme tombée en désuétude et qui nous est inconnue. Vinrent ensuite les dispositions sur les mineurs, mais qui, suivant lui, ne sont pas antérieures au milieu du premier siècle; puis l'édit actuel sur l'absence. Il prétend que les restitutions pour cause de violence ou de fraude n'ont jamais figuré dans l'édit, et n'ont été établies que fort tard par la jurisprudence, tandis que les actions personnelles, fondées sur la violence ou la fraude, auraient une origine très-ancienne (*m*). — Cette opinion se rattache d'a-

(*l*) Burchardi, p. 148-150, p. 213-217.

(*m*) Touchant la restitution pour cause de fraude, nous ne

bord à la théorie du même auteur que j'ai con-
battue plus haut sur le développement historique
de la restitution en général (§ 317, note *g*), puis à
diverses hypothèses qui n'ont rien de convaincant.

Mais l'ordre chronologique des motifs de restitution ne doit pas nous guider dans notre étude
scientifique ; il s'agit, au contraire, de commencer
par les plus importants et les plus féconds. Voici
donc l'ordre que je suivrai pour la présente recherche :

1) Minorité.

2) Absence.

3) Violence.

4) Erreur.

5) Fraude (*n*).

6) Motifs de restitution tombés en désuétude.

pouvons citer aucun texte de l'édit, car la L. 1, § 1, de dolo
(IV, 3), ne parle évidemment que de l'*actio doli*. Quant à la
violence, les termes de l'édit : *Quod metus causa gestum erit,
ratum non habebo* (L. 1, quod metus, IV, 2), sont tellement
généraux qu'ils peuvent s'appliquer à une action et à une exception ; mais ils s'appliquent aussi bien à la restitution que le
texte de l'édit concernant les mineurs : *uti quæque res erit, ani-
madvertam* (L. 1 , § 1, de min. IV, 4), lequel texte désigne certainement et exclusivement la restitution.

(*n*) Je place la fraude après l'erreur, parce qu'elle n'est réellement qu'une erreur qualifiée; et ensuite, à la place que je lui
assigne, cette espèce de restitution est plus facile à étudier.

§ CCCXXI. *Restitution.* — *Conditions.* — III. *Absence d'exceptions positives.*

Plusieurs auteurs admettent un grand nombre de cas exceptionnels où la restitution devient inapplicable, malgré l'existence des deux premières conditions, la lésion et un motif de restitution (*a*). Parmi ces exceptions, plusieurs ne sont qu'apparentes, car il n'y a réellement pas de lésion (*b*); d'autres ont un rapport tellement direct avec un principe spécial de droit, qu'il vaut mieux les rattacher à ce principe qu'à la matière de la restitution (*c*). Je me bornerai donc à examiner ici les cas exceptionnels qui ont un caractère de généralité, et qui ainsi nous permettent en même temps d'approfondir la nature de la restitution.

1) Il n'y a jamais de restitution contre le préjudice résultant d'un délit, soit public, soit privé (*d*) — En effet, la restitution a surtout pour but de protéger contre les préjudices causés par un acte

(*a*) Ainsi, par exemple, Burchardi, § 10.

(*b*) Tels sont, par exemple, les cas dont parle la L. 1, C. si adv. don. (II, 39), et la L. 11, C. de transact. (II, 4).

(*c*) Je citerai comme exemple cette règle importante qu'aucune espèce de restitution n'est admise contre la prescription de trente ans. Voy. vol. III, Appendice VIII, num. XXVII.

(*d*) L. 9, § 2, de min. (IV, 4), sur les mots *damnum decidere*, Cf. L. 17, § 1, de pactis, et vol. V, p. 561. — L. 9, § 3, eod. L. 37, § 1, eod.; les mots : *nisi quatenus*, etc., n'ont aucun trait à la restitution, mais à une application moins rigoureuse des peines arbitraires. — L. 1, 2, C. si adv. del. (II, 35).

juridique (*gestum*) (§ 3i8, note *a*), ce qui exclut les délits. Ensuite, quant aux délits publics , leur poursuite ne rentrait pas dans la juridiction civile des préteurs, qui seuls accordaient la restitution.

Mais quand les délits ne constituent que de simples fautes, la restitution paraît admissible. Cette distinction est faite expressément au sujet du non payement des droits de douane (*commissum*). Dans le cas d'une simple *culpa*, la peine peut être écartée au moyen de la restitution (*e*). Un texte assez obscur du Code paraît établir le même principe en termes généraux (*f*). D'après cela, la prohibition de la restitution, contre l'*actio legis Aquiliæ*, qu'un autre texte semble prononcer d'une manière absolue, devrait être restreinte aux cas où le dommage a été causé par malice (*g*).

(*e*) L. 9, § 5, de min. (IV, 4); L. 16, § 9 de public. (XXXIX, 4).

(*f*) L. 1, C. si adv. del. (II, 35) : « ... si tamen delictum *non ex animo*, sed extra venit... in integrum restitutionis auxilium competit. » Les mots *sed extra* doivent donc s'entendre de la *culpa*. La leçon d'Haloander : « sed *ex contractu* » ne rend certainement pas le texte plus clair.

(*g*) La connexion intime du texte dans son ensemble est favorable à cette interprétation restrictive. — On pourrait encore objecter que le *culpa divertere* n'admet pas non plus de restitution (L. 9, § 3 de min.), mais cela s'explique par le rapprochement de l'*adulterium* (L. 37, § 1, eod.) ; ensuite le *culpa divertere* résulte le plus souvent d'actes prémédités, et ainsi le mot *culpa* n'exprime nullement le contraste du *dolus*. — Quant à l'inceste, on n'admet comme excuse que l'erreur jointe

2) Une exception toute semblable est établie pour les obligations résultant de contrats , si le débiteur est coupable de dol (*h*). Comme exemple de cette exception , on cite le cas où un mineur né libre se laisse frauduleusement vendre comme esclave, afin de partager le prix de la vente (*i*).

3) La restitution ne s'accorde jamais quand le rapport de droit dont le changement cause un préjudice ne peut être rétabli à cause de sa nature spéciale. C'est en vertu de cette règle que l'affranchissement une fois prononcé ne pouvait être révoqué par voie de restitution (*k*). — On doit regarder comme extensions ou développements de cette règle les dispositions suivantes. La vente d'un esclave n'est pas susceptible de restitution , si cet esclave a été affranchi par l'acheteur (*l*). De même, le jugement qui déclare libre un indi-

au jeune âge. L. 38, § 7, ad L. J. de adult. (XLVIII, 5) ; L. 4, C. de incest. (V, 5).

(*h*) L. 9, § 2, de min. (IV, 4). Le *dolus in contractibus* est ici complétement assimilé aux délits.

(*i*) L. 9, § 4, de min. (IV, 4).

(*k*) L. 9, § 6, de min. (IV, 4) ; L. 7, pr., de dolo (IV, 3) (à la fin du texte) ; L. 1 , 2 , 3, C. si adv. lib. (II, 31). On ne doit point prendre comme une restriction apportée à la règle ce passage de la L. 10, de min. : « nisi ex magna causa hoc a principe fuerit consecutum. » Ce n'est là qu'un renseignement historique sur l'intervention extraordinaire de l'empereur dans les affaires judiciaires.

(*l*) L. 48, § 1, de min. (IV, 4).

vidu réclamé comme esclave n'est pas susceptible
de restitution (*m*).

La restitution, au contraire, est admissible contre
un acte juridique ayant pour objet un affranchissement futur (*n*). Celui qui a été lésé a aussi pour
se faire indemniser diverses espèces d'actions,
et contre l'affranchi lui-même, si les actes qui les
motivent ont été continués depuis l'affranchissement (*o*).

Seulement, les principes généraux ne permet·
tent pas de diriger une action contre l'affranchi
pour des faits accomplis du temps de son esclavage (*p*).

Plusieurs auteurs donnent à cette dernière exception une extension telle, qu'ils l'appliquent à

(*m*) L. 9, de appel. (XLIX, 1) ; L. 4, C. si adv. lib. (II, 31).

(*n*) L. 11, § 1 ; L. 33, de min. (IV, 4).

(*o*) L. 11, pr.; L. 48, § 1, de min. (IV, 4).

(*p*) Les contrats faits par les esclaves engendraient, après leur
affranchissement, une *naturalis obligatio* sans action, les délits
commis par eux conféraient aux étrangers une action, mais il
n'en résultait aucune obligation contre le maître. Voy. vol. II,
p. 407-411. — On pourrait trouver le sujet d'un doute
dans la dernière proposition de la 3, C. si adv. lib. (II, 31);
ainsi on pourrait rapporter ces mots : *ratio vestra læsa sit* à
un compte inexact ou infidèle *antérieur* à l'affranchissement.
Mais ces expressions peuvent aussi bien désigner un compte
postérieur à l'affranchissement, et elles ne peuvent désigner
autre chose, puisqu'elles sont la reproduction littérale d'un rescrit
beaucoup plus ancien (L. 10, C. de admin. V, 37) auquel on ne
saurait donner un autre sens. La répétition de l'ancien rescrit
ne fait que compléter surabondamment l'exposé des principes en
cette matière.

tous les rapports du droit de la famille. Pour réfuter cette doctrine, il suffit de rappeler que la restitution était certainement admise contre l'adrogation (§ 319).

D'un autre côté, jamais il n'y a lieu à restitution contre un mariage contracté (q). Le droit romain ne nous en offre aucune trace, et bien que la facilité du divorce eût rendu le bénéfice de la restitution moins important qu'il ne le serait en droit actuel, il y aurait eu néanmoins, même pour les Romains, de nombreuses différences entre les effets d'un divorce et ceux d'une annulation de mariage par voie de restitution. — La restitution, qui occuperait en quelque sorte une place intermédiaire entre la déclaration de nullité et le divorce, est absolument incompatible avec l'ensemble du droit actuel sur le mariage. Pour s'en convaincre, il suffit d'examiner les divers motifs de restitution. La violence et la fraude entraînent aujourd'hui la nullité du mariage. Resterait donc seulement la minorité, qui, dans la supposition d'un mariage désavantageux ou contracté légèrement, donnerait lieu à restitution et rétablirait l'époux mineur dans l'état où il se trouverait s'il n'y avait pas eu de mariage. Ce serait aller au delà du divorce, et l'on ne saurait, sans une extrême inconséquence, attribuer un semblable effet

(q) Burchardi, p. 142, et les auteurs qu'il cite. Puchta, Pandekten, § 107, num. 2.

à des causes bien moins graves que celles admises par le droit commun des protestants pour la prononciation du divorce. Les principes du catholicisme sur le mariage repoussent évidemment une pareille restitution.

4) Enfin, la restitution ne doit point être accordée quand les règles ordinaires du droit suffisent pour empêcher la lésion (*r*); car le besoin d'un secours extraordinaire qui fait l'essence de la restitution n'existe pas alors, et l'on ne saurait établir l'existence d'une lésion, condition fondamentale de la restitution (§ 318).

Par application de cette règle, la restitution doit être refusée comme superflue dans tous les cas de nullité de contrat, par exemple, quand un impubère s'engage sans la ratification de son tuteur (*s*). Il en est de même quand un créancier mineur laisse accomplir une prescription moindre de trente ans, car toute prescription moindre de trente ans ne court pas *ipso jure* contre les mineurs, et la restitution est dès lors inutile.

D'un autre côté, cette règle ne s'applique pas aux cas où, indépendamment de la restitution, la partie lésée a une action ordinaire, mais qui lui offre une protection moins complète ou moins

______

(*r*) L. 16, pr., de min. (IV, 4). « Nam si communi auxilio et mero jure munitus sit, non debet ei tribui extraordinarium auxilium. » Tit. C. in quib. caus. (II, 41).

(*s*) L. 16, pr., § 1, 3, de min. (IV, 4).

sûre ; car la restitution ne doit pas uniquement nous garantir contre la diminution directe de nos droits, mais aussi contre la transformation d'un droit certain en un droit incertain et litigieux, sur le résultat duquel il est par conséquent impossible de compter (*t*).

Les impubères et les mineurs se trouvent souvent avoir en même temps pour garanties de leurs droits la restitution et l'*actio tutelæ* contre leurs tuteurs. On pourrait croire qu'en pareils cas la restitution se trouve exclue par cette dernière action, qui est une voie de droit ordinaire. Il est, au contraire, formellement établi que les impubères et les mineurs peuvent choisir entre ces deux recours, et qu'ils ont même la faculté de revenir sur leur choix (*u*). Ce n'est pas là une déviation faite aux règles précédentes (*v*), mais bien leur application

(*t*) Burchardi, p. 107. — C'est à cela que se rapporte la L. 16, § 2, de min. (IV, 4), dont le sens est très-controversé. Voy. vol. III, p. 426, et Burchardi, p. 102. Voy. aussi § 318, note *g*.

(*u*) L. 45, § 1, de min. (IV, 4); L. 3, 5, C. si tutor (II, 25). — Ces textes ne sont nullement en contradiction avec la L. 39, § 1. de min (IV, 4), qui ne donne pas la solvabilité des curateurs comme motif et comme condition de sa décision. D'ailleurs cette loi ne refuse pas la restitution, elle l'accorde au contraire, pourvu seulement que l'adversaire soit indemnisé de ses dépenses. Sans cette indemnité, le mineur s'enrichirait aux dépens d'autrui, et tel ne peut jamais être le résultat de la restitution. Voy. § 318, note *h*.

(*v*) Plusieurs auteurs admettent à tort cette déviation, et même ils vont plus loin, car ils enseignent que, d'après le droit

pure et simple. En effet, l'*actio tutelæ* a pour
condition la preuve d'une obligation spéciale du
tuteur (*w*), preuve dont l'administration est toujours incertaine; le résultat de cette action offre
donc moins de sûreté que celui de la restitution.

§ CCCXXII. *Restitution. — Ses divers motifs. — I. Minorité.*

Après avoir exposé les conditions générales de
la restitution, il me reste à traiter de ses différentes espèces; l'on a vu (§ 320) le rapport qui
existe entre celles-ci et les divers motifs de restitution.

A la tête des motifs de restitution, je place la
minorité, parce qu'elle nous offre le développement le plus complet de l'institution. Aussi les
jurisconsultes romains n'ont-ils posé plusieurs
principes généraux de la matière qu'à l'occasion
de cette application spéciale comme la plus
ordinaire et la plus importante. Cette restitution nous aparaît sous les formes les plus diverses, appliquée à toute espèce de préjudices
résultant d'un acte, d'une omission ou d'une to-
lérance.

nouveau, les mineurs pouvaient demander la restitution, sans
aucun égard à l'existence ou à la non-existence des voies de
droit ordinaires. Göschen, Vorlesungen, I, p. 537, 538, 557.

(*w*) L. 1, pr., de tut. (XXVII, 3) : « Præstando dolum,
culpam, et quantam in rebus suis diligentiam. »

Son origine se rattache à la position spéciale de la jeunesse romaine. En effet, d'après d'anciens principes de droit, quiconque n'était pas soumis à la puissance paternelle restait en tutelle jusqu'à l'âge de puberté ; mais, à partir de cette époque, il était abandonné à lui-même, par conséquent exposé à tous les dangers qu'entraînent l'inexpérience et la légèreté de la jeunesse. Par la suite des temps on essaya de prévenir ces dangers au moyen de diverses institutions juridiques (*a*). D'abord, la loi Plætoria prononça des peines contre ceux qui se seraient enrichis déloyalement aux dépens d'un pubère au-dessous de vingt-cinq ans, établissant ainsi une démarcation légale entre l'âge de puberté (quatorze ou douze ans) et l'âge de vingt-cinq ans (*b*). Plus tard, dans l'esprit de cette loi, le préteur promit aux mineurs une protection beaucoup plus efficace, je veux dire la restitution contre tout préjudice attribuable à leur âge, et c'est cette protection qui doit maintenant nous occuper (*c*). Plus tard enfin, on établit pour l'administration des biens des mineurs une curatelle

(*a*) Cf. vol. III, § 111, et Savigny, von dem Schutz der Minderjährigen, Zeitschrift f. gesch. Rechtsw. vol. X, p. 232-297, surtout p. 258-261.

(*b*) *Legitima ætas, minores* (XXV annis) et *majores;* mineurs par opposition aux impubères (qui sont également des mineurs) et aux majeurs.

(*c*) L'époque où cette restitution fut introduite est incertaine, mais peut être fort ancienne; voy. § 320.

générale semblable à la tutelle des impubères, malgré des différences importantes sur certains points.

La pensée fondamentale de l'institution était donc de protéger contre eux-mêmes les pubères au-dessous de vingt-cinq ans, qui autrefois avaient la disposition absolue de leurs biens, en écartant, au moyen de la restitution, les conséquences fâcheuses qui pouvaient résulter pour eux de leurs actes ou de leurs omissions (*d*).

On alla successivement au delà de cette pensée fondamentale, et l'on accorda aux mineurs la restitution dans des cas où le besoin signalé plus haut n'existait nullement.

Ainsi, cette restitution fut étendue aux impuberes, non pour le préjudice résultant de leurs propres actes, car ces actes étaient nuls de plein droit, mais contre le préjudice résultant des actes ou des omissions de leurs tuteurs (*e*), bien que le motif qui avait fait établir la restitution des mineurs ne fût nullement applicable à de sem-

---

(*d*) L. 1, pr., de min. (IV, 4) : « ... quum inter omnes constet, fragile esse et infirmum hujusmodi ætatum consilium, et multis captionibus suppositum, multorum insidiis expositum, auxilium iis Prætor hoc edicto pollicitus est et adversus captiones opitulationem. »

(*e*) L. 29, pr., § 1 ; L. 38, pr. ; L. 47, pr., de min. (IV, 4). — L. 2, 3, 5, C. si tutor (II, 25). — L. 4, 5 , C. si adv. rem jud. (II, 29). — Cette restitution s'applique tant à l'administration propre du tuteur qu'à l'*auctoritas* par lui conférée.

blables cas. — De la même manière, les pubères mineurs dont les biens étaient administrés par des curateurs, obtinrent le secours de la restitu-tion contre les actes de ceux-ci (*f*).

Dans tous ces cas on excédait de beaucoup le besoin primitif d'une semblable restitution (*g*), et même, depuis l'établissement d'une curatelle pour tous les mineurs, ce besoin avait dû en général diminuer sensiblement.

Mais cela est bien plus vrai encore au point de vue du droit commun actuel. D'abord, une tu-telle seule et unique existe pour tous les mi-neurs depuis l'âge le plus tendre jusqu'à l'accom-plissement de leur vingt-cinquième année, avec des pouvoirs toujours les mêmes et sans distinc-tion entre la tutelle et la curatelle (*h*). Ensuite, la magistrature exerce sur la tutelle des mineurs une influence beaucoup plus étendue, ce qui leur assure une protection d'un autre genre (*i*) qui rend inutile le secours extraordinaire de la resti-tution.

(*f*) Tout cela n'a lieu naturellement que quand le tuteur ou le curateur est coupable de négligence, et non pas quand un acte d'une bonne administration se trouve entraîner un pré-judice accidentel (§ 320, note *b*). Cf. Puchta, Vorlesungen, p. 213.

(*g*) Burchardi, p. 260.

(*h*) Savigny, Zeitschrift, vol. X, p. 296, 297.

(*i*) Cette influence se montre tant dans la nomination des tuteurs que dans la surveillance de leur administration, sur-tout d'après le droit spécial des différents pays.

Si l'on pèse sans prévention toutes ces circonstances, on se convaincra que la restitution des
mineurs n'est plus justifiée par l'état actuel des
choses. Il vaudrait mieux, pour la sûreté des mineurs, réformer le droit de la tutelle, qui pourrait
recevoir de nombreuses améliorations. Peut-être
aussi devrait-on augmenter le nombre des cas
où le droit romain lui-même protégeait *ipso jure*
les mineurs contre le préjudice résultant de l'o-
mission de certains actes (§ 324); là une restitution proprement dite serait évidemment dé-
placée.

§ CCCXXIII. *Restitution. — Ses divers motifs. —* I. *Minorité* (Suite).

Quand il s'agit de faire à des rapports de droit
déterminés l'application de cette restitution, il
faut surtout ne pas oublier que le juge a nécessairement ici une liberté d'appréciation beaucoup
plus grande que pour tout autre motif de restitution. En effet, l'idée seule de violence, de fraude,
d'erreur, implique déjà la défectuosité de l'acte
contre lequel on demande restitution. La minorité, au contraire, implique la possibilité qu'un
acte juridique soit infecté de vices, mais leur existence même a besoin d'être établie par l'examen
de chacun des actes attaqués (§ 320, note *c*).
Qu'une restitution soit demandée pour cause de
violence ou pour cause de minorité, le fait de la

violence doit sans doute être prouvé comme le fait de la minorité. Mais le fait de la violence une fois constaté, le vice de l'acte juridique est par là même établi, tandis que le fait de la minorité ne prouve nullement que l'acte doive être annulé comme l'œuvre de la légèreté et de l'irréflexion, quand même il aurait des conséquences préjudiciables à son auteur.

Les diverses applications aux rapports du droit des choses, du droit des obligations, etc., rentrent dans les règles générales posées plus haut (§ 319), règles beaucoup plus explicites pour la minorité que pour les autres motifs de restitution. Nous n'avons donc à nous occuper ici que des cas où l'on a jugé nécessaire d'établir pour les mineurs des prescriptions spéciales.

1) Le payement, entre autres choses, peut donner lieu à une restitution, si celui qui le reçoit dissipe ou perd la somme reçue, par exemple, si elle est volée (§ 319, note *i*). Les débiteurs des créanciers mineurs ont divers moyens pour échapper à ce danger : ils peuvent notamment payer entre les mains d'un curateur qui leur inspire confiance, ou déposer la somme dans un temple. Cela diminue beaucoup les chances de perte, et de fait exclut presque la restitution, mais ne l'exclut pas d'une manière absolue (*a*). Jus-

---

(*a*) L. 7, § 2, de min. (IV, 4); L. 1, C. si adv. solut. (II, 33).

tinien ajouta une précaution nouvelle, il ordonna que le payement d'un capital ne se ferait que quand la dette aurait été reconnue par un tribunal, et alors les débiteurs pouvaient s'acquitter sûrement (*b*). On a cru communément que cette loi avait modifié l'ancien droit et prononcé l'exclusion absolue de la restitution (*c*), mais cette opinion n'est nullement fondée. Cette formalité nouvelle donnait aux débiteurs une garantie de plus contre les chances de perte, et le besoin de la restitution disparaissait ainsi de soi-même (*d*).

2) Nous voyons spécialement mentionné le cas où le créancier d'un mineur vend un gage constitué, non par le mineur, mais par celui dont le mineur est héritier. Alors le mineur a tout au plus une action soit contre le vendeur, soit contre son tuteur, suivant les circonstances particulières de l'espèce; mais il n'a pas de restitution contre l'acheteur, et en général il ne peut actionner ce dernier que s'il est de complicité dans la fraude

(*b*) L. 25, C. de admin. (V, 37), § 2, J. quibus alienare (II, 8).

(*c*) Burchardi, p. 248.

(*d*) Göschen, Vorlesungen, I, p. 557. — Puchta, Pandekten, § 103, note *i*, et Vorlesungen, p. 213, est au fond d'accord avec moi. Il regarde, à la vérité, la loi de Justinien comme une modification apportée à l'ancien droit; mais la formalité établie par cette loi était en effet une mesure nouvelle et de droit positif destinée à accroître la sûreté des mineurs.

opérée par la vente (*e*). On a vu à tort dans cette règle une exception positive faite à la restitution des mineurs et un changement de l'ancien droit (*f*). D'abord, il n'y a point là d'exception positive ; car la restitution se rapporte exclusivement aux actes des mineurs ou de leurs représentants ; or, la vente dont il s'agit ici est l'œuvre, non du mineur, mais du créancier agissant en vertu de son propre droit. Ensuite, on ne saurait établir que sur ce point l'ancien droit ait été changé (*g*).

3) Voici un cas qui mérite une attention particulière, celui où la minorité se combine avec la dépendance du mineur, c'est-à-dire quand il s'agit d'une restitution à accorder contre les actes d'un fils mineur placé sous la puissance paternelle ou contre les actes d'un esclave mineur.

Pour le cas de la puissance paternelle, il existe une règle fort simple et absolue : le mineur doit être restitué contre tous les actes qui lui causent préjudice, sans que la restitution puisse jamais

(*e*) L. 2, C. si adv. vend. pign. (II, 37) ; L. 2, C. de præd. fisc. (V, 71).

(*f*) Burchardi, p. 229, 249, 250.

(*g*) On a invoqué en ce sens le texte suivant (Paulus, I, 9, § 8) : « Minor adversus distractiones eorum pignorum et fiduciarum, quas pater obligaverat, *si non ita, ut oportuit, a creditore distractæ sunt*, restitui in integrum potest. » Mais rien ne nous oblige à entendre par là le préjudice résultant d'une vente faite à trop bon marché. Le *non ita ut oportuit* se rapporte plutôt à l'omission de la vente du gage, et dès lors le droit à la restitution n'est nullement douteux.

profiter au père (*h*). — Ainsi, quand un mineur néglige d'acquérir ou répudie une propriété qui, d'après les principes généraux du droit, aurait fait retour à son père, la restitution est inadmissible (*i*). Le mineur, au contraire, peut être restitué, s'il refuse un legs ou une succession qui doit lui revenir après la mort de son père, ou bien encore un droit purement personnel en dehors des biens ordinaires, tel que le legs d'un *jus militiæ* (*k*). Il en est de même s'il néglige d'acquérir ou s'il aliène un bien devant faire partie du *peculium castrense*. Quand, après la mort du mineur, un pareil bien revient au père, celui-ci peut réclamer la restitution à laquelle son fils avait droit, de même qu'un héritier véritable (quoique ici le père n'ait certainement pas cette qualité) peut obtenir la restitution qui appartenait au mineur son auteur (*l*).

(*h*) L. 3, § 4 ; L. 23, de min. (IV, 4).

(*i*) L. 38, § 1, de min. (IV, 4).

(*k*) L. 3; § 7, 8, de min. (IV, 4). Le *jus militiæ* était un droit anomal ayant pour objet l'entretien de la vie (Voy. sur cette espèce de droits, vol. II, § 72).

(*l*) L. 3, § 9, 10, de min. (IV, 4). Ce texte est un peu obscur, parce qu'il énonce d'abord l'application spéciale (tirée de Pomponius) et ensuite le principe général qui justifie cette application. Cujacius in L. 6, de in int. rest., Opp. t. I, p. 589. — Faute d'avoir saisi cet enchaînement logique, Burchardi, p. 240, attribue au père un droit quasi-successoral sur le pécule ordinaire, ce qui est complétement étranger à la nature de ce pécule.

La femme mariée placée sous la puissance paternelle a l'expectative de la propriété de sa dot, après la dissolution du mariage, soit que la puissance paternelle ait cessé à cette époque, soit qu'elle ait toujours refusé son concours pour l'exercice de l'action dotale tant que son père vivait. Maintenant, si, pendant le mariage, le père fait, avec le concours de la femme, une stipulation ayant pour objet le retour de la dot à lui-même, le droit à la dot devient une créance ordinaire, ce qui détruit toute expectative de la femme. Ainsi donc le consentement donné par elle contient l'aliénation éventuelle d'un droit qui lui est propre, et contre cette aliénation la femme mineure peut se faire restituer (*m*).

Quand un mineur soumis à la puissance paternelle contracte une dette, il peut toujours être actionné, soit pendant la durée, soit après la dissolution de la puissance paternelle (*n*). Mais le père peut l'être aussi, notamment en vertu de l'*actio quod jussu,* s'il a chargé le fils de recevoir la somme empruntée, en vertu de l'*actio de peculio,* s'il existe un pécule (*o*). D'après la règle établie plus haut, le fils poursuivi par le créancier peut se faire restituer, mais pour le père il n'y

(*m*) L. 3, § 5, de min. (IV, 4).
(*n*) Voy. vol. II, p. 53.
(*o*) L. 1, quod cum eo (XIV, 6).

a point de restitution contre l'*actio quod jussu* ou *de peculio* (*p*).

Ces principes sont tenus pour vrais par la généralité des auteurs ; plusieurs néanmoins admettent l'exception suivante. Le fils mineur qui contracte un emprunt avec le consentement de son père n'a pas droit à la restitution. Cette exception n'est nullement fondée (*q*).

Le seconde question, celle relative à l'esclave mineur, se résout d'une manière fort simple. L'esclave, soit pendant la durée de l'esclavage, soit après l'affranchissement, n'est jamais obligé par ses contrats. Le défaut d'intérêt rend donc pour lui la restitution inutile. Quand le maître est engagé par des contrats, il ne peut pas plus se faire restituer que le père engagé par les contrats de son fils mineur (*r*).

Dans un seul cas il pouvait être question de la restitution d'un esclave mineur, et alors elle était effectivement accordée. C'était lorsqu'un esclave

(*p*) L. 3, § 4, de min. (IV, 4). — D'après l'opinion plus ancienne de Gajus, le père avait également droit à la restitution, comme intéressé au pécule; L. 22, pr., eod. Cf. Göschen, Vorlesungen, I, p. 552. — Aussi dans la L. 3, cit. Ulpien fait-il allusion à d'anciennes divergences d'opinion.

(*q*) Les textes par lesquels on prétend l'établir sont la L. 3, § 4, de min. (IV, 4) et la L. 2, C. de fil. fam. min. (II, 23). La discussion de cette question se trouve dans l'Append. XVIII, à la fin de ce volume.

(*r*) L. 3, § 11 ; L. 4, de min. (IV, 4).

était induit à faire un acte compromettant l'exécution d'un fidéicommis d'où dépendait sa liberté ; il pouvait être restitué contre un pareil acte (*s*).

§ CCCXXIV. *Restitution. — Ses divers motifs. — I. Minorité* (Suite).

Il y a beaucoup de cas où les mineurs n'ont pas droit à la restitution ; mais ces cas ont une nature très-diverse, quelquefois même absolument contraire.

Ainsi, la restitution est souvent inutile aux mineurs, parce qu'ils sont garantis *ipso jure* contre le préjudice qu'éprouverait un majeur. Voici différents cas de cette espèce :

1) La prescription d'une action appartenant à un mineur, quand cette prescription est moindre de trente ans (*a*).

2) En principe, la *mora* résulte de l'avertissement donné par le créancier. Si donc un créancier mineur néglige cette formalité, il devrait être restituable contre cette omission ; mais il ne l'est pas, parce que son débiteur est constitué *in mora ipso jure* (*b*).

3) L'aliénation de certaines espèces d'immeu-

(*s*) L. 5, de min. (IV , 4).

(*a*) L. 5, C. in quib. caus. (II, 41). Aucune restitution n'est admise contre la prescription de trente ans. Voy. vol. III, p. 406, 409.

(*b*) L. 3, C. in quib. caus. (II, 41).

bles, faite sans un décret de l'autorité judiciaire, parce que cette aliénation est nulle en soi (*c*).

Quelquefois, au contraire, il n'existe pour les mineurs aucun recours, pas même celui de la restitution, de sorte qu'ils doivent inévitablement supporter le dommage.

A) Les mineurs à l'âge de vingt ou de dix-huit ans, suivant leur sexe, peuvent être déclarés majeurs par un décret du souverain (*d*). Ce décret a pour effet direct et principal d'affranchir les mineurs de la tutelle et de leur donner la libre administration de leurs biens, c'est pourquoi l'étude spéciale de cette institution rentre dans la théorie de la tutelle. Je me borne à observer ici que les mineurs cessent d'être restituables contre tous leurs actes postérieurs au décret (*e*). Cette disposition ne s'implique nullement de soi-même et a une nature toute positive ; car on aurait pu assimiler ce cas à celui où le mineur, avant d'avoir obtenu la *venia ætatis*, agit avec le consentement de son curateur et peut néanmoins se faire restituer. La restitution est admise contre l'obtention de la *venia*

(*c*) L. 11, C. de præd. (V, 71) ; L. 2, C. de fid. min. (II, 42). — D'après les mêmes textes, l'aliénation faite avec un semblable décret est susceptible de la restitution ordinaire.

(*d*) L. 2, C. de his qui ven. (II, 45).

(*e*) L. 1, C. eod. La *venia ætatis* ne fait pas cesser la prohibition de la vente sans décret (note *c*) ; L. 3, C. eod.

œtatis ; car la demande remonte à une époque où la minorité existait pure et sans modification (*f*).

B) Quand un acte juridique a été confirmé par serment, et que le serment est régulier en la forme, le mineur ne peut se faire restituer contre cet acte (*g*).

C) Le mineur qui se donne frauduleusement pour majeur, n'est pas restituable contre l'acte fait sous la foi de cette déclaration (*h*). Cette prescription est une conséquence de la règle générale posée plus haut, qu'aucune restitution n'est admise contre les fraudes commises par les mineurs dans des actes juridiques (§ 321, note *h*).

La simple erreur de l'adversaire sur l'âge du mineur, lors même que cette erreur est partagée par le mineur, ne met pas obstacle à la restitution (*i*). Mais si le mineur a affirmé sa majorité avec serment, lors même qu'il l'aurait fait de bonne foi, la restitution devient inadmissible (*k*).

D) Il n'y a point de restitution pour les mi-

(*f*) L. 1, C. eod.

(*g*) Voy. § 309, note *g*. Les conditions exigées pour la validité du serment des mineurs sont la puberté et l'absence de la contrainte.

(*h*) L. 2, 3, C. si minor. (II, 43).

(*i*) L. 1, 3, 4, C. si minor. (II, 43).

(*k*) Cela est une conséquence de l'exception générale posée plus haut (B). Anciennement on faisait la distinction suivante : le serment oral sur la majorité excluait absolument la restitution ; si le serment était écrit, la minorité pouvait se

neurs contre les prescriptions de trente ans et au-dessus (note *a*).

On ne doit pas croire que la restitution des mineurs soit exclue par l'approbation que l'autorité judiciaire donne à un acte juridique. En fait, la restitution sera presque toujours exclue, vu l'absence d'une lésion attribuable à l'inexpérience du jeune âge (*l*); mais en principe, l'approbation que donne à un acte l'autorité judiciaire n'empêche pas la restitution. Aussi voyons-nous la restitution admise contre la vente d'un immeuble approuvée par un tribunal (note *c*), contre la *venia œtatis* (note *f*), et contre le payement d'une dette reconnue judiciairement (§ 323, note *d*).

Plus tard la restitution des mineurs a été étendue par la loi aux cas suivants.

Ce privilége important fut d'abord accordé aux *respublicæ* (*m*), c'est-à-dire à toutes les corporations politiques, à toutes les municipalités des villes, ce qui, d'après notre constitution, comprend aussi les villages (*n*).

prouver par des pièces écrites (non par témoins) ; L. 3 , C. si minor. (II, 43).

(*l*) C'est ainsi qu'il faut entendre la L. 7, § 2, de min. (IV, 4).

(*m*) L. 4, C. quib. ex caus. (II, 54). « Respublica minorum jure uti solet : ideoque auxilium restitutionis implorare potest. » Cf. L. 9, de appell. (XLIX , 1); L. 3, C. de j. reip. (XI, 29); L. 1 , C. de off. ejus (I, 50). — Burchardi, p. 257.

(*n*) Burchardi, p. 261.

Il fut ensuite accordé aux corporations religieuses, aux églises et aux cloîtres (*o*).

Divers auteurs admettent en outre de nombreuses extensions qui soulèvent des objections graves. Ainsi, ils prétendent que la restitution des mineurs s'étend à toutes les corporations en général, et notamment au fisc, puis aux aliénés, aux prodigues et à d'autres personnes en tutelle. Cette doctrine a été souvent adoptée par la pratique (*p*). Elle a pour base ce principe abstrait, que la restitution des mineurs appartient à tous ceux dont les intérêts sont confiés à des mains étrangères. Mais, quand on se rappelle que la restitution des mineurs a été établie en vue de leurs propres actes, que son application aux actes de leurs représentants, contraire à la rigueur des principes, n'a pas toujours eu de bons résultats (§ 322), on se convaincra de plus en plus que ces nouvelles extensions ne doivent point être admises. Ce qui a été fait pour les corporations politiques et religieuses est une faveur spéciale, un privilége dont l'extension à d'autres cas par voie de pure abstraction doit être absolument rejetée. La pratique fondée sur une théo-

<hr>

(*o*) Les églises, C. 1, 3, X, de in int. rest. (I, 41). — Les cloîtres, C. 6 eod., C. 11, X. de reb. eccl. (III, 13).

(*p*) Glück, vol. VI, § 465, et les auteurs cités par lui et par Burchardi, p. 259, 263. Göschen, § 288, et Puchta, § 103, note *u*, reconnaissent cette pratique, sans se prononcer sur son mérite. Burchardi la condamne expressément.

rie aussi fausse ne saurait donc légitimer le principe que je combats.

La condition des corporations, des aliénés, des prodigues, a une analogie beaucoup plus réelle avec la condition des absents qu'avec celle des mineurs. Je reviendrai sur ce sujet à propos de la restitution des absents (*q*); et comme son application est en général renfermée dans des limites beaucoup plus étroites, son extension présente aussi moins d'inconvénients.

§ CCCXXV. *Restitution. — Ses divers motifs. — II. Absence.*

Voici les règles principales sur lesquelles repose ce motif de restitution, qui embrasse des cas d'espèces très-différentes :

I) Celui qui, pendant son absence, omet de faire un acte et éprouve une perte dans ses droits doit être restitué.

II) Celui qui, par l'absence d'un autre, est empêché de faire un acte et éprouve une perte dans ses droits doit être restitué (*a*).

Mais ces deux cas reçurent des extensions par assimilation de diverses circonstances semblables. Quelques-unes sont déjà mentionnées expressément dans l'édit du préteur, d'autres ont

(*q*) Voy. plus bas à la fin du § 328.

(*a*) La même classification se retrouve dans deux textes d'Ulpien ; L. 1, pr.; L. 21, pr., ex qu. c. (IV, 6).

été ajoutées par les jurisconsultes ou par la pratique des tribunaux, mais toujours en se fondant sur une clause générale de l'édit qui prévoit ces extensions. — Je désigne ces différents cas sous la dénomination générale d'absence, parce que l'absence figure en première ligne dans l'édit, et qu'elle est réellement la base fondamentale à laquelle se rattachent les autres cas par voie d'analogie. *Absentia* est également la dénomination générale donnée par Ulpien et Paul à ce cas de restitution (*b*). D'autres textes du droit romain mentionnent souvent cette restitution sous le nom de restitutio *majorum*, et le titre du Digeste qui traite de cette matière a pour inscription générale : Ex quibus causis *majores XXV annis* in integrum restituuntur. D'après cela, on pourrait croire qu'outre la restitution des mineurs, il y avait une restitution des majeurs, puisque les restitutions pour cause de violence, de fraude et d'erreur, sont accordées sans égard à l'âge, et pourraient ainsi, tout aussi bien que celle des absents, s'appeler restitutiones *majorum*. Voici comment cela s'explique. Du temps des anciens jurisconsultes, dont les écrits ont fourni la plus grande partie des matériaux du Digeste, les trois autres cas de restitution énumérés ci-dessus occupaient une place tellement secon-

______

(*b*) L. 1, de in int. rest. (IV, 1) ; Paulus I , 7, § 2.

daire (§ 320), qu'en faisant un résumé sommaire de l'institution, on pouvait fort bien ne parler que de la minorité et de l'absence comme des deux seuls cas ayant un intérêt pratique (*c*).

Cette espèce de restitution est de sa nature beaucoup plus restreinte que celle de la minorité ; car elle n'a d'application qu'aux omissions préjudiciables, tandis que celle de la minorité, outre les omissions, embrasse tous les actes qui peuvent causer un préjudice, notamment les actes juridiques.

Le texte de l'édit sur cette restitution a été inséré au Digeste (*d*). Le sens en est obscurci par beaucoup de leçons vicieuses, mais surtout par la construction embarrassée d'une très-longue proposition qui se décompose en trois propositions particulières réunies par une conclusion commune. La première de ces trois propositions contient la protection accordée aux

(*c*) Burchardi, p. 148, explique, au contraire, ce point de vue des anciens jurisconsultes en disant que, dans l'origine et pendant longtemps, l'absence et la minorité furent les seuls motifs de restitution.

(*d*) L. 1, § 1, ex quib. caus. (IV, 6). Je reviendrai sur diverses parties de cette loi et j'en donnerai l'explication. — Burchardi (Voy. § 320, note *l*) prétend à tort que nous avons ici une rédaction nouvelle et entièrement différente de la rédaction primitive. L'édit tel que nous le possédons peut être fort ancien, il peut même remonter au temps de la république, seulement la mention faite vers la fin des *decreta principum* aurait été ajoutée depuis.

absents ; la seconde, la protection accordée contre les absents ; la troisième, une *generalis clausula* applicable aux deux cas précédents. Après les deux premières propositions viennent ces mots, qui se rapportent à l'une comme à l'autre : « earum rerum actionem intra annum, quo primum de ea re experiundi potestas erit. » Après la troisième proposition se trouvent ces mots, applicables à tout ce qui précède : « in integrum restituam, » qui complètent le sens du texte jusque-là suspendu. Suit enfin une restriction, qui porte uniquement sur la *generalis clausula*.

Après avoir ainsi expliqué la division générale du texte, je transcris les trois propositions particulières dont il se compose :

1) Si cujus quid de bonis deminutum erit (*e*), cum is metu, aut sine dolo malo reipublicæ causa abesset ; inve vinculis, servitute (*f*), hos-

(*e*) Les mots *deminutum erit* manquent dans le manuscrit de Florence, mais ils se trouvent dans d'anciennes éditions et dans des manuscrits (*diminutum, diminutum est,* ou *erit*), et ils sont indispensables pour le sens ; ils désignent une perte de la propriété, celle, par exemple, qui résulte de l'usucapion, ce qui contraste avec un autre cas mentionné à la fin, celui d'une action prescrite.

(*f*) Ces deux cas (*vincula* et *servitus*) n'ont pas trait à l'absence, mais à des circonstances qui, comme l'absence, mettent dans l'impossibilité d'écarter le dommage.

tiumque potestate esset; sive cujus actionis eorum cui dies exisse dicetur (*g*).

2) Item si quis quid usu suum fecisse (*h*), aut quod non utendo sit amissum (*i*) consecutus esse, actioneve qua solutus ob id, quod dies ejus exierit, cum absens non defenderetur, inve vinculis esset, secumve agendi potestatem non faceret; aut cum eum invitum in jus vocare non liceret neque defenderetur, cumve magistratus de ea re appellatus esset, sive cui per magistratus (*k*) sine dolo ipsius actio exempta esse dicetur (*l*); earum rerum actionem intra annum, quo primum de ea re experiundi potestas erit.

3) Item si qua alia mihi justa causa esse videbitur, in integrum restituam (*m*); quod ejus

---

(*g*) L'on doit ici sous-entendre ces mots qui viennent plus loin : *earum rerum actionem,* etc...., *in integrum restituam.*

(*h*) Le manuscrit de Florence porte *fecisset;* la leçon de Haloander *fecisse* se recommande par la simplicité de la construction, car ce verbe de même que « consecutus *esse* » et « solutus (esse) » se trouvent régis par le *dicetur* qui précède. Une proposition nouvelle commence avec : « aut cum eum invitum » et finit par : « esse dicetur ».

(*i*) La leçon du manuscrit de Florence *amisit* est tout à fait inadmissible, car elle confond celui qui gagne et celui qui perd. La leçon : sit *amissum* (Haloander *amissum sit*) est confirmée par la L. 21, pr., eod.

(*k*) Le *pro magistratu* du manuscrit de Florence ne donne pas de sens. La leçon de Haloander : *per magistratus* est confirmée par la L. 26, § 4, eod.

(*l*) Ces mots régissent ce qui précède, à partir de : *aut cum eum* (note *h*).

(*m*) Les mots : *in integrum restituam* se rapportent aux

per leges, plebiscita, Senatus consulta, Edicta, Decreta principum licebit (*n*).

Je vais donner l'interprétation détaillée de ce texte, et j'indiquerai d'abord les cas nombreux compris sous ce motif de restitution, puis les espèces de lésion qu'il s'agit ici d'empêcher. Mais pour l'énumération des cas de restitution j'intervertirai l'ordre du Digeste, et je parlerai d'abord de la *generalis clausula,* et ensuite des deux cas principaux dont s'occupe notre texte.

Les termes de l'édit relatif à la *generalis clausula* (*o*) sont tellement généraux que beaucoup d'auteurs modernes ont pensé que le préteur se réservait la faculté illimitée d'accorder la restitution toutes les fois qu'il le jugerait convenable. Cette interprétation a introduit dans la pratique moderne un arbitraire très-dangereux. Mais elle doit être absolument rejetée; car le sens résultant de l'ensemble du texte est évidemment que le préteur accordera la restitution dans les cas ayant de l'affinité avec ceux expressément nom-

trois parties dont se compose le texte. Cet enchaînement a échappé à Schröter, p. 100, 109. Son interprétation nécessiterait après les mots : *experiundi potestas erit,* un *dabo* qui ne s'y trouve pas.

(*n*) Cette restriction se réfère à la *clausula* indéterminée et très-compréhensive avec laquelle seule elle a un rapport direct. Son contenu se comprend de soi-même et est également vrai pour les propositions qui précèdent.

(*o*) L'expression *generalis clausula* et simplement *clausula* se trouve dans les L. 26, § 1, 9 ; L. 33, pr., ex qu. c. (IV, 6).

més, tels que l'absence, etc. Le préteur se réserve donc uniquement d'étendre les règles qu'il vient de poser d'après les lois d'une analogie véritable et réelle. Cette explication est précisément celle adoptée par les anciens jurisconsultes dans leurs commentaires sur l'édit (*p*).

Si, d'après les nombreuses applications de ce motif de restitution que, pour abréger, nous désignons sous le nom d'*absence*, nous essayons de tirer par voie d'abstraction légitime le principe général qui lui sert de base, nous verrons que la restitution est accordée toutes les fois que la perte d'un droit résulte d'un obstacle extérieur qui a empêché le titulaire de faire les actes nécessaires à la conservation de ce droit (*q*). L'absence du titulaire lui-même comme l'absence de l'adversaire qui occasionne la perte du droit sont les principaux cas où cet obstacle extérieur peut se présenter. Un grand nombre d'autres cas, ayant avec l'absence plus ou moins de ressemblance, sont placés absolument sur la même ligne.

Après avoir ainsi déterminé le principe général sur lequel repose ce motif de restitution, il nous reste à examiner les différents cas où il trouve son application. D'après le sens constaté plus

(*p*) Voy. les textes cités dans la note précédente.

(*q*) Ce principe a déjà été établi par les auteurs suivants : Burchardi, p. 152, 183, 191 ; Franke, Beiträge, p. 73 ; Göschen Vorlesungen, I, § 193.

haut de la *generalis clausula*, ceux-ci peuvent se ramener à deux classes :

Protection des absents contre d'autres personnes.

Protection d'autres personnes contre les absents.

A ces deux classes devront se rattacher tous les cas de la *generalis clausula* mentionnés par les jurisconsultes romains.

§ CCCXXVI. — *Restitution.* — *Ses divers motifs.* — II. *Absence* (Suite).

Protection des absents contre d'autres personnes.

J'énumérerai d'abord les divers cas spécifiés dans l'édit ; j'indiquerai ensuite les cas déduits de la *generalis clausula*.

I) Metu absentes (*a*).

Cette dénomination s'applique à ceux qui ont quitté leur domicile dans la crainte bien fondée d'un danger sérieux. Les règles détaillées établies pour l'*actio quod metus causa* sont évidemment applicables à la détermination de ce cas.

II) Reipublicæ causa sine dolo malo absentes (*b*).

Ce cas est le plus important de ceux dont nous avons à nous occuper ici, et peut-être a-t-il

(*a*) L. 1, § 1; L. 2, § 1; L. 3, ex qu. c. (IV, 6).
(*b*) L. 1, § 1, cit.

donné lieu à la rédaction de l'édit sur la restitution.

Dans la plupart des règles du droit le mot *respublica* désigne une municipalité et souvent par
opposition à la république romaine, mais ici il désigne la république, l'état romain sous sa forme
pure et antique, de sorte que rigoureusement il
ne s'applique ni aux villes (*c*), ni aux nouveaux
pouvoirs créés par l'autorité impériale (*d*) ; et si on
les comprend sous ce motif de restitution, c'est en
vertu d'une extension naturelle et équitable fondée sur la *generalis clausula*.

Ici le préteur a principalement en vue les soldats au service (*e*) de même que les fonctionnaires civils de toute espèce (*f*), pourvu néanmoins que le siége de leurs fonctions ne soit point
à Rome, car alors ils ne seraient pas regardés
comme absents (*g*).

Mais le préteur exclut formellement les serviteurs de l'État absents *dolo malo*, c'est-à-dire ceux
qui invoquent leur qualité comme un simple

(*c*) L. 26, § 9, eod.

(*d*) Ainsi le *fisci patronus*; L. 33, pr., eod. — Comme aussi
les différentes espèces de *procuratores Cæsaris*; L. 35, § 2, eod.

(*e*) L. 45, eod.

(*f*) Sur les personnes comprises dans cette désignation,
voy. L. 33, § 1, 2 ; L. 34, § 1 ; L. 35, pr., § 3-6 ; L. 38.
pr., eod.

(*g*) L. 5, § 1 ; L. 6, eod. — Les soldats en garnison à Rome
avaient au contraire les mêmes priviléges que les absents ;
L. 7, eod.

prétexte, tandis que, en réalité, elle ne les empêche pas de veiller à leurs intérêts (*h*). — Les anciens jurisconsultes cherchèrent en outre à déterminer rigoureusement quand commence et quand finit l'absence qui permet aux fonctionnaires et aux soldats d'obtenir la restitution (*i*).

III) Qui in vinculis sunt (*k*).

Par là il faut entendre tous ceux qui sont privés de leur liberté, enchaînés, ou simplement détenus, soit par l'État, soit par un magistrat municipal, soit par une personne privée puissante, soit enfin par des voleurs. Ils avaient besoin d'une mention spéciale ; car ils peuvent être détenus dans le lieu de leur domicile, et alors, sans être absents, ils sont, aussi bien que les absents, hors d'état de veiller à la conservation de leurs droits.

IV) Qui in servitute sunt (*l*).

Cela comprend aussi les hommes libres qui se trouvent dans une servitude de fait, soit par une volonté arbitraire et injuste, soit par une erreur sur leur condition véritable. Il était nécessaire de les mentionner spécialement, par le motif dont j'ai parlé tout à l'heure.

V) Qui in hostium potestate sunt (*m*).

Il ne s'agit pas ici des soldats prisonniers de

(*h*) L. 1, § 1 ; L. 4 ; L. 5, pr.; L. 36 , eod.}
(*i*) L. 32 ; L. 34, pr.; L. 35, § 7, 8, 9 ; L. 37; L. 38, § 1, eod.
(*k*) L. 1, § 1 ; L. 9, 10 eod.
(*l*) L 1, § 1 ; L. 11, 12, 13, eod.
(*m*) L. 14 ; L. 15, pr., § 1, eod.

guerre ; car, avant d'être faits prisonniers, ils étaient au service, et par conséquent déjà compris dans les termes de l'édit comme *reipublicæ causa absentes*. Cette mention spéciale s'applique aux personnes civiles tombées au pouvoir d'un ennemi qui aurait envahi le territoire romain.

A ces divers cas énumérés dans l'édit, les jurisconsultes romains ajoutèrent les cas suivants, par application de la *generalis clausula*, et quelquefois même avec indication de ce motif.

1) Les femmes des soldats qui partagent l'absence de leurs maris (*n*). Cela doit s'étendre à tous les membres de leur famille, comme sussi à la famille des fonctionnaires civils.

2) Ceux qui sont députés vers l'empereur par une ville, ou chargés d'une mission relative aux intérêts municipaux (*legati civitatum*) (*o*).

3) Les procureurs de l'empereur et les employés du fisc (note *d*).

4) Ceux qui s'éloignent de leur domicile pour des études scientifiques (*studiorun causa*) (*p*).

5) Ceux qui s'engagent par contrat et fournissent caution de ne pas quitter un lieu déterminé autre que leur domicile (*q*).

(*n*) L. 1, 2, C. de ux. mil. (II, 52).
(*o*) L. 8 ; L. 26, § 9 ; L. 35, § 1 ; L. 42, ex qu. c . (IV, 6) ; L. 1, C. eod. (II, 54).
(*p*) L. 28, pr. eod.
(*q*) L. 28, § 1, eod.

6) Les condamnés au bannissement dans un lieu étranger (*r*).

7) Les enfants non encore nés (*s*). Ils ont besoin d'une protection spéciale ; car une succession peut leur échoir à une époque où ils n'auraient pas encore de tuteur.

8) Celui qui, ayant droit à une servitude, la perd par non usage, soit qu'une source ait été tarie temporairement, ou qu'une inondation accidentelle ait rendu un chemin impraticable. Cela s'applique aux actions possessoires perdues pour les mêmes motifs (*t*).

9) L'héritier testamentaire qui perd son droit à la succession, parce qu'il n'a pas ouvert le testament avant le délai fixé par le *Sc. Silanianum* (*u*).

(*r*) Ce pouvaient être des *relegati* (qui conservent leurs biens) ou des *deportati* (dont les biens sont ordinairement confisqués); L. 26, § 1; L. 40, § 1, eod. On dit des premiers, qu'ils n'obtiennent la restitution que *ex causa;* des seconds, qu'ils n'obtiennent la restitution que quand ils ont, par exception, conservé leurs biens, et seulement après l'obtention de leur grâce.

(*s*) L. 45, pr. eod.

(*t*) L. 34, § 1; L. 35, de serv. pr. rust. (VIII, 3); L. 14, pr., quemad. serv. (VIII, 6); L. 1, § 9, de itin. (XLIII, 9).

(*u*) L. 3, § 30, 31, de Sc. Silan. (XXIX, 5).

§ CCCXXVII. *Restitution. — Ses divers motifs.* — II. *Absence* (Suite).

Relativement à la classe des cas de restitution dont je viens de parler, s'élèvent deux questions qui demandent une discussion spéciale.

La première de ces questions porte uniquement sur les cas d'absence proprement dits. Si l'on remonte aux causes de l'absence, elles nous offrent un double contraste. Ainsi, la cause de l'absence peut être nécessaire ou arbitraire, louable, ou blâmable, ou même encore indifférente, ce qui donnerait lieu à une distinction nouvelle.

Le cas principal qui sert de base à l'institution, l'absence pour cause de service public, n'a rien qui puisse nous embarrasser : elle est à la fois nécessaire et louable. De là on pourrait croire que, pour être applicable, le motif de la restitution doit toujours réunir ce double caractère ; et, en effet, les jurisconsultes romains constatent souvent la nécessité (a) ou la moralité de l'absence (b). Mais nous voyons que les condamnés

(a) L. 26, § 9, ex qu. c. (IV, 6) : « Et generaliter quotiescunque quis ex necessitate, non ex voluntate abfuit, dici oportet, ei subveniendum. »

(b) L. 28, pr., eod. « Nec non et si quis de causa probabili abfuerit... puta studiorum causa..., ne decipiatur per justissimam absentiæ causam. »

au bannissement ont aussi droit à la restitution (§ 326, note *r*), et néanmoins la cause de leur absence est un délit, c'est-à-dire une cause essentiellement blâmable.

D'après cela, on pourrait distinguer entre l'absence nécessaire et l'absence arbitraire : dans le premier cas, accorder la restitution sans condition ; dans le second cas, si l'absence a une cause louable. Mais une semblable tentative ne donne aucun résultat satisfaisant. En effet, où doit-on s'arrêter pour déclarer une cause louable ? Le mérite qui s'attache à un voyage entrepris dans un but scientifique (note *b*) n'existe plus pour le voyage d'un artisan, qui néanmoins a aussi droit à la restitution (*c*) ; et un simple voyage de plaisir peut en même temps servir à l'instruction. On devrait alors, à côté des motifs louables, admettre au moins les motifs indifférents, et la distinction ne servirait qu'à exclure la restitution, si la cause de l'absence était évidemment blâmable, si, par exemple, quelqu'un entreprenait un grand voyage pour voler, pour tromper ou faire le métier de joueur. Les cas où de semblables motifs pourraient être prouvés sont tellement rares, que la distinction réduite à de pareils termes n'a plus aucune valeur pratique.

Si l'on examine impartialement l'ensemble de

(*c*)L. 57, m andati (XVII, 1).

ces circonstances, on se convaincra qu'il faut renoncer à toutes distinctions fondées sur la cause de l'absence. Les textes des anciens jurisconsultes cités plus haut (notes *a, b*) s'expliquent alors par la nature arbitraire de cette institution. Ils veulent dire simplement que, faisant à chaque espèce application de la *generalis clausula,* le préteur accordera d'autant plus facilement la restitution que la cause de l'absence lui paraîtra plus nécessaire ou plus louable.

La seconde question s'étend au delà des cas de l'absence proprement dits. Cette espèce de restitution est établie pour protéger ceux qui sont hors d'état de soutenir leurs droits par leurs propres actes. Maintenant on demande s'ils n'ont pas pu conserver leurs droits par les actes d'un représentant, auquel cas le secours artificiel de la restitution deviendrait inutile. Sur ce point, les auteurs modernes sont très-partagés d'opinion, et on ne saurait leur en faire reproche, car en cette matière les décisions des sources offrent beaucoup d'incertitude.

Je tâcherai d'abord de renfermer la question dans des limites plus étroites. Les sources du droit distinguent le *defensus* (ou *qui habet procuratorem*) et le *indefensus* (*qui procuratorem non habet*). Par *defensus* on doit certainement entendre non-seulement celui dont les intérêts sont défendus par un procureur intelligent, mais aussi celui qui a pu se faire défendre (*d*); si le procureur est négligent, c'est contre lui que le recours s'exerce, ordinairement au moyen de la *mandati actio*. Ensuite, on doit mettre sur la même ligne que le *defensus* celui qui, pouvant constituer un procureur, a négligé de le faire (*e*); car la perte du droit résulte non de l'absence, mais de cette négligence, et dès lors la restitution manque d'une de ses conditions essentielles (§ 320, note *d*).

D'après ces explications, nous aurions à distinguer deux classes de personnes lésées : les *indefensi*, ceux qui n'ont pas de procureur, sans qu'on puisse leur reprocher aucune faute (*f*), et les *defensi*, ceux qui ont un procureur, ou qui n'en ont pas par leur faute. Les personnes de la première classe ont évidemment droit à la restitution. Le doute ne porte donc que sur la seconde classe, celle des *defensi*.

Relativement aux *defensi*, nous voyons une fois établi comme règle générale qu'ils n'ont droit

---

(*d*) L. 39, ex qu. c. (IV, 6) : « ...si procuratorem reliquerit, per quem defendi potuit. »

(*e*) L. 26, § 1, eod. « quia *potuit* procuratorem constituere. » L. 20, pr. de min. (IV, 4) : non deberi prorogari tempus... quia abfuit, quum *potuit* adire Prætorem per procuratorem. »

(*f*) Ainsi, par exemple, quand le procureur qu'ils ont nommé meurt pendant leur absence, L. 28, pr. ex qu. c. (IV, 6) : « ... forte procuratore suo defuncto. » L. 57 mandati (XVII, 1).

à aucune restitution (*g*). — D'un autre côté, un texte (*h*) dit expressément que les délégués d'une ville ont droit à la restitution, soit qu'ils aient constitué un procureur, soit qu'ils n'en aient pas constitué. Cela a été représenté à tort comme un privilége spécial de ces délégués (*i*). Ils ne pouvaient certainement prétendre à de meilleures conditions que les serviteurs de l'État, aussi sont-ils ailleurs (*k*) placés absolument sur la même ligne. Nous voyons en outre une décision semblable appliquée aux prisonniers de guerre, lors même que leurs biens sont administrés par des curateurs de leur choix (*l*) ; et les bannis, qui certainement doivent constituer des procureurs, s'ils ont négligé de le faire, sont restitués *ex causa* (*m*).

Sur cette question, comme sur la première, le rapprochement de ces divers témoignages nous laisse dans l'incertitude, mais il nous montre une tendance constante à adoucir la rigueur du droit.

Seulement pour un cas possible de lesion qui,

(*g*) L. 39, ex qu. c. (IV, 6), et précisément les *reip. causa absentes*. Plusieurs auteurs ont cru que ce texte parle non de la protection pour les absents, mais de la protection contre les absents. Burchardi, p. 170, rejette avec raison cette interprétation forcée.

(*h*) L. 26, § 9, eod.

(*i*) Cujacius, obs. XIX, 14.

(*k*) L. 1, C. quib. ex causis (II, 54).

(*l*) L. 15, pr., ex quib. c. (IV, 6).

(*m*) L. 26, § 1 , eod. Cf. § 326, note *r*.

à la vérité, a une nature toute spéciale, nous trouvons des règles plus précises. Lorsque la lésion résulte, non d'une omission telle que le défaut d'interruption d'une usucapion ou d'une prescription, mais d'un jugement rendu, voici les principes établis. L'*indefensus* est toujours restitué (*n*), et cela offre d'autant moins d'inconvénient qu'un semblable jugement est toujours prononcé par défaut. Quand au *defensus*, on le distingue expressément du mineur, qui, en pareilles circonstances, obtient toujours la restitution, soit qu'il ait été représenté ou non (§ 319, note *s*). Le *defensus* absent n'est pas restitué contre le contenu du jugement; mais, si l'on a négligé d'interjeter appel, il est restitué contre cette omission (*o*). La restitution contre le contenu d'un jugement repose sur la simple possibilité d'une procédure vicieuse ; la restitution contre un appel non interjeté repose sur une simple omission ; et tel est le motif de la différence établie entre ces deux cas.

(*n*) L. 1, C. quib. ex caus. (II, 54); L. 4, C. de proc. (II, 13).

(*o*) L. 8, de in int. rest. (IV, 1). Si l'on voulait restreindre le texte de Paul, cité note *g*, au cas d'un jugement ayant l'autorité de la chose jugée (restriction dont le texte ne porte d'ailleurs aucune trace), la contradiction signalée plus haut disparaîtrait et la question se trouverait ainsi beaucoup simplifiée. — Au reste, dans la L. 8, cit., au lieu de *rempublicam* on doit lire : *rem judicatam*. Burchardi, p. 446.

Les auteurs modernes ont essayé de résoudre les difficultés que présente l'interprétation des textes au moyen de plusieurs distinctions qui ne me semblent pas satisfaisantes. Ainsi ils distinguent entre l'absence louable et l'absence blâmable : j'ai montré plus haut combien cela est peu fondé ; entre le cas de solvabilité et celui d'insolvabilité du procureur, distinction dont les textes n'offrentpas la moindre trace ; enfin, ils disentque la rigueur de l'ancien droit a été tempérée par le droit nouveau, et cette explication est peut-être celle qui se rapproche le plus de la vérité (*p*).

J'ai déjà signalé l'arbitraire qui caractérise l'institution tout entière, c'est là qu'il faut chercher la solution de cette seconde question, comme de la première.

§ CCCXXVIII. *Restitution. — Ses divers motifs. — II. Absence* (Suite).

Protection d'autres personnes contre les absents.

L'édit lui-même (§ 325) mentionne comme appartenant à cette classe les cas suivants :

I. Qui absens non defenditur (*a*). Comme au sujet de la première classe, l'édit distingue plusieurs

(*p*) Glück, vol. VI, p. 33, 34; Schulting, notæ ad Digesta, t. I, p. 578; Burchardi, p. 166-175.

(*a*) L. 1, § 1, ex quib. caus. (IV, 6).

cas et plusieurs motifs d'absence ; on peut s'étonner de voir qu'il embrasse ici tous les absents par la généralité de ses expressions. Mais cela a été fait à dessein, car toute espèce d'absence pouvant être également préjudiciable aux personnes présentes, le secours de la restitution devient alors également nécessaire (*b*).

II. Qui in vinculis est neque defenditur (*c*).

III) Qui secum agendi potestatem non facit neque defenditur. Par là il faut entendre ceux qui se cachent dans leur domicile, ceux qui, pour échapper à l'action, apportent malicieusement des obstacles à l'engagement du litige, ceux enfin qui, sans aucune intention malicieuse, n'ont pour refuser le débat d'autre motif que la multiplicité de leurs affaires (*d*).

IV) Qui, cum eum invitum in jus vocare non licet, non defenditur. Il s'agit ici des personnes investies d'une haute magistrature, et qui ne peuvent être traduites devant les tribunaux contre leur volonté. Il ne s'agit pas des parents ou des patrons qui ne peuvent être cités en

(*b*) L. 21, § 1, eod. — Dans cette disposition se trouvent sans doute compris les soldats, mais tout aussi directement, et sans extension artificielle, les héritiers des soldats, quand ils achèvent l'usucapion commencée par leur auteur, et qu'ils sont eux-mêmes absents ; L. 30, pr. eod.

(*c*) L. 1, § 1 ; L. 23, pr. eod.

(*d*) L. 1, § 1 ; L. 23, § 4 ; L. 24, 25, eod. — Ici l'on observe qu'il y a encore un autre moyen de contrainte contre les *latitantes* : c'est la *missio in bona*.

justice par leurs fils ou par leurs affranchis qu'avec l'autorisation du préteur; car cette formalité respectueuse n'est pas un obstacle à l'exercice de l'action (e).

V) Cum de ea re magistratus appellatus sit (f). Lorsqu'un défendeur réclamait l'intervention d'un magistrat égal ou supérieur, ou bien d'un tribun du peuple, pour arrêter le cours du litige, l'usucapion ou la prescription pouvait s'accomplir dans l'intervalle et dépouiller le demandeur de son droit (g). Il est protégé par cette restitution.

VI) Cum per magistratus actio exempta sit. Cela s'applique aux cas où la perte d'une action résulte du retard apporté à son exercice, soit par la malveillance ou l'incurie du magistrat ou du *judex* que le magistrat a nommé, soit par les vacances des tribunaux, etc. Mais ici on exige expressément que le demandeur n'ait pas luimême contribué à ce retard, dans l'intention, par exemple, d'être renvoyé devant le successeur du magistrat alors en fonctions (h).

Au sujet des quatre premiers cas que je viens d'énumérer, il est dit formellement que, pour obtenir la restitution, l'absent, etc., doit avoir été

(e) L. 1 , § 1 ; L. 26, § 2, eod.
(f) L. 1, § 1, eod.
(g) Voy. vol. VI, p. 480.
(h) L. 1 , § 1 ; L. 26, pr., § 4-7, eod.

indefensus (*i*). Relativement à la première classe, il existe une disposition semblable (§ 327, notes *d, e, f*) qui soulève des doutes et des difficultés, et l'on pourrait craindre de les retrouver ici. Mais la chose se présente sous un aspect tout différent. La restitution qui nous occupe suppose un droit susceptible d'être conservé par une action, et le titulaire de ce droit hors d'état d'exercer son action par l'impossibilité momentanée de joindre son adversaire. Les causes de cette impossibilité sont donc indifférentes, et le secours extraordinaire de la restitution sera d'autant mieux fondé, qu'elles seront reconnues plus blâmables et plus arbitraires. Seulement, si l'absent est réellement *defensus,* le besoin de la restitution n'existe plus, puisque la faculté d'intenter l'action exclut absolument le danger supposé de la perte du droit. Il s'agit donc maintenant de déterminer celui qui doit être regardé comme *defensus*.

On appelle *defensus* celui qui a constitué un procureur, avec mandat de le représenter au procès comme défendeur, et celui pour lequel un procureur se présente spontanément et sans mandat. Non-seulement une semblable interven-

---

(*i*) Dans la L. 26, § 3, eod. Ulpien observe avec un soin particulier que ces mots de l'édit : *non defenderetur* se rapportent au premier cas, tandis que, plus bas, les mots : *neque defenderetur* se rapportent aux trois cas suivants.

tion rend la restitution inadmissible, mais encore le titulaire du droit doit provoquer cette intervention en s'adressant aux amis de son adversaire (*k*). Néanmoins il ne suffit pas que quelqu'un déclare se présenter, il faut en outre qu'il fournisse caution, lors même qu'il aurait mandat de l'adversaire ; autrement, celui-ci n'est pas tenu pour *defensus* (*l*).

Par tous les cas de cette espèce Justinien a établi une garantie entièrement nouvelle. Le titulaire d'un droit qui ne trouve pas son adversaire doit dénoncer son action au lieutenant de la province, ou à l'évêque ou au défenseur de la ville, et à leur défaut intenter publiquement son action. Cette formalité suffit pour interrompre toute espèce d'usucapion et de prescription (*m*). — Plusieurs auteurs ont cru que par là la restitution devenait inutile et était même interdite. Cette opinion n'est nullement fondée. Le titulaire du droit peut choisir entre ces deux moyens de protection (*n*).

A ces cas de restitution mentionnés dans l'édit, les anciens jurisconsultes ont ajouté les suivants par application de la *generalis clausula* :

1) Quand une action se trouve prescrite pen-

(*k*) L. 21, § 2 , 3 ; L. 22, pr., eod.
(*l*) L. 21, § 3 , eod. § 1, 4, 5, J. de satisd. (IV, 1).
(*m*) L. 2, C. de annali except. (VII, 40).
(*n*) Burchardi , p. 180-182.

dant que le défendeur est prisonnier chez l'ennemi (*o*).

2) Quand le fils d'un prisonnier de guerre acquiert un bien pour son pécule et consomme ensuite l'usucapion (*p*).

3) Quand l'adversaire est un aliéné, un enfant ou une ville, et que par des circonstances accidentelles il se trouve sans représentant (*q*). — Réciproquement, l'aliéné, etc., qui n'est pas représenté, peut sans aucun doute obtenir la restitution, si l'usucapion ou la prescription le dépouille de son droit; et si ce cas de restitution n'est pas mentionné parmi ceux de la première classe, on ne doit l'attribuer qu'à une omission fortuite. Ces cas ont certainement plus d'analogie avec la restitution des absents qu'avec celle des mineurs (*r*).

(*o*) L. 23, § 3, ex qu. c. (IV, 6).

(*p*) L. 23, § 3, cit. En effet, l'usucapion ne peut provenir du prisonnier lui-même, puisqu'il est privé de sa liberté. L. 23, § 1, eod. C'est en ce sens qu'il faut entendre et restreindre le § 5, J. de act. (IV, 6).

(*q*) L. 22, § 2, ex qu. c. (IV, 6). La partie du texte qui précède prouve qu'il ne s'agit ici des aliénés, etc., que comme défendeurs. C'est à cette restitution que se rapporte la L. 124, § 1, de R. J. (L. 17) : « Furiosus absentis loco est. »

(*r*) Voy. à la fin du § 324.

§ CCCXXIX. *Restitution. — Ses divers motifs.—* II. *Absence* (Suite).

Après avoir énuméré les différents cas où la restitution pour cause d'absence trouve son application, il nous reste à examiner plus attentivement les espèces de lésions que peut empêcher cette restitution.

Si nous nous reportons aux termes mêmes de l'édit, nous devons reconnaître deux espèces principales de lésions.

1) *Si quid de bonis deminutum erit,* c'est-à-dire diminution immédiate des biens existants. Voici les cas de perte qui peuvent se présenter et rendre la protection nécessaire tant pour les absents que contre les absents.

1) Perte de la propriété résultant d'une usucapion consommée par l'adversaire (*a*).

2) Perte d'une servitude par non usage (*b*).

3) Perte d'une possession ou d'une quasi-possession (*c*).

4) Perte de la propriété par suite d'un *damnum infectum* (*d*).

5) Perte d'une créance soumise par contrat à

(*a*) L. 1, § 1; L. 15, § 3, ex qu. c. (IV, 6).
(*b*) L. 1, § 1, eod.
(*c*) L. 23, § 2, eod.
(*d*) L. 15, § 2, eod., c'est-à-dire au moyen du *jubere possidere*.

une condition de résidence dans un lieu déterminé (e).

6) Perte résultant d'un jugement régulièrement rendu (f).

II) *Si actionis dies exiit.* Perte d'une action par la prescription de l'action ou la péremption de la procédure (g). Le droit de poursuivre un délit périmé par l'expiration d'un délai (h) est de la même nature.

La *generalis clausula* permet d'invoquer cette restitution, non-seulement quand il y a diminution des biens, mais aussi quand l'absence a empêché d'acquérir une hérédité ou un legs (§ 319, note l).

L'application de cette restitution est soumise au principe général qui exige un rapport de causalité entre le motif de restitution et la perte éprouvée. Si donc l'absence n'embrasse qu'une partie du temps fixé pour l'usucapion ou la prescription, la restitution est quelquefois refusée absolument, ou bien elle n'est accordée que pour une partie du délai (i).

Quand la perte de la propriété résulte de l'usucapion, la restitution opère, suivant les cir-

---

(e) L. 43, eod.
(f) Voy. § 327, notes n, o.
(g) L. 1, § 1, eod.
(h) L. 40, pr. eod.
(i) L. 15, § 3; L. 16; L. 26, § 7, 8, eod. Voy. § 320, note *de*

constances spéciales de l'espèce, tantôt par voie d'action, tantôt par voie d'exception.

D'après une opinion très-répandue, l'action qui protége la propriété contre les effets de l'usucapion s'appelle *publiciana actio*. On la rattache à l'autre *publiciana actio* bien connue ; et de ce rapprochement on fait sortir l'histoire de la restitution (*k*). Cette doctrine me semble tout à fait erronée.

Plusieurs textes relatifs à cette restitution parlent, il est vrai, de la *publiciana actio* (*l*), non comme d'une action spéciale établie pour ce cas particulier, mais dans un sens tout différent. Celui que l'usucapion a dépouillé de sa propriété pendant qu'il était absent, peut invoquer ordinairement les conditions de la *bonæ fidei possessio;* ainsi il a obtenu tradition de là chose par suite d'une vente, d'une donation, etc. Il se trouve alors avoir la *publiciana actio* ordinaire , dont l'existence n'est pas en soi exclue par l'usucapion de l'adversaire. Mais quand il exercera la *publiciana actio,* son adversaire pourra lui opposer l'*exceptio justi dominii* (*m*), et cela avec raison ; car il est devenu réellement propriétaire

(*k*) Burchardi, p. 153, sq.

(*l*) L. 35, pr., de obl. et act. (XLIV, 7); L. 37, mandati (XVII, 1), des passages tirés d'un ancien *glossarium* dans Brissonius, v. Publiciana.

(*m*) L. 1, pr. ; L. 16, 17 , de publ. (VI, 2).

en vertu de l'usucapion. Or, cette exception est repoussée par la restitution pour cause d'absence, avec ou sans *replicatio*, suivant que les faits sont douteux ou certains. Ainsi, rigoureusement, on doit dire qu'en pareilles circonstances la restitution sert, non à faire revivre une action éteinte, mais à écarter une exception qui s'élève contre une action toujours valable. La lettre même des textes cités (note *l*) confirme cette interprétation. En effet, l'un d'eux dit expressément qu'en pareil cas on peut opposer à la *publiciana* l'*exceptio dominii*, mais qu'en général celle-ci ne s'accorde pas sans *causæ cognitio* ; qu'ici la restitution pour cause d'absence doit la faire refuser, et que dès lors la *publiciana* conserve toute son efficacité (*n*). — L'autre texte ne parle pas d'une double *publiciana*, établie pour deux cas différents en soi, et il ne mentionne qu'une action de ce nom ; seulement il ajoute que quelquefois on l'accorde, *rescissa usucapione* (*o*). J'ai dit ce qu'il faut entendre par là au sujet du premier texte.

Je ne prétends nullement que la *publiciana*

(*n*) L. 57, mandati (XVII, 1). Voy. aussi l'Appendice XIX, à la fin du volume.

(*o*) L. 35, pr., de obl. et act. (XLIV, 7) : « ... Illæ autem rei persecutionem continent, quibus persequimur, quod ex patrimonio nobis abest, ut... Publiciana, quæ ad exemplum vindicationis datur. Sed quum *rescissa usucapione* redditur, anno finitur, quia contra jus civile datur. »

garantie par la restitution contre *l'exceptio do-minii* soit l'unique recours ouvert à l'ancien pro-priétaire. Il peut arriver directement à son but en exerçant la *reivindicatio* (c'est-à-dire, d'après l'ancien droit, au moyen de la *petitoria formula* avec l'*intentio : rem suam esse*). Mais alors il avance un fait inexact ; car en réalité il n'est plus propriétaire. Il faut donc que d'abord la restitu-tion fasse de cette assertion une vérité, et ainsi la restitution ne sert plus, comme dans le cas précédent, à protéger contre une exception, une action d'ailleurs fondée, mais à rendre possible une action qui sans cela ne serait pas recevable. C'est en ces termes que les Institutes font à l'u-sucapion l'application de notre restitution (*p*), et elle n'est ni moins juste ni moins vraie que celle qui vient de nous être fournie par un texte du Digeste. Ces deux explications n'ont rien de con-tradictoire, car elles indiquent deux voies ou-vertes au demandeur, lequel peut choisir celle qui est le mieux appropriée aux circonstances.

De cet examen des textes il résulte que nous

(*p*) § 5, J. de act. (1V, 6) : « ...permittitur domino, si possessor reip. causa abesse desierit, tunc intra annum rescissa usucapione eam petere, i. e. ita petere, *ut dicat possessorem usu non cepisse, et ob id suam rem esse.* » — J'observe que dans ce texte il s'agit uniquement de la protection *contre* l'ab-sent qui a consommé l'usucapion ; mais la même règle s'ap-plique à l'absent qui a perdu sa propriété par l'usucapion d'un autre, et veut la recouvrer au moyen de la restitution.

n'avons aucune raison d'admettre une *publiciana actio* spéciale comme l'action destinée à opérer la restitution pour une cause d'absence contre l'usucapion. Deux circonstances viennent confirmer directement ce que j'avance ici : le texte des Institutes relatif à notre cas ne nomme pas la *publiciana actio,* bien qu'elle figure dans le paragraphe précédent, tandis que, au contraire, notre cas ne se retrouve ni dans le titre du Digeste de *publiciana in rem actione,* ni dans l'explication que Gajus nous donne de la *publiciana actio (q).*

Une action n'est pas néanmoins le seul moyen qui serve à réaliser la restitution contre l'usucapion. En effet, si par une circonstance accidentelle l'ancien propriétaire rentre en possession de la chose, il n'a pas besoin d'une action, et il n'en a réellement aucune. Mais lorsque l'adversaire qui a consommé l'usucapion vient exercer contre lui l'action de la propriété, il a besoin d'une exception, et notre restitution la lui fournit *(r).*

§ CCCXXX. — *Restitution. — Ses divers motifs. — III. Violence.*

J'ai indiqué plus haut (§ 320) la place que l'histoire assigne à ce motif de restitution. Quand

(*q*) Gajus, IV, § 36.
(*r*) L. 28, ex quib. caus. (IV, 6).

un acte juridique était le résultat de la violence,
c'est-à-dire quand il avait été fait sous l'influence
d'une crainte provoquée volontairement par des
menaces, le préteur offrait à celui qui avait
souffert la violence, le secours de la restitution,
et ce motif de restitution est un des plus anciens.
Mais très-anciennement aussi il y eut des voies
de droit ordinaires tendantes au même but, une
actio quod metus causa et une *exceptio metus*,
pourvues d'une telle extension, qu'elles suffi-
saient dans la plupart des cas, car elles attei-
gnaient non-seulement l'auteur de la violence,
mais aussi tous les tiers qui, par leur position,
pouvaient garantir la victime de la violence
contre les conséquences préjudiciables de l'acte
incriminé (*a*). Dès que ces voies de droit ordinaires
suffisent, la restitution, d'après le principe général, devient inapplicable (§ 321, note *r*).
D'ailleurs, les voies de droit ordinaires comparées
à la restitution présentent de grands avantages
qui devraient les faire préférer, lors même que
la restitution serait admissible. L'*actio quod
metus causa* offre un résultat plus sûr et plus
prompt, par la menace de la réparation quadruple
si le défendeur ne donne pas satisfaction immé-

(*a*) L. 9, § 8, quod metus (IV, 2); L. 4, § 33, de doli
m. et met. exc. (XLIV, 4). — Cette action est une *actio in rem
scripta,* qu'il ne faut pas confondre avec la *in rem actio.* Voy.
vol. V, p. 25.

diate ; et quand la victime de la violence se contente d'une simple réparation, il n'est plus soumis aux courtes prescriptions qui renferment la restitution dans des limites si étroites (*b*).

Néanmoins, il y a certains cas rares où ces voies de droit ordinaires ne suffisent pas, et alors celui qui a souffert la violence peut recourir à la restitution, dont la conséquence principale, mais non la seule, est d'engendrer une véritable *in rem actio*. Le passage de l'édit que nous lisons au Digeste embrasse, par la généralité de ses termes, les deux espèces de protection (*c*) ; et c'est aussi en ce sens que l'interprètent les anciens jurisconsultes : peut-être cette rédaction était-elle celle de l'édit primitif sur la restitution, et elle n'eut pas besoin de modification pour comprendre les voies de droit ordinaires établies postérieurement.

La vérité de cette explication ressort d'un texte d'Ulpien (*d*), dont l'enchaînement a été souvent mal saisi. Ulpien dit au § 3 que l'acte imposé par la violence peut être ou un acte imparfait (par exemple, une promesse d'argent sans payement effectif), ou un acte parfait (par exemple, une promesse d'argent suivie de

(*b*) L. 14, § 1, quod metus (IV, 2).

(*c*) L. 1, eod. « Ait Prætor : quod metus causa gestum erit, ratum non habebo. »

(*d*) L. 9, § 3, 4, 6, eod. Cf. § 316, note *n*.

13.

payement, comme aussi une acceptilation). Il cite ensuite l'opinion de Pomponius, que les actes imparfaits donnent seulement lieu à une exception, et que les actes parfaits donnent aussi lieu à une action. Ulpien rejette cette opinion, et, dans tous les cas, il laisse le choix entre l'action ou l'exception, de sorte qu'une simple promesse d'argent motive aussi une action, c'est-à-dire pour arriver à une acceptilation. Cette décision est confirmée par un rescrit impérial, qui, même dans le cas d'un acte imparfait, admet la *in integrum restitutio*. En conséquence de ce rescrit, le préteur déclare que la victime de la violence pouvait choisir entre l'action et l'exception. Mais Ulpien ajoute immédiatement que celui qui a souffert la violence peut aussi avoir au besoin une *in rem actio*, de même que si une créance a été éteinte par une acceptilation forcée, cette créance peut renaître « *rescissa* acceptilatione vel alia liberatione (*e*). » L'un et l'autre n'est possible qu'au moyen d'une véritable restitution. Entre ces actions et l'action personnelle *quod metus causa*, qui s'obtient sans restitution, le choix est libre ; mais le choix une fois fait on ne peut plus revenir à l'autre (*f*).

Il nous reste à déterminer les cas où, à côté

______

(*e*) L. 9, § 4, eod. — La *in rem actio* est confirmée directement par la L. 3, C., de his quæ vi (II, 20).

(*f*) L. 9, § 6, eod.

de l'*actio quod metus causa*, la restitution pour cause de violence peut être regardée comme nécessaire (*g*).

Un cas de cette espèce, qui, par l'effet du hasard, ne se trouve pas mentionné dans les sources du droit, est celui de l'insolvabilité du débiteur. L'existence de créanciers privilégiés peut enlever à l'action personnelle tout résultat utile; l'action *in rem*, garantie au demandeur par la restitution, lui permet d'atteindre son but.

Un autre cas, trop rare pour avoir un grand intérêt pratique, est mentionné expressément dans les sources du droit. Celui qui a été contraint d'accepter ou de refuser une succession peut se faire restituer contre le préjudice que lui cause un pareil acte (*h*). Ici il est évident que l'action personnelle devient souvent insuffisante par suite de l'impossibilité d'embrasser les rapports de droit indéterminés que la succession établit avec une foule de personnes étrangères.

(*g*) Puchta, Pandekten, § 102, notes *c*, *d*, et Vorlesungen, p. 215, prétend que, d'après le droit romain nouveau, la restitution pour cause de violence n'était nécessaire que pour les *negotia stricti juris*; et puisque nous ne connaissons plus de *st. j. negotia*, cette espèce de restitution n'existe plus aujourd'hui. Il en dit autant de la restitution pour cause de fraude. — Je ne saurais admettre qu'en droit romain la restitution fût subordonnée à une pareille condition, et je soutiens qu'en droit actuel la restitution doit avoir lieu dans les cas que j'énumère ici.

(*h*) L. 21, § 5, 6, quod metus (IV, 2).

La condition essentielle de cette restitution est une violence véritable, telle que la définissent les règles de droit établies pour l'application beaucoup plus importante de l'*actio quod metus causa*. L'exposé de ces règles rentre dans le droit des obligations.

§ CCCXXXI. *Restitution. — Ses divers motifs. — IV. Erreur.*

Les témoignages d'Ulpien et de Paul (§ 320) ne laissent aucun doute sur l'existence d'une restitution pour cause d'erreur. Il semble néanmoins qu'on lui a attribué moins d'importance qu'à la violence et à la fraude. Aussi l'édit ne renferme aucun passage sur l'ensemble de ce cas, et le Digeste, qui reproduit l'ordre suivi dans l'édit, ne lui consacre aucun titre spécial.

Il s'agit maintenant de déterminer et de circonscrire les cas où s'applique cette restitution. On a souvent prétendu qu'elle pouvait être invoquée contre le préjudice résultant de la prescription d'une action, dans l'hypothèse d'une erreur sur l'existence de la lésion. Cette application, qui annulerait en grande partie les bienfaits de la prescription, doit être évidemment rejetée (*a*). — On doit rejeter également une application plus importante encore, et qui con-

(*a*) Voy. vol. III, p. 392, 394.

sisterait à attaquer par voie de restitution tout
acte juridique, et notamment tout contrat, lorsqu'une des parties aurait agi par des motif erronés (*b*). En effet, les parties ne pouvant plus
compter sur l'efficacité de leurs actes, la marche
générale des affaires se trouverait arrêtée.

Les formes rigoureuses de l'ancienne procédure romaine nous offrent, au contraire, une matière certaine et assez importante pour l'application de cette restitution. Souvent elles causaient
un grave préjudice à une partie qui n'était coupable d'aucune mauvaise intention, quelquefois
même d'aucune négligence. Tel n'était pas le
but de ces formes, et la restitution contre un
semblable préjudice, sous la surveillance éclairée
du préteur, présentait aussi peu d'inconvénients
que la restitution contre un contrat basé sur des
motifs erronés eût offert de dangers (*c*).

Aussi, cette restitution pour oubli des formes
de la procédure se retrouve fréquemment, surtout dans les temps anciens ; et tel est le véritable domaine de la restitution pour cause d'erreur. J'ai déjà donné ailleurs (*d*) une énumération des cas de cette espèce.

(*b*) Voy. vol . III, p. 348.

(*c*) Noodt (Comm. in Pand. IV, 3 vers. *Non minus*) reconnaît
avec raison que la restitution contre des déchéances de procédure s'accordait plus facilement.

(*d*) Voy. vol. III, p. 370 sq., vol. VI, § 300, *q*, et touchant
l'aveu judiciaire, § 306. — La disposition la plus générale rela-

A un cas de cette espèce se rapporte le seul passage de l'édit touchant la restitution pour cause d'erreur, qui se trouve dans les sources du droit. Celui qui plaidant contre un impubère acceptait par erreur l'*auctoritas* d'un faux tuteur perdait entièrement son action. Le préteur promet la restitution contre cette erreur (*e*).

Voici un autre exemple de cette restitution, qui n'a point trait à la procédure : lorsqu'un débiteur vient à mourir, et que son créancier met en doute la solvabilité de l'héritier, il peut démander la séparation des patrimoines, et se faire payer sur les biens de la succession. Mais lorsque, s'étant trompé dans son calcul, il éprouve un préjudice, il a droit à la restitution, s'il justifie de son erreur (*f*).

§ CCCXXXII. *Restitution. — Ses divers motifs. —* V. *Fraude.*

La restitution pour cause de fraude présente des difficultés particulières ; et son existence

tive à cette espèce de restitution se trouve dans la L. 7, pr., de in int. rest. (IV, I).

(*e*) L. 1, § 1, 6, quod falso (XXVII, 6) : « ... Quod eo auctore qui tutor non fuerit (gestum erit), si id actor ignoravit, dabo in integrum restitutionem. » Cf. vol. III, p. 370. — La restitution opère la rescision de la *litiscontestatio*, ce qui empêche la consommation de l'ancienne action résultant de la *lit. cont.*

(*f*) L. 1, § 14, de separat. (XLII, 6).

même a été mise en doute par des auteurs re-commandables. Cependant ce doute n'est pas possible en présence des témoignages d'Ulpien et de Paul (§ 320).

La restitution pour cause de fraude vient dans les sources immédiatement après la restitution pour cause de violence, et leur établissement remonte à des temps très-anciens. Des voies de droit ordinaires, l'*actio* et *exceptio doli*, l'ont rendue en grande partie inutile; et ce développement historique nous explique ce qu'elle a aujourd'hui d'énigmatique. Si nous comparons ces voies de droit ordinaires avec celles qui suppléent à la restitution pour cause de violence, nous y voyons deux différences. L'*actio quod metus causa* et l'*exceptio metus* valent contre les tiers possesseurs (§ 330, note *a*); l'*actio* et l'*exceptio doli* s'emploient personnellement contre l'auteur de la fraude, et par conséquent rendent plus souvent une restitution nécessaire. Ensuite l'*actio doli* est infamante pour le condamné, et dès lors ne doit pas être employée, quand on peut la remplacer par d'autres moyens de droit également efficaces (*a*). Cette dernière restriction n'existe, il est vrai, que pour l'*actio* et non pour l'*exceptio doli;* mais le droit actuel n'a point à s'en occuper, car aujourd'hui il est gé-

(*a*) L. 1, § 4, de dolo (IV, 3).

néralement reconnu qu'aucune action pour délits privés n'entraîne l'infamie (*b*).

Afin de déterminer les cas où la restitution pour cause de fraude est encore applicable, je vais préalablement, et comme essai, poser quelques principes dont la vérité ne pourra être démontrée que dans le cours de la présente recherche. Ordinairement l'auteur de la fraude, que j'appellerai l'adversaire, est aussi celui qui profite du préjudice causé à la victime de la fraude; quelquefois ce sont deux personnes différentes (*c*) : dans ce dernier cas, il est naturel que la victime de la fraude s'adresse pour son indemnité à l'adversaire coupable de la fraude, et non à l'adversaire innocent, et la restriction fondée sur la nature infamante de l'*actio doli* cède devant cette considération. Néanmoins, celui qui souffre de la fraude ne doit jamais rester sans protection. Ainsi donc, dans le cas dont je viens de parler, si l'auteur de la fraude n'était pas solvable, l'adversaire innocent serait mis en cause.

Pour reconnaître les cas où la restitution pour cause de fraude trouve son application, nous devons consulter la double affinité qu'elle a évi-

____

(*b*) Voy. vol. II, p. 226.

(*c*) Ici l'on doit supposer que l'adversaire ignore la fraude, autrement il en serait complice; ainsi il ne peut être ici question que d'un adversaire de bonne foi.

demment, d'un côté avec la violence, et de l'autre avec l'erreur.

Ainsi d'abord la restitution pour cause de fraude devra s'appliquer dans les deux cas où s'applique la restitution pour cause de violence, afin que jamais la victime de la fraude ne demeure sans protection.

Le premier cas est celui où l'auteur de la fraude est insolvable. Celui qui a été induit par fraude à vendre un immeuble à vil prix, et à en faire tradition, peut attaquer la vente en vertu de l'*actio venditi*, et recouvrer l'immeuble (*d*). Celui qu'une fraude détermine à faire donation d'un immeuble, et qui consomme cet acte par la tradition, dans l'ancien droit par la mancipation, peut, en vertu de l'*actio doli*, obtenir la restitution de l'immeuble. Mais si, dans l'un de ces deux cas, l'auteur de la fraude est insolvable, pour éviter le concours d'autres créanciers, on peut, au lieu d'exercer l'action personnelle, demander la restitution pour cause de fraude, et obtenir ainsi une *actio in rem*, comme nous l'avons vu au sujet de la violence (*e*).

Le second cas se rapporte à l'acceptation ou à la répudiation d'une succession déterminée par la fraude. Celui qui en pareilles circonstances

(*d*) L. 6, § 1, de contr. emt. (XVIII, 1); L. 4, pr., de L. commiss. (XVIII, 3). Cf. L. 11, § 5, 6, de act. emti (XIX, 1).
(*e*) L. § 9, § 4, 6, quod metus (IV, 2); voy. § 330.

avait cédé à la violence pouvait choisir entre l'*actio quod metus causa* et la restitution, qui toutes deux annulaient l'acceptation ou la répudiation de la succession (*f*); cette dernière voie de droit était souvent nécessaire, à cause de l'effet indéterminé de ces actes relativement à un grand nombre de personnes étrangères. — Ici il est dit expressément que la victime de la fraude a contre son auteur l'*actio* et l'*exceptio doli* (*g*), de même qu'en cas de violence on a l'*actio quod metus causa;* mais cela ne signifie pas qu'on ne puisse demander la restitution pour cause de fraude, car elle résulte évidemment de l'analogie qui existe entre ces deux institutions.

La fraude a également de l'affinité avec l'erreur. En effet, toute fraude renferme une véritable erreur, et l'on peut l'appeler une erreur qualifiée. Aussi la restitution qui est accordée contre l'inobservation de délais de procédure résultant d'une erreur (§ 331) est toujours et directement fondée lorsque l'inobservation des délais résulte d'une fraude pratiquée par autrui. Si quelquefois on ne la voit pas appliquée, c'est que la fraude a été commise par un autre que l'adversaire au procès, et c'est alors contre l'auteur de la fraude, et non contre l'adversaire, que l'action est dirigée.

(*f*) L. 21, § 5, 6, quod metus (IV, 2); voy. § 330.
(*g*) L. 9, § 1; L. 40, de dolo (IV, 3).

Après ces observations préliminaires, je passe à l'examen des textes, dont la saine interprétation peut seule dissiper les doutes et détruire les erreurs accréditées en cette matière.

Nous devons d'abord nous occuper de deux textes qui semblent dire qu'en cas de collision entre la restitution et l'*actiodoli*, la restitution doit être préférée, comme non infamante.

L. 1, § 6, de dolo (IV, 3) (Ulpianus) (*h*). « Idem Pomponius refert, Labeonem existimare, etiam si quis in integrum restitui possit, non debere ei hanc actionem competere »...

L. 7, § 1, de in int. rest. (IV, 1) (Marcellus) (*i*) « Nec intra has solum species consistet hujus generis auxilium ; etenim deceptis sine eulpa sua, *maxime si fraus ab adversario intervenerit*, succurri oportebit, quum etiam de dolo malo actio competere soleat. *Et boni Prœtoris est potius restituere litem*, ut et ratio et æquitas postulabit, *quam actionem famosam constituere*, ad quam tunc demum descendendum est, quum remedio locus esse non potest. »

(*h*) Le paragraphe précédent explique le texte de l'édit d'après lequel l'*actio doli* n'est admissible qu'à défaut de toute autre *actio*.

(*i*) On dit auparavant que, bien qu'il faille observer les *solennia* (c'est-à-dire les formes de procédure), le préteur ne doit pas refuser une restitution équitable ; tel est, par exemple, le cas où une partie, n'ayant pas répondu à une *interrogatio*, ce qui doit lui occasionner un préjudice (§ 305), fait immédiatement la réponse.

Voici comment ces deux textes sont entendus par beaucoup d'auteurs. Toute fraude motive une restitution; mais comme en cas de collision la restitution, qui n'est pas infamante, doit être préférée à l'*actio doli*, qui est infamante, dans le cas de fraude la restitution doit seule être appliquée. Cette interprétation, qui pousse les choses à leurs dernières limites, ne saurait être fondée, car elle exclurait absolument l'application de l'*actio doli*, et néanmoins les anciens jurisconsultes nous la représentent dans plusieurs cas comme la seule voie de droit applicable, tandis que, au contraire, s'ils mentionnent la restitution pour cause de fraude, ce n'est que rarement et d'une manière accidentelle.

Le véritable sens de ces textes, et en même temps la solution de toute la question relative à la restitution pour cause de fraude, ressortira des propositions suivantes, qui se rattachent à différents textes des anciens jurisconsultes.

A) Cas où l'auteur de la fraude est aussi celui qui en profite comme adversaire.

1) Lorsque ce rapport intervient entre les parties qui figurent dans un procès, par exemple quand le demandeur est amené par la fraude du défendeur à laisser accomplir une prescription de procédure, l'*actio doli* est réellement fondée. Mais comme dans ce cas la restitution pour cause de fraude donne absolument le même résultat,

puisqu'elle empéche la perte de l'action, tout en ménageant l'honneur de l'adversaire, un préteur bienveillant accordera de préférence la restitution.

Tel est précisément le sens du texte de Marcellus transcrit plus haut, qui parle d'une fraude commise dans un procès par la partie adverse, comme cela résulte tant du commencement du texte que de la mention de l'*adversarius* et de ces mots : *restituere litem.*

2) Un débiteur, au moyen d'une fausse lettre, détermine son créancier à lui faire remise de sa dette par acceptilation. Le créancier qui découvre la fraude peut s'il est majeur exercer contre le débiteur l'*actio doli* pour obtenir une indemnité, et s'il est mineur faire revivre la dette par voie de restitution (*k*).

Ce texte, comme celui qui précède (L. 7, § 1, de in int. rest.), traite d'un rapport de droit limité à deux personnes. Ici l'on doit s'étonner de voir que l'on donne au créancier majeur l'*actio doli*, bien que la restitution pour cause de fraude, préférée par le texte précédent, eût donné le même résultat en ménageant l'honneur de l'adversaire. Je ne hasarde aucune explication précise de cette différence apparente. Peut-être ce point était-il

_____

(*k*) L. 38 de dolo (IV, 3) : « ...postea epistola falsa vel inani reperta , creditor major quidem annis XXV de dolo habebit actionem , minor autem in integrum restituetur. »

controversé ; d'ailleurs Marcellus représente la préférence donnée à la restitution, non comme une règle de droit bien établie, mais comme une mesure dont l'adoption se recommande à la sagesse du préteur. Peut-être aussi les jurisconsultes romains, par analogie de l'erreur, préféraient la restitution à l'*actio doli* pour le préjudice éprouvé dans un procès (et tel est l'objet de la L. 7, § 1, cit.), non pour le préjudice résultant des contrats (dont parle la L. 38 de dolo).

3) Nous trouvons l'application pure de ces règles dans un des textes les plus importants en cette matière, texte où beaucoup d'auteurs voient à tort une disposition isolée et toute positive (*l*). Lorsqu'un procès est terminé par un jugement, si plus tard celui qui succombe découvre que le jugement a été rendu sur les dépositions de témoins gagnés par son adversaire, il pourrait sans aucun doute exercer l'*actio doli* contre ce dernier. — Ici néanmoins cette action n'est pas admise, et, au moyen de la restitution pour cause de fraude, il doit faire annuler le jugement, afin qu'un nouveau jugement puisse être prononcé.

B) Cas où l'auteur de la fraude est un tiers autre que l'adversaire de la partie lésée.

4) Lorsqu'une action étant intentée ou préparée, un tiers empêche malicieusement le défendeur de comparaître devant le tribunal, le

______
(*l*) L. 33, de re jud. (XLII, 1).

demandeur peut en éprouver plusieurs espèces de dommages. Une usucapion, une prescription d'action peut s'accomplir et enlever ainsi au demandeur sa propriété ou son action. Contre ce tiers le préteur donnait au demandeur une action spéciale en indemnité, une *actio in factum*, et celui-ci n'avait pas besoin de l'*actio doli*, qui était infamante (*m*). Mais si le tiers était insolvable, le demandeur lésé obtenait la restitution contre le défendeur innocent, afin que ce dernier ne profitât pas d'un dommage fait à autrui et désormais irréparable (*n*). — Cela est évidemment une restitution pour cause de fraude (commise par un tiers), mais à laquelle on n'a recours qu'en cas de nécessité, c'est-à-dire quand l'action ordinaire dirigée contre l'auteur de la fraude ne peut donner satisfaction à la partie lésée.

5) Celui qui, étant assigné en qualité d'héritier, interrogé sur la question de savoir quelle est sa part dans la succession, se donne pour seul héritier, quoique sachant bien qu'il n'est héritier que pour moitié, en cas de condamnation, paye la totalité de la dette, comme réparation du pré-

(*m*) L. 3, pr., de eo per quem factum (II, 10).

(*n*) L. 3, § 1, eod. « Plane si is qui dolo fecerit, quo minus in judicio sistatur, solvendo non fuerit, æquum erit adversus ipsum reum restitutoriam actionem competere, ne propter dolum alienum reus lucrum faciat, et actor damno adficiatur. »

judice causé au demandeur (*o*). Pour cela il ne fallait aucune action spéciale, et notamment aucune *actio doli*. Mais si cet héritier était insolvable, le demandeur aurait éprouvé injustement un préjudice ; car il n'aurait pu actionner le cohéritier solvable, qui s'enrichirait ainsi à ses dépens. Contre ce résultat le demandeur obtient restitution (pour cause de fraude commise par un tiers), et il peut réclamer du cohéritier solvable la moitié de la dette (*p*).

6) Lorsque des marchandises vendues doivent être pesées par un tiers, si celui-ci donne sciemment faux poids, l'acheteur a contre lui l'*actio doli* (*q*), mais la vente reste valable entre les parties. D'après les règles appliquées aux cas précédents (Num. 4, 5), on ne doit pas hésiter à admettre qu'il y a lieu à restitution contre la vente elle-même, si l'insolvabilité du défendeur laisse l'*actio doli* sans résultat (*r*).

Du rapprochement de ces diverses décisions

______

(*o*) L. 11, § 4, 5, de interrog. in j. (XI, 1).

(*p*) L. 18, eod.

(*q*) L. 18, § 3, de dolo (IV, 3).

(*r*) Dans un autre cas encore, l'insolvabilité est prise en considération, sans que pour cela il y ait lieu à restitution. Quand un impubère, assisté de son tuteur, passe un acte avec un tiers, et que tous deux s'entendent pour tromper l'impubère, celui-ci n'a que l'*actio tutelæ* contre son tuteur ; et dans le cas seulement où le tuteur est insolvable, il a contre le tiers l'*actio doli*; L. 5, 6, de dolo (IV, 6).

il résulte que les deux textes transcrits plus haut p. 205 ont certainement la signification suivante. Quand ces deux textes nous disent qu'en cas de collision la restitution doit être préférée à l'*actio doli*, qui est infamante, cela veut dire : premièrement, que la restitution fondée sur un autre motif, la minorité, par exemple, doit avoir la préférence (Num. 2); secondement, qu'on doit recourir à la restitution pour cause de fraude, si l'adversaire de la partie lesée est en même temps l'auteur de la fraude (s). Si, au contraire, l'auteur de la fraude est autre que l'adversaire de la partie lésée, c'est contre l'auteur de la fraude que les poursuites doivent être dirigées, lors même que l'*actio doli* serait nécessaire, et dans le cas seulement d'insolvabilité de celui-ci, la restitution peut être prononcée contre l'adversaire non coupable (Num. 4, 5, 6).

Les opinions des auteurs modernes sur la restitution pour cause de fraude sont très-divergentes.

J'ai déjà parlé (§ 317, note *g*) de l'opinion de Burchardi, que depuis Dioclétien la restitution pour cause de fraude aurait pris surtout une grande extension. — Schroter, tout en adoptant cette opinion, présente quelques points de vue

____

(s) D'après les num. 1, 3, cela est certain, du moins pour les actes de procédure ; quant aux contrats, le num. 2 laisse la chose indécise.

14.

fort justes ; seulement il traite avec la subtilité d'un casuiste l'application de cette restitution, au lieu de la ramener à des principes plus généraux (*t*). — Goschen nie absolument l'existence d'une restitution pour cause de fraude, en se laissant égarer par le fait que le titre du Digeste *de dolo malo* ne mentionne pas cette restitution (*u*). — Puchta prétend à tort que la restitution pour cause de fraude comme celle pour cause de violence sont entièrement étrangères au droit actuel (§ 330, note *g*). D'un autre côté, il dit ailleurs (*v*) que l'*actio doli* est elle-même une restitution, en se fondant sur ces mots de l'édit : *si justa causa esse videbitur*, qui impliquent une *causæ cognitio*. Cette opinion, ainsi que l'explication qu'il donne des deux textes du Digeste cités plus haut (*w*), est tellement subtile que leur déduction logique ne laisserait subsister aucun des principes fondamentaux de la théorie de la restitution.

§ CCCXXXIII. *Restitution. — Ses divers motifs. — VI. Motifs tombés en désuétude.*

Les motifs de restitution dont j'ai parlé jusqu'ici peuvent tous se retrouver dans le droit ac-

(*t*) Schröter, p. 126-129.
(*u*) Göschen, Vorlesungen , I, p. 569.
(*v*) Puchta , Institutionen, vol. II, p. 221-223.
(*w*) Notamment p. 223, 419.

tuel. Mais il y en a encore deux qui n'ont qu'une existence historique, et dont je ferai mention uniquement pour ne pas laisser de lacune dans l'exposé de la matière ; ce sont :

La *Capitis deminutio.*

La *Alienatio judicii mutandi causa facta.*

Tous deux ont au Digeste un titre spécial se rattachant aux autres motifs de restitution ; mais tous deux sont sans aucune application en droit actuel et même en droit Justinien.

La *capitis deminutio* comme motif de restitution n'a jamais eu qu'une signification fort restreinte. Quand un débiteur subissait une *minima capitis deminutio* par adrogation, adoption, émancipation, etc. (*a*), d'après l'ancien droit, toutes ses dettes se trouvaient éteintes (*b*). Or, comme cela était une injustice évidente pour les créanciers non consentants, le préteur accordait une restitution, qui faisait revivre les créances perdues (*c*).

Mais cette restitution n'avait de la restitution que le nom, sans aucun de ses caractères essentiels. En effet, elle n'était pas laissée à la libre ap-

---

(*a*) Voy. vol. II, § 68.

(*b*) Gajus, lib. IV, § 38 ; lib. III, § 84. Il n'y avait que peu d'espèces de dettes qui continuassent de subsister. — La *maxima* et la *media capitis deminutio* avaient d'autres effets, et je n'ai point à m'en occuper ici.

(*c*) L. 2, § 1 ; L. 7, § 2, 3, de cap. min. (IV, 5) ; L. 2, de in int. rest. (IV, 1) ; Gajus, l. c. ; Paulus, I, 7, § 2.

préciation du préteur, mais elle s'accordait sans conditions et sans examen préalable des circonstances particulières de l'espèce ; de plus, elle n'était pas soumise aux délais établis pour la prescription de la restitution (*d*). C'était donc en réalité une abolition pratique de l'ancien principe, cachée sous la forme d'une restitution par respect pour l'ancien droit civil.

Tel était l'état des choses sous l'empire de l'ancien droit. Le droit Justinien abandonna avec beaucoup de raison le principe même auquel se rapportait cet adoucissement, de sorte qu'avant la découverte de Gajus le besoin de cette restitution était pour nous une énigme. On pourrait croire qu'il eût mieux valu la passer entièrement sous silence. Deux circonstances expliquent la mention qui en est faite. D'abord, on retrouve partout dans les compilations justiniennes l'intention de conserver du moins le nom des anciennes institutions, ensuite il n'y avait pas au Digeste de place plus convenable à assigner à la *capitis deminutio* en général (*e*).

La *alienatio judicii mutandi causa facta* était réellement un motif de restitution établi par le préteur. Quand le possesseur de la chose d'autrui, prévoyant la revendication du propriétaire, aban-

---

(*d*) L. 2, § 1, 5, de cap. min. (IV, 5).
(*e*) Voy., sur cette restitution, vol. II, § 70.

donnait la possession, afin de mettre ce dernier dans une position plus défavorable, cette restitution permettait d'exercer l'action comme si la possession n'eût pas été abandonnée. Plus tard, cette restitution devint tout à fait inutile depuis le principe appliqué d'abord à la pétition d'hérédité, puis à l'action de la propriété. Celui *qui dolo desiit possidere* peut être poursuivi comme s'il était encore possesseur, en vertu de l'action *in rem*, et cela d'après les règles de la procédure ordinaire, sans le secours d'aucune restitution, c'est-à-dire dans des conditions beaucoup plus favorables pour le demandeur (*f*).

Indépendamment de ces motifs de restitution tombés en désuétude, il en est encore d'autres qui ne reposent que sur de fausses opinions, et dont je vais parler, afin de ne rien oublier.

Ce sont d'abord les nombreuses restitutions appelées restitutions civiles, mais dont l'unique base est une double sorte de méprise. Ainsi, premièrement on a confondu avec la restitution, comme je l'ai signalé plus haut, beaucoup de voies de droit ordinaires, qui réellement n'ont de commun avec elle que leur résultat extérieur (§ 316). Secondement, par une fausse interprétation des constitutions impériales relatives aux véritables motifs de restitution, on en a fait

____

(*f*) Voy. § 316, notes *h-l*.

des restitutions nouvelles et indépendantes (*g*).

Ce sont ensuite les cas de restitution les plus divers, que l'on prétend faire sortir de la fausse notion d'une *generalis clausula*; j'en ai déjà parlé (§ 325).

§ CCCXXXIV. *Restitution. — Magistrats appelés à la prononçer.*

Nous devons maintenant nous occuper des formes de la restitution ; ce qui comprend les magistrats appelés à la prononcer, les parties qui figurent dans cette espèce d'instance, la procédure à suivre, enfin les effets de la restitution (§ 318).

Le droit d'accorder la restitution peut être considéré sous un double aspect : l'aptitude du magistrat à connaître de cette espèce d'instance (la juridiction), sa capacité pour prononcer sur la demande qui lui est soumise (la compétence).

Dans l'origine, les seuls magistrats investis de la juridiction en matière de restitution étaient, pour Rome et l'Italie, le préteur; pour chaque province, le lieutenant de la province. Les magistrats des villes n'avaient jamais le droit de prononcer la restitution (*a*). De même, lorsqu'une demande en restitution se présentait incidemment à un procès, le *judex* nommé par le préteur

(*g*) Voy. Schröter, p. 151-157; Göschen, Vorlesungen, I, § 183.

(*a*) L. 26, § 1, ad numic. (L, 1). Voy. plus haut, § 317.

ne devait pas en connaître, mais elle devait toujours être portée devant le préteur lui-même (*b*).

D'après le même principe, la restitution continua d'être, sous les empereurs, une attribution des hautes magistratures. Elle était accordée par les préteurs, le préfet de la ville, le *præfectus prætorio*, les lieutenants des provinces et l'empereur lui-même. Mais Justinien décida, ce qui avant lui était controversé, que tous ces fonctionnaires pouvaient charger des juges-commissaires d'instruire et de prononcer sur les demandes en restitution, de même que les commissaires par eux nommés pour l'instruction de tout autre procès pouvaient connaître d'une demande incidente en restitution (*c*).

Voici maintenant quelques règles spéciales établies pour le cas le plus important, la restitution contre le prononcé d'un jugement. Tout fonctionnaire peut accorder la restitution contre les jugements rendus par un fonctionnaire son égal ; il ne peut l'accorder contre les jugements d'un de ses supérieurs, ni contre les siens propres, ni contre ceux de son prédécesseur. Ainsi donc, pour obtenir restitution contre un juge-

(*b*) Burchardi, p. 433.

(*c*) L. 16, § 4 ; L. 17 de min. (IV, 4) ; L. 3, C., ubi et ap. quem (II, 47). Ce texte du code est reproduit dans le C. 9, X, de in int. rest. (I, 41), mais avec cette addition, résultant sans doute d'une méprise, que les arbitres peuvent aussi accorder la restitution. — Burchardi, p. 432-439, 537-548.

ment rendu par l'empereur ou par un de ses délégués immédiats, il fallait se pourvoir devant l'empereur lui-même (*d*).

En droit actuel, tout juge a évidemment qualité pour prononcer une restitution, ce qui rend pour nous cette institution plus dangereuse encore qu'elle ne l'était chez les Romains (*e*).

Quant à la compétence du juge touchant chaque cas particulier de restitution, on suit les règles établies pour les actions ordinaires, et notamment toute demande incidente en restitution est soumise à la décision du juge qui connaît de la demande principale (*f*).

§ CCCXXXV. *Restitution. — Les parties qui figurent dans cette espèce d'instance.*

Nous avons maintenant à parler des personnes qui peuvent figurer dans une instance en restitution. D'un côté se trouve la personne lésée, que la restitution doit secourir, de l'autre côté se trouve une personne intéressée à empêcher la restitution, puisque le rétablissement de l'état de choses antérieur doit lui occasionner une perte. Pour abréger, je désignerai ces personnes par la dénomination de *titulaire du droit* et d'*obligé*.

(*d*) L. 18, 42, de min. (IV, 4); L. 3, C., si ad. rem jud. (II, 27). — Burchardi, p. 545, 546.

(*e*) Voy. plus haut § 317. Cf. Burchardi, p. 545, 546.

(*f*) Burchardi, p. 548, 550.

Comme titulaire du droit se présente d'abord la personne lésée pour laquelle la demande en restitution dont il s'agit a été introduite, c'est-à-dire le mineur, celui qui a été victime d'une violence, d'une fraude, etc.

Indépendamment de lui, et à côté de lui, peuvent figurer en qualité de titulaires beaucoup d'autres personnes, qui tirent leur droit du sien en conséquence d'un rapport de droit spécial.

Tels sont en général et incontestablement tous les successeurs à titre universel du titulaire primitif (a).

Ainsi, après la mort de celui-ci, tout motif de restitution peut être invoqué par ses héritiers, ou par ceux qui sont relativement au défunt dans la même position que des héritiers véritables, celui, par exemple, qui recueille la succession en vertu d'un fidéicommis ou celui auquel échoit un *peculium castrense*. Tel est également le maître du titulaire, si celui-ci a perdu sa liberté ; car le maître est investi des biens de son esclave précisément comme un héritier (b).

Parmi les cas où la restitution n'est pas demandée directement par le titulaire il faut compter celui d'une cession, qui, toujours applicable à la restitution, tient alors lieu d'une succession à titre singulier (*c*), comme cela se fait pour les obligations.

Toutes ces règles ne souffrent aucune difficulté. Mais une question très-controversée et très-compliquée est celle de savoir si la restitution du titulaire primitif peut profiter à la caution (*d*).

Pour ramener cette question à ses véritables limites, il faut dire tout d'abord qu'elle ne peut se présenter qu'au sujet de la restitution des mineurs. En effet, les absents ne sont en général restitués que contre des omissions, non contre des actes juridiques (§ 325), et les cautions n'interviennent que dans les actes juridiques. En cas de violence ou de fraude, la caution peut toujours invoquer l'*exceptio metus* ou *doli*, qui la protége comme celui qui a souffert la violence ou la fraude (*e*), sans qu'il soit besoin d'aucune restitution.

Maintenant le mineur dont la dette a été garantie par une caution se trouve impliqué dans un double rapport de droit, vis-à-vis du débiteur primitif et vis-à-vis de la caution, qui, si elle acquitte la dette, soit par suite d'une condamnation,

---

(*c*) L. 24, pr., de min. (IV, 4); L. 25 de admin. (XXVI, 7); L. 20, § 1, de tutelæ (XXVII, 3). — Voy. plus bas, note *q*.

(*d*) Voy. sur cette question, Burchardi, p. 407-416, 570-581, où sont cités les auteurs plus anciens. Voy. aussi Göschen, Vorlesungen, I, p. 538, 553, 554; Puchta, Pandekten, § 105, *i*, et § 405, *g*; Vorlesungen, p. 216.

(*e*) L. 7, § 1, de except. (XLIV, 1).

soit volontairement, a toujours son recours régulier contre le débiteur principal (*f*). Le débiteur mineur est, s'il le veut, également protégé par la restitution contre ces deux actions ; la question pratique se réduit donc à savoir qui doit en définitive supporter la perte, le créancier ou la caution (*g*).

Si le créancier assigne d'abord la caution, celle-ci n'a certainement aucun droit à la restitution (*h*) ; la question n'existe donc que pour le second cas, celui où le mineur poursuivi le premier demande et obtient la restitution, et alors il s'agit de savoir si la caution poursuivie plus tard peut invoquer pour son compte la restitution, non plus seulement possible, mais réellement accordée.

(*f*) En vertu de l'*actio mandati* ou *negotiorum gestorum*, selon que le débiteur avait ou n'avait pas connaissance du cautionnement. L. 6, § 2 ; L. 18 mand. (XVII, 1) ; L. 43 de neg. gest. (III, 5).

(*g*) L. 13, pr., de min. (IV, 4) : « ...In summa perpendendum erit Prætori, cui potius subveniat, utrum creditori an fidejussori ; *nam minor captus neutri tenebitur.* » — L. 1, C., de fid. min. (II, 24). Sans doute il peut arriver que l'on invoque une de ces restitutions, tandis que l'autre se perd, par exemple, en vertu de la prescription : C'est à cela que se rapportent les expressions hypothétiques du dernier texte cité : *modo si... non juvaberis.*

(*h*) D'après le droit nouveau, la caution peut repousser l'action par l'*exceptio excussionis*, et provoquer ainsi l'application immédiate du cas suivant (Nov. IV, C. 1).

Plusieurs textes (*i*) semblent décider que la caution peut obtenir, d'autres (*k*), qu'elle ne peut pas obtenir le secours de la restitution ; mais leurs expressions indéterminées doivent être entendues non dans le sens d'une vérité générale et absolue, mais dans le sens d'une vérité relative subordonnée à de certaines conditions. Les termes mêmes de plusieurs de ces textes (notés *h, i*) semblent favoriser cette explication, qui ressort, de la manière la plus claire et la plus précise, d'un texte (*l*) où Ulpien nous montre comment se concilient ces décisions en apparence contradictoires.

Ulpien dit que le préteur doit juger, d'après les circonstances particulières de chaque espèce, si la perte doit être supportée par le créancier ou par la caution (note *g*). Comme principale règle pour résoudre cette question, il pose le principe

(*i*) L. 3 , § 4, de min. (IV, 4), « ...hoc auxilium... solet *interdum* fidejussori ejus prodesse; » L. 51, pr., de proc. (III, 3); L. 8 de adqu. her. (XXIX, 2).

(*k*) L. 1, 2, C., de fid. min. (II, 24) ; L. 7 , § 1, de except. (XLIV, 1). Ce texte difficile parle d'abord de l'*exceptio L. Plætoriæ*, qu'il attribue absolument aux cautions, puis il parle de la restitution : « quod si deceptus sit *in re* (i. e. sine dolo), tunc nec ipse ante habet auxilium quam restitutus fuerit, *nec fidejussori danda est exceptio.* » Ces derniers mots sont équivoques, car ils peuvent signifier : la caution ne doit *jamais* avoir le secours; ou bien : il ne doit l'obtenir qu'après la restitution du mineur. Ce dernier sens est celui auquel les mots se prêtent le mieux. Voy. Burchardi , p. 205, 410, 579 ; Savigny, Zeitschrift, f. geschichtl. Rechtsw. X, 249.

(*l*) L. 13, pr., de min. (IV, 4).

évidemment vrai, que la caution doit supporter la perte quand elle a précisément garanti le danger résultant pour le créancier de la minorité du débiteur (*m*). Un texte de Paul (*n*) confirme pleinement l'indication donnée ici par Ulpien. — Le cas inverse est nécessairement celui où, sans qu'il fût aucunement question de la minorité, la caution a simplement garanti au créancier la solvabilité du débiteur qui lui était bien connue (*o*); cela serait surtout évident si le fait de la minorité était ignoré de la caution ou même du créancier. Le secours de la restitution profiterait alors à la caution et la perte retomberait sur le créancier.

Maintenant on peut se demander quels sont

(*m*) L. 13, pr., cit. « Itaque si, cum scirem minorem, et ei fidem non haberem, tu fidejusseris pro eo, non est æquum, fidejussori in necem meam subveniri, sed potius ipsi deneganda erit mandati actio. »

(*n*) Paulus, I, 9, § 6 : « Qui sciens prudensque se pro minore obligavit, si id *consulto consilio* fecit, licet minori succuratur, ipsi tamen non succurretur. » Ces mots *consulto consilio* ne désignent pas la volonté en général; car elle existe pour le cautionnement comme pour tout autre contrat, mais bien la volonté de garantir le créancier contre les effets de la restitution. — Burchardi a bien saisi la chose dans son ensemble, mais il admet (p. 572, 577) des présomptions que je crois superflues et nullement justifiées. La critique d'Ulpien (p. 576) me paraît surtout dénuée de fondement.

(*o*) C'est ce qu'exprime Papinien dans la L. 95, § 3, de sol. (XLVI, 3) : « cui fidejussoris (obligatio) accessit *sine contemplatione juris prætorii*. » Burchardi, p. 575, entend ces mots autrement.

les moyens à employer pour obtenir ces résultats. Voici, d'après Ulpien, la voie la plus sûre. Le mineur demande en même temps la restitution contre le créancier et contre la caution ; toutes les parties se trouvant alors en présence les unes des autres, le préteur est mis à même de déterminer celle qui doit supporter la perte (*p*).

Mais il se peut que le mineur n'adopte pas cette marche, et qu'il se contente de demander la restitution contre le créancier, ou qu'il reste quelque temps sans agir, ce qui, dans les deux cas, empêcherait la caution de faire valoir son droit au bénéfice de la restitution. Il faut alors que la caution puisse exercer immédiatement son recours contre le mineur (note *f*), non pour obtenir une indemnité, puisqu'elle n'a encore rien déboursé, et que dans tous les cas la restitution du mineur exclut l'indemnité (note *g*), mais pour contraindre le mineur à lui céder sa restitution, et l'opposer ensuite au créancier. Ce recours équitable, et qui ne cause aucun préjudice au mineur, est admis par Paul, non dans le cas de la caution, mais dans le cas suivant, qui est tout à fait semblable et doit être jugé d'après

(*p*) L. 13, pr., de min. (IV, 4) : « Unde tractari potest, minor in integrum restitutionem utrum adversus creditorem, an et adversus fidejussorem implorare debeat ? Et puto tutius adversus utrumque ; causa enim cognita et præsentibus adversariis, vel si per contumaciam desint, in integrum restitutiones perpendendæ sunt. »

les mêmes principes. Si un mineur, ayant entrepris pour un autre une *negotiorum gestio,* commet une négligence, il peut se faire restituer, et préserver ainsi de tout dommage celui dont il a administré les affaires. Mais si le mineur ne demande pas la restitution, celui-ci peut se la faire céder et en user lui-même (*q*).

§ CCCXXXVI. *Restitution. — Les parties qui figurent dans cette espèce d'instance* (Suite).

La personne de *l'obligé* en matière de restitution (§ 335) n'est pas aussi facile à déterminer que celle du titulaire, vu la multiplicité des rapports de droit que peut embrasser le rétablissement d'un état de choses antérieur. Si le préjudice résulte d'un contrat, souvent il ne s'agit que de lui enlever sa force obligatoire; alors l'autre partie contractante est seule tenue de souffrir la restitution, comme dans le cas d'une action personnelle. S'il s'agit de rendre à un absent la propriété qui lui a été enlevée par usucapion, le possesseur de la chose, qui ordinairement est aussi le propriétaire, est l'obligé, puisque c'est lui contre lequel on exerce l'action en recouvrement de la propriété. Si la restitution résulte de l'acceptation ou de la répudiation d'une succession, on doit considérer comme obligés tous ceux avec qui le

(*q*) L. 24, pr , de min. (IV, 4), voy. note *c*.

demandeur est lié par un rapport de droit en sa qualité d'héritier. — Pour exprimer cette distinction, on dit ordinairement que la restitution est, tantôt *in personam*, tantôt *in rem*. Je reviendrai sur ce contraste quand je traiterai des effets de la restitution (§ 343).

Il est certaines personnes contre lesquelles une demande en restitution ne peut être formée, à cause des liens personnels qui les unissent au titulaire de droit. Ces exceptions ont de l'analogie avec celles qui protègent certaines personnes contre l'exercice de l'*actio doli*, mais elles ne doivent pas être mises sur la même ligne.

Pour la restitution sont exceptés les ascendants et le patron du titulaire. Ces exceptions, dont les conditions et les limites étaient anciennement controversées, ont été reconnues par Justinien et ont reçu de lui de grandes extensions (*a*). — Pour l'*actio doli* sont également exceptés les ascendants et le patron, comme aussi plusieurs autre spersonnes auxquelles le titulaire du droit est tenu par sa position de témoigner du respect. Mais pour l'*actio doli* l'exception n'a d'autre sens que d'écarter l'expression de *dolus* et l'infamie qu'elle entraîne; du reste, une *actio in factum*

____

(*a*) L. 2, C., qui et adv. quos (II, 42); Cf. Burchardi, p. 117-124; Göschen, Vorlesungen, I, p. 540; Puchta, Pandekten, § 107, *d*.

conserve à la demande tous ses autres effets (*b*). Pour la restitution l'exception a une signification plus sérieuse ; il est interdit de diriger contre les ascendants ou le patron ni la restitution ni aucune action qui y supplée ; car on n'admet pas que ceux-ci puissent exercer contre leurs enfants ou leurs affranchis un droit susceptible de motiver la restitution (*c*).

Les auteurs modernes ont voulu limiter cette faveur accordée aux ascendants et aux patrons par diverses exceptions, mais dont aucune ne peut être admise comme telle.

1) Un fils mineur peut, sans aucun doute, demander la restitution contre une adrogation qui lui est préjudiciable (*d*). Considérer cela comme une exception au privilége des ascendants, c'est tomber dans un cercle vicieux. En effet, l'admission de la restitution est la négation du lien de parenté, qui seul motive le privilége.

2) Si un père, après avoir émancipé son fils mineur, intente une action pour établir qu'il n'y a pas eu d'émancipation, et obtient un jugement conforme à sa demande, le fils peut certainement obtenir restitution contre ce jugement (*e*). Mais

***

(*b*) L. 11, § 1 ; L. 12 de dolo (IV, 3) ; L. 27, § 4, de min. (IV, 4).

(*c*) L. 2, C., cit.

(*d*) L. 3, § 6, de min. (IV, 4) ; voy. § 319, note *p*.

(*e*) L. 2, C., si adv. rem jud. (II, 27).

contre cette prétendue exception s'élève la même objection que contre la précédente ; car si, par suite de la restitution, un jugement contraire établit le fait de l'émancipation, il n'y a plus de rapport entre le père et le fils.

3) Si un père donne d'abord une chose à son fils mineur, puis la donne à un tiers, mais avec le consentement de son fils, celui-ci peut obtenir restitution contre son consentement (*f*). Ici la restitution est accordée, non contre le père, mais contre le tiers qui a reçu la seconde donation.

4) Si une succession échoit à un fils mineur placé sous la puissance paternelle, et que, le père et le fils différant d'opinion sur la valeur de la succession, le fils l'accepte ou la refuse contrairement à l'opinion de son père, il peut plus tard se faire restituer (*g*). Ici encore, comme dans le cas précédent, la restitution est donnée non contre le père, mais contre toutes les personnes étrangères qui ont des droits sur la succession.

5) Si une mère tutrice compromet les droits de son enfant, celui-ci est protégé par divers moyens de droit, et entre autres par la restitution (*h*). Nous avons ici une exception véritable au privilége des ascendants, mais la novelle de Justinien où se trouve cette disposition, n'étant

(*f*) L. 2, C., si adv. don. (II, 30).
(*g*) L. 8 , § 1, C., de bon. quæ lib. (VI, 61).
(*h*) Nov. 155, C. 1.

pas accompagnée de la glose, elle n'a pas pour nous force de loi (*i*).

Il nous reste à examiner le cas où l'obligé est lui-même une personne spécialement favorisée. Alors on demande si la restitution peut aussi être demandée contre lui.

Cette question se présente d'abord lorsqu'un mineur veut se faire restituer contre un mineur. Ici ordinairement le préjudice n'existe que d'un côté; par exemple, quand une chose est vendue trop bon marché, le vendeur seul éprouve un préjudice, et il obtient restitution, ce qui ne cause aucun dommage à l'acheteur comparativement à l'état antérieur des choses. Mais lorsque les deux parties éprouvent un préjudice, par exemple lorsqu'un mineur prête de l'argent à un autre mineur et que ce dernier le dissipe, l'emprunteur obtient la préférence, c'est-à-dire que toutes choses demeurent en état (*k*).

Quand un absent acquiert par usucapion la chose d'un autre absent, le préjudice n'existe que

(*i*) Voy. vol. I, § 17. Göschen ne voit dans la novelle qu'une simple déclaration, ce que je ne saurais admettre; car la novelle apporte en réalité une restriction à l'ancienne loi. Puchta pense que la restitution est refusée contre les parents comme tels (L. 2, C., qui et adv. quos), mais non quand ils figurent en une autre qualité, celle de tuteurs par exemple (Nov. 155). Mais la restitution n'est accordée contre les parents qu'à propos d'un contrat où ils figurent, d'une usucapion, etc., et jamais en leur seule qualité de parents.

(*k*) L. 11, § 6; L. 34, pr., de min. (IV, 4).

d'un côté, et la restitution contre l'usucapion ne souffre aucune difficulté (*l*).

Quand un mineur fait un prêt à un fils placé sous la puissance paternelle, il obtient restitution contre l'*exceptio Sc. Macedoniani*, c'est-à-dire que la faveur accordée à la minorité obtient la préférence en cas de collision avec la prohibition du sénatus-consulte (*m*).

Lorsqu'un mineur abandonne une créance en acceptant l'engagement d'une femme, on lui rend, comme à tout autre, sa première action, et si l'ancien débiteur est solvable, il n'éprouve aucun préjudice. Mais si ce débiteur est insolvable, le mineur est restitué, c'est-à-dire que la faveur accordée à la minorité obtient la préférence en cas de collision avec la prohibition du sénatus-consulte Velléien (*n*).

§ CCCXXXVII. *Restitution. — Procédure.*

La restitution eut dès son origine pour caractère spécial de ne point être soumise à la marche de la procédure ordinaire (*ordo judiciorum*); mais le magistrat suprême devait seul en connaître, c'est-à-dire que l'instruction se faisait *extra ordinem* (§ 316, 317).

(*l*) L. 46 ex quib. caus. (IV, 6).

(*m*) L. 11, § 7 ; L. 34, § 1, de min. (IV, 4); L. 3, § 2, de Sc. Mac. (XIV, 6); L. 9, pr., de j. et facti ignor. (XXII, 6).

(*n*) L. 12, de min. (IV, 4).

Aussi celui qui voulait changer l'état actuel des choses par voie de restitution n'intentait pas une *actio*, car elle eût été renvoyée devant un *judex* (*a*), mais il demandait une *cognitio*, c'est-à-dire une instance engagée devant le préteur lui-même (*b*). Voilà pourquoi l'on dit souvent que la restitution s'opère par *cognitio*, locution abrégée, mais qui n'est pas tout à fait exacte, car la restitution était prononcée par le décret du préteur rendu sur la *cognitio* (*c*).—J'expliquerai tout à l'heure comment une action se rattachait à l'admission de la restitution.

De même le défendeur ne demandait pas la restitution par voie d'*exceptio ;* mais il réclamait le refus immédiat de l'action (*d*), bien qu'ici également une *exceptio* pût se rattacher à la restitution. —Le même rapport se représente pour

(*a*) L. 24, § 5, de min. (IV, 4). « Ex hoc edicto nulla propria actio vel cautio proficiscitur, totum enim hoc pendet ex Prætoris cognitione. » Les mots *vel cautio* se rapportent aux cas où le préteur imposai. une stipulation, d'où résultait naturellement une *actio* (c'est-à-dire une *condictio*); L. 1, § 2, de stip. præt. (XLVI, 5); L. 57, pr., de o. et a. (XLIV, 7). Le texte que je viens de transcrire se rapporte directement à la restitution des mineurs, mais il n'en est pas moins applicable à toutes les autres restitutions.

(*b*) Cognitionem postulare, impetrare; L. 39, § 6, de proc. (III, 3); L. 3, § 9, de min. (IV, 4); L. 39, pr., de evict. (XXI, 2).

(*c*) L. 29, § 2; L. 47, § 1, de min. (IV, 4); L. 1, C., de off. præt. (I, 39); L. 2, C., si ut omissam (II, 40).

(*d*) L. 27, § 1, de min. (IV, 4).

le demandeur, qui pouvait obtenir directement
le rejet de l'*exceptio* par voie de restitution, ou,
suivant les circonstances particulières de l'espèce,
avoir une *replicatio* comme conséquence de la
restitution (*e*).

Ces formes, abandonnées depuis l'abolition de
l'*ordo judiciorum*, sont, à plus forte raison, étrangères à la procédure actuelle. Maintenant la demande en restitution est présentée de même
qu'une action ou une exception ordinaire, soit
comme principale, soit comme incidente à un
autre procès. Mais comme nos juristes tenaient
à un nom d'action ayant la physionomie romaine,
ils ont appelé la demande en restitution *implora-*
tio officii judicis, sans réfléchir que cette expression ne se trouve pas dès les sources du droit,
et qu'elle n'est pas en harmonie avec les formes
primitives de la restitution romaine.

La plupart des règles relatives à la procédure
de la restitution sont fort simples, et ne donnent
lieu à aucune difficulté. — Celui qui a droit à la
restitution peut la demander en personne, ou par
l'intermédiaire d'un mandataire (*f*), muni d'une
procuration spéciale à cet effet ; une procuration
générale serait insuffisante (*g*). — La demande

(*e*) L. 9, § 4, de jurej. (XII, 2).
(*f*) L. un., C., etiam per proc. (II, 49).
(*g*) L. 25, § 1 ; L. 26, de min. (IV, 4). Sur le droit de re-

en restitution, comme toute autre demande judiciaire, n'est valable que si l'adversaire a été régulièrement assigné et s'il comparaît ou fait défaut (*h*). L'adversaire qui ne comparaît pas peut
ainsi se faire représenter par un procureur, qui
doit fournir caution comme dans un procès ordinaire (*i*). Seulement, la restitution contre une
péremption de procédure s'accorde assez souvent
sans avoir entendu la partie adverse (*brevi
manu*) (*k*).

La question la plus difficile en cette matière
et la plus controversée porte sur ce que l'on appelle le *judicium rescindens* et *rescissorium* (*l*).
Voici l'état de la question :

Le but de la restitution, c'est-à-dire la réparation d'une lésion par le rétablissement d'un état
de choses antérieur, peut, suivant les circonstances, être atteint de deux manières différentes.

Quelquefois un décret du préteur, rendu après
une simple *cognitio*, consomme la restitution, et
ne laisse plus rien a faire. Cela arrive toujours

présentation du père, d'après la L. 27, pr., de min. (IV, 4),
voy. § 323, note *p*.

(*h*) L. 13, pr., de min. (IV, 4); L. 1, C., si adv. dotem
(II, 34). Celui qui veut se faire restituer contre l'acceptation
d'une succession doit citer comme adversaires tous les créanciers du défunt. L. 29, § 2, de min. (IV, 4); Nov. 119, C. 6.

(*i*) L. 26, § 1, de min. (IV, 4).

(*k*) Puchta, Vorlesungen, p. 216.

(*l*) Burchardi a traité cette question avec détails, § 24, 25,
26, où il cite et discute les opinions d'un grand nombre d'auteurs.

dans le cas d'une restitution contre une omission ou une erreur de procédure, car le décret rétablit la partie restituée dans l'état où elle eût été s'il n'y avait pas eu d'omission ou d'erreur commise. — La restitution des mineurs nous en offre aussi et principalement des exemples. Quand un mineur achète une chose trop cher ou la vend trop bon marché, son adversaire est obligé de lui rendre, dans le premier cas l'argent, dans le second la chose vendue, et ce décret répare complétement la lésion éprouvée par le mineur (*m*). — Mais cette *cognitio* du préteur peut s'appliquer à différentes questions, et donner lieu à plusieurs instructions dont chacune peut motiver un décret spécial, par exemple s'il y a contestation sur l'âge, puis sur le fait de la lésion, enfin sur le rapport existant entre la lésion et la minorité (*n*).

Quelquefois aussi, indépendamment du décret du préteur qui prononce la restitution, il faut un autre litige tout différent, et qui seul donne pleine satisfaction à la partie lésée. Dans beaucoup de cas, en effet, la restitution sert uniquement à lever un obstacle qui empêche l'usage d'une autre voie de droit indépendante (action

(*m*) L. 24, § 4, de min. (IV, 4); L. 39, § 6, de proc. (III, 3); L. 39, pr., de evict. (XXI, 2) : « Fundus prætoria cognitione ablatus. »

(*n*) L. 39, pr., de min. (IV, 4).

ou exception). Alors celui qui demande la res-
tution n'en attend pas le rétablissement direct
de l'état de choses qu'il désire, mais le recouvrement d'un droit qui lui permette de faire rétablir
cet état de choses. Nous avons donc ici deux
procès bien distincts, et en ce sens on peut appeler la restitution un secours conditionnel, puisque la partie lésée n'en tire réellement avantage
qu'à la condition de gagner le second procès.

C'est à l'ensemble de ces rapports que s'appliquent les expressions techniques dont j'ai parlé
plus haut. Les auteurs modernes appellent *judicium rescindens* le litige sur la restitution et qui
finit avec elle (c'est-à-dire la *prætoria cognitio*);
judicium rescissorium le litige subséquent rendu
possible par la restitution. La première de ces
expressions est une invention arbitraire des auteurs modernes; la seconde est une expression
technique, authentique, employée par les Romains
comme synonyme de *restitutorium judicium* ou
actio (o); seulement l'expression *rescissoria actio*
ne s'applique pas exclusivement au rétablissement d'une action par la *in integrum restitutio*
prétorienne, elle s'applique aussi lorsque ce ré-

____

(o) *Rescissoria* actio; L. 28, § 5, 6, ex quib. caus. (IV, 6);
(L. 24, C., de R. V. (III, 32); L. 18, C., de j. postlim. (VIII, 51)
— *Restitutoria* actio ou judicium; L. 3, § 1, de eo per quem
(II, 10); L. 46, § 3, de proc. (III, 3); L. 7, § 3, quod falso.
(XXVII, 6).

tablissement s'opère directement en vertu d'une règle du droit civil sans l'intervention du préteur *(p)*.

La procédure que je viens de décrire est surtout applicable à la restitution des absents, où, d'après les termes de l'édit, il s'agit de rétablir une action perdue (§ 325). Mais elle n'est pas restreinte à ce motif de restitution, et elle est souvent applicable aux mineurs, de même qu'elle n'est pas toujours nécessaire pour les absents.

Ulpien reconnaît cette procédure comme applicable aux mineurs dans un texte qui fait parfaitement ressortir le contraste des deux espèces de procédure *(q)*. Ulpien dit que la restitution est quelquefois accordée *in rem* à un mineur, par exemple, lorsque la chose qu'il a vendue à vil prix se trouve par une aliénation nouvelle entre les mains d'un tiers, contre lequel il peut dans plusieurs cas demander la restitution ; puis il ajoute :

Et hoc vel cognitione Prætoria, vel rescissa alienatione, dato in rem judicio.

(p) Ainsi, par exemple, la femme qui accepte l'engagement d'un autre, n'est pas obligée, mais l'action contre le premier débiteur éteinte par l'engagement de la femme, peut être reprise comme *rescissoria* actio, sans qu'il y ait besoin d'une restitution devant le préteur. L. 16, C. ad Sc. Vell. (IV, 29). Cette action est appelée ailleurs *restitutoria* ; L. 8, § 9 ; L. 12, 13, ad Sc. Vell. (XVI, 1).

(q) L. 13, § 1, de min. (IV, 4). Sur ce texte, voy. Burchardi, p. 443, 444.

Ces mots désignent les deux espèces de procédure que j'ai décrites plus haut, la procédure simple (*cognitione Prætoria*) (*r*), et celle qui consiste d'abord dans une restitution contre l'aliénation, et ensuite, comme conséquence de la restitution, dans une action de propriété portée devant le *judex*. Les deux procédures sont rapprochées dans ce texte de telle sorte que, suivant les circonstances, l'une ou l'autre est également appropriée à la même espèce (*s*).

D'un autre côté, la seconde procédure n'était pas toujours indispensable pour les absents, quelquefois la simple *cognitio* suffisait, et plus tard cette marche plus simple fut dans nombre de cas adoptée de préférence. Cela est constaté par le texte suivant de Callistrate (*t*), qui souvent a été mal compris :

Hoc edictum, quod ad eos pertinet qui eo continentur, minus in usu frequentatur ; hujusmodi enim personis extra ordinem jus dicitur ex senatusconsultis et principalibus constitutionibus.

(*r*) Ici il faut sous-entendre *sola* cognitione , car la rescissio alienationis mentionnée pour le second cas, n'avait jamais lieu qu'après une *cognitio* prétorienne.

(*s*) Une double forme de procédure applicable à un même procès se trouve aussi dans la L. 9, § 4, de jurej. (XII, 2) (note *e*) ; seulement il s'agit dans cette loi non d'une action, mais d'une réplication.

(*t*) L. 2, pr., ex quib. caus. (IV, 6); Cf. Burchardi, p. 466-468.

La nouvelle instruction *extra ordinem* étant ici représentée comme contrastant avec l'ancienne marche tracée par l'édit, on pourrait aisément croire que notre jurisconsulte voit une espèce de *ordinarium judicium* dans l'ancienne procédure de la restitution telle qu'elle ressort de l'édit. Mais il veut plutôt dire qu'en semblables circonstances le litige est désormais terminé par une simple *cognitio*, c'est-à-dire *extra ordinem,* et qu'il n'a plus besoin d'être suivi d'une *actio* spéciale (*u*). — Ensuite on ne doit pas donner aux expressions de Callistrate un sens tellement général que l'innovation embrasserait tous les cas de l'édit sur les absents. Il s'agit sans doute ici d'un des nombreux priviléges juridiques accordés aux soldats, on devait les rétablir dans leurs droits de la manière la plus prompte et la plus facile, et c'est ce qui avait lieu quand le préteur prononçait sur leurs intérêts *extra ordinem.* Il n'y avait aucun motif juridique ou politique pour étendre la même faveur à d'autres absents, tels que les bannis et ceux qui avaient perdu leur liberté. De même aussi dans le cas inverse (la restitution *contre* les absents) on continua certainement de suivre l'ancienne procédure (*v*).

(*u*) Le : *Extra ordinem jus dicitur* a donc ici le même sens que, dans le texte précédent, le (*sola*) *cognitione Prætoris* (note *r*).

(*v*) C'est ce qu'indiquent les termes mêmes du texte : « *Hujus-*

De cette recherche il résulte que, dans beaucoup de cas, la première procédure (la procédure simple) était seule possible; que dans d'autres la seconde procédure était possible, mais
non absolument nécessaire. Le préteur avait sans
doute le droit de déterminer celle qui était le
mieux appropriée à chaque espèce (*w*); mais la
partie lésée pouvait certainement réclamer l'une
ou l'autre (*x*). Nous pouvons admettre comme
vraisemblable que, tant que subsista l'ancien *ordo
judiciorum*, on ne retrancha rien de son domaine
sans nécessité, et qu'ainsi l'on appliqua la seconde procédure, à moins qu'un motif grave ne
permît et ne recommandât une autre marche.

Le droit moderne présente cette différence,
que c'est toujours un seul et même juge qui doit
connaître de la restitution et de l'action qui peut
en être la conséquence. La procédure sur ces
deux questions de droit peut sans aucun doute
être jointe (cumulée) dès l'origine, et les parties
peuvent la demander par leurs conclusions. D'un

modi enim personis extra ordinem jus dicitur; » cela n'a donc
pas lieu quand un présent demande la restitution *contre* un
absent.

(*w*) Burchardi, p. 464-470. Cet auteur nous donne, p. 443,
un exemple de la manière dont ce choix pouvait se faire dans un
cas particulier.

(*x*) Tel est le sens de la proposition avancée par plusieurs
auteurs, que les deux formes de procédure relatives à la restitution pouvaient se cumuler en droit romain. Burchardi,
p. 461-464.

autre côté, il n'est pas non plus douteux que des circonstances particulières ne puissent exiger la séparation totale des deux actions, et qu'alors il ne faille prononcer définitivement sur le *judicium rescindens* avant d'entamer le *rescissorium* (*y*).

A une notion exacte du *judicium rescindens* et *rescissorium* Puchta ajoute ce qui suit. Il prétend que le préteur pouvait aussi diviser le *judicium rescindens*, et, par exemple, tirer de la restitution pour cause de violence deux questions distinctes : une question de droit, sur la lésion et sa relation avec la violence (prétendue), question que lui-même décidait (hypothétiquement); une question de fait, sur l'existence de la violence, question qu'il abandonnait à l'appréciation d'un *judex*. Telles sont, suivant lui, les limites extrêmes de la restitution, et c'est ainsi notamment que l'on aurait traité l'*actio quod metus causa* (*z*). — Cette explication beaucoup trop subtile ne me paraît qu'une tentative peu heureuse pour concilier d'une part les restitutions véritables et ce que l'on appelle les actions en restitution, et d'autre part pour justifier la réunion (non fondée) de ces deux sortes de moyens de droit. Quand le préteur se décidait à considérer une chose comme l'objet d'une restitution, il prononçait compléte-

<hr>

(*y*)Burchardi, § 26 ; Göschen, Vorlesungen, p. 541.
(*z*) Puchta, Pandekten, § 105 ; Institutionen, § 177.

ment et seul sur la restitution, puis il donnait tout au plus une *actio*. Nous n'avons donc absolument aucun motif pour admettre que, dans l'ancien droit, aucune partie de la question de restitution ait jamais été renvoyée à un *judex*.

§ CCCXXXVIII. *Restitution. — Procédure* (Suite).

De même qu'il existe pour le droit d'action proprement dit des causes d'extinction déterminées (*a*), de même le droit à la restitution, qui est, sinon identique, du moins analogue au droit d'action, est soumis à deux causes spéciales d'extinction, le désistement et la prescription.

I) Désistement.

Si le désistement par la généralité de sa nature (§ 302) dépasse de beaucoup les limites de la restitution, son application à la restitution exige néanmoins ici une étude particulière.

Celui qui déjà a réclamé son droit à la restitution peut y renoncer par une déclaration de volonté expresse. Cela s'appelle *desistere;* mais pour cela une simple interruption des poursuites ne suffit pas, il faut que le titulaire renonce entièrement à son droit (*b*).

(*a*) Voy. vol. V, § 230-255.

(*b*) L. 20, § 1, de min. (IV, 4) ; L. 21, eod. « Destitisse autem is videtur, non qui distulit, sed qui liti renuntiavit in totum. »

Mais l'application (*comprobatio* ou *ratihabitio*) postérieurement donnée à l'acte contre lequel s'exerce la restitution (*c*) équivaut à une renonciation expresse. On doit aussi attribuer le même effet aux actes qui se trouveraient en contradiction avec le but et le résultat de la restitution prononcée. Ainsi, par exemple, quand un mineur, après avoir laissé passer le délai d'une *B. P. contra tabulas* et demandé sa restitution contre cette négligence, vient ensuite réclamer un legs en vertu du même testament, la restitution devient impossible ; car la réclamation du legs implique la validité du testament (*d*).

Au reste, tous ces actes n'annulent le droit à la restitution que s'ils sont faits à une époque où l'état particulier qui motive la restitution n'existe plus. Ainsi, pour renoncer valablement à un droit de restitution fondé sur la minorité, il faut être majeur ; autrement, la renonciation serait elle-même sujette à restitution comme l'acte primitif que la restitution devait annuler. Il en est de même de la renonciation à une restitution pour cause de violence, quand elle est faite sous l'influence de la violence qui motivait la restitution ; la renonciation n'est va-

---

(*c*) L. 3, § 1, de min. (IV, 4); L. 1, 2, C. si major factus (II, 46).

(*d*) L. 30, de min. (IV, 4).

lable que quand elle est faite dans un état complet de liberté.

L'application de cette dernière règle offre des doutes et des difficultés, quand l'acte juridique se continue pendant un certain temps et se manifeste par plusieurs actes distincts. Sur ce point, Ulpien n'est pas toujours conséquent avec lui-même. Si un mineur fait un contrat qui embrasse plusieurs actes successifs, et que, devenu majeur, il accomplisse quelques-uns des actes ordonnés par le contrat, cela équivaut à une ratification, et la restitution devient inadmissible (e). — Si un mineur engage un procès, et que le jugement rendu depuis sa majorité lui soit défavorable, il ne peut demander la restitution contre ce jugement que dans le cas exceptionnel où son adversaire aurait, par des manœuvres déloyales, prolongé le procès et différé ainsi le prononcé du jugement (f). — Le mineur qui accepte une succession onéreuse, et qui depuis sa majorité réclame des dettes de la succession, peut néanmoins se faire restituer contre son acceptation, parce que l'on se reporte à l'origine de la sé-

---

(e) L. 3, § 1, de min. (IV, 4).

(f) Ici il faut supposer, et telle est sans doute la pensée d'Ulpien, que le jugement a été rendu immédiatement après l'époque où le mineur a atteint sa majorité, et que dès lors il n'a pas eu le temps de reconnaître le préjudice que lui cause la procédure engagée et d'y apporter remède.

rie des actes par lui faits comme héritier (*g*).

II) Prescription (*h*).

Il semble très-naturel de considérer la prescription de la restitution comme une simple application de la prescription des actions, et dès lors comme soumise aux mêmes règles. Néanmoins cette pensée est tout à fait étrangère au droit romain, et, dans son esprit, la prescription de la restitution a beaucoup plus d'affinité avec une péremption de procédure qu'avec la prescription d'une action (*i*). D'après le droit actuel, la restitution, surtout en ce qui touche la procédure, se rapproche beaucoup d'une action ordinaire (§ 337); néanmoins, il ne faudrait pas se contenter d'étendre à la restitution les règles de la prescription des actions; d'abord cela serait souvent impossible par des motifs tirés de la nature même du sujet, et ensuite parce que les décisions du droit romain sur la prescription de la restitution prennent comme point de départ la différence totale de ces deux institutions.

Voici tout d'abord une différence radicale. La prescription s'applique non-seulement quand la

---

(*g*) L. 3, § 2, eod. « ... putavimus tamen restituendum in integrum, initio inspecto. » Je ne vois pas comment on peut concilier cette décision avec les principes généraux et surtout avec la décision relative à la B. P. (note *d*).

(*h*) Ce sujet est traité avec détails dans Burchardi, § 27. Cf. Unterholzner, Verjährungslehre, § 151-155.

(*i*) Voy. vol. IV, p. 304, 311; Vol. V, p. 426.

restitution sert de moyen d'attaque, et opère ainsi comme ferait une action, mais encore quand elle sert de moyen de défense, c'est-à-dire à recouvrer une exception perdue, ou à repousser une action en tenant lieu d'une exception. Pour profiter d'une semblable exception, celui qui a droit à la restitution doit la demander dans le délai de quatre ans, lors même que son adversaire n'intenterait pas d'action, et qu'ainsi le besoin d'une exception ne se ferait pas directement sentir. La nécessité d'observer les délais de la restitution ne doit donc pas être confondue avec la prescription d'une exception comme telle, prescription qui de sa nature est impossible (*k*).

On a vu plus haut une application importante d'une semblable exception. Celui que l'usucapion a dépouillé de sa propriété pendant son absence, et qui depuis son retour rentre en possession par une circonstance accidentelle, a besoin pour se défendre non d'une action, mais seulement d'une exception (§ 33o, *r*). Mais pour pouvoir l'opposer utilement à une époque ultérieure, il doit faire constater son droit au moyen de la restitution dans un délai de quatre ans.

(*k*) Voy. vol. V, p. 425, 426. Cette nécessité d'observer les délais de la restitution, pour le cas de la minorité, est expressément reconnue par Ulpien dans la L. 9, § 4, de jurej. (XII, 2).

Supposons maintenant que cet ancien propriétaire perde de nouveau la possession avant d'avoir engagé un procès, il se trouve dans sa première position, et il a besoin de la restitution comme base et comme garantie de l'action à exercer contre celui qui a consommé l'usucapion, ainsi que je l'ai expliqué plus haut. Cela semble contredit par un texte de Paul d'après lequel cette nouvelle action ne serait plus renfermée dans les délais de la restitution (*l*). Pour mettre ce texte en harmonie avec les principes généraux, il faut supposer que Paul parle de l'action à exercer contre un tiers possesseur et non contre celui qui a consommé l'usucapion. En effet, si l'on intente la *publiciana* contre ce tiers, il ne peut certainement pas opposer l'*exceptio dominii*, puisqu'il n'a pas consommé l'usucapion ; pour le déposséder, on n'a donc pas besoin de restitution, et dès lors on n'a plus à observer de délais.

(*l*) L. 31, ex quib. caus. (IV, 6) : « Si is, cujus rem usucepit reip. causa absens, possessionem suæ rei ab illo usucaptæ nactus sit, etsi postea amiserit, non temporalem, sed perpetuam habet actionem. » — La glose résout la difficulté en disant que l'ancien propriétaire avait effectivement demandé et obtenu la restitution et plus tard était rentré en possession. Mais alors la chose serait trop évidente pour avoir besoin d'être exprimée.

§ CCCXXXIX. *Restitution. — Procédure* (Suite).

Nous avons maintenant à exposer les conditions de cette restitution. Je les présenterai autant que possible dans le même ordre que celles de la prescription des actions (*a*), afin de rendre leur comparaison plus facile. Ces conditions se rapportent au commencement, à l'interruption et à l'accomplissement de la prescription.

1) Le commencement de cette prescription est subordonné à la nature du motif de restitution. Ce motif peut en général être représenté comme un état particulier (anomal) qui justifie l'emploi de cette voie de droit extraordinaire (§ 320). La prescription commence donc au moment où cesse cet état anomal, ni plus tôt ni plus tard. Pour les cas les plus nombreux et les plus importants, cette règle ne donne lieu à aucun doute ; nous allons examiner successivement à ce point de vue les divers motifs de restitution.

La restitution pour cause de minorité se prescrit à partir de la vingt-cinquième année accomplie (*b*) ; si le mineur est déclaré majeur auparavant, à partir de cette dernière époque (*c*). Mais cela ne veut pas dire que le mineur ne

(*a*) Voy. vol. V, § 239-247.
(*b*) L. 7 , pr., C. de temp, (II, 53).
(*c*) L. 5, pr., C. de temp. (II, 53).

puisse avant sa majorité demander sa restitution, il peut la réclamer en tout temps (*d*); et
ainsi s'explique comment il peut se faire restituer contre une première restitution prononcée
sur une demande prématurée (§ 319, note *u*).

La restitution pour cause d'absence se prescrit du même moment où cesse l'obstacle qui
empêchait l'exercice du droit (*e*); ainsi, en général, dès que l'absent est rentré dans son domicile.

La restitution pour cause de violence doit,
d'après le même principe, commencer à se prescrire du moment où cesse l'empire de la crainte,
c'est-à-dire lorsque la partie lésée a recouvré la
pleine liberté de ses actes. Les doutes qui s'élèvent sur ce point ne peuvent être éclaircis que
quand je traiterai de l'accomplissement de la
prescription. — Mais dès à présent j'observe que
la fixation de ce point de départ n'a dans la
pratique qu'une importance très-secondaire. En
effet, il peut très-bien arriver que l'acte imposé
par la violence et auquel se rattache la restitution tout entière, soit un acte isolé et fugitif.
D'un autre côté, on ne comprend guère que
l'empire de la crainte se prolonge pendant la to-

(*d*) L. 5, § 1, C. de in int. rest. min. (II, 22).

(*e*) L. 1, § 1, ex quib. caus. (IV, 6). « intra annum quo
primum de ea re experiundi potestas erit. » L. 7, § 1, C. de
temp. (II, 53).

talité ou pendant une partie notable du délai de la prescription, car dans un tel laps de temps celui qui souffre la violence aura presque toujours la faculté de recourir à l'autorité judiciaire ou à la police pour recouvrer sa liberté.

La restitution pour cause de fraude doit également commencer à se prescrire du moment où cesse l'état anomal, c'est-à-dire l'erreur entretenue dans l'esprit de la partie lésée par la mauvaise foi de son adversaire. Quand je traiterai de l'accomplissement de la prescription, je reviendrai sur les doutes que ce point peut faire naître.

— Ce que j'ai dit du peu d'intérêt pratique de cette fixation pour la violence, n'est pas applicable à la fraude, car l'erreur qui est le résultat de la fraude peut se prolonger fort longtemps, et ainsi son influence n'est pas restreinte à des actes isolés et fugitifs.

En vertu du même principe, la restitution pour cause d'erreur commence à se prescrire dès que la partie lésée a reconnu son erreur. Ici la question offre moins d'intérêt, non-seulement parce que cette restitution est en soi peu importante, mais aussi parce qu'elle s'applique presque uniquement à des péremptions de procédure, et que rarement, en pareille matière, il peut être question d'une prescription de la restitution.

Maintenant ce principe sur le commencement de la prescription est tout à fait inapplicable

aux motifs de restitution qui ont un caractère
de permanence et ne sont pas accidentels et
passagers comme ceux dont nous avons parlé
jusqu'ici. Telle est la restitution des villes, des
églises et des cloîtres, qui toujours conservent
leur aptitude à la restitution. Nous n'avons ici
d'autre moyen que de faire commencer la prescription au moment même de la lésion qui motive la restitution. Ce principe incontestable en
soi est appliqué par une loi aux églises (*f*).

Nous avons vu que régulièrement la prescription commence au moment où cesse l'état anomal qui motive la restitution, et, par exception,
au moment de la lésion. D'après une opinion très-
répandue, dans ces deux cas il faudrait encore,
pour faire commencer la prescription, une autre
condition, il faudrait que la partie lésée eût connaissance de la lésion (*g*).

Quelques auteurs érigent ce principe en règle
générale et l'étendent au droit romain. Sous cette
forme il doit être absolument rejeté, car il se
rattache à des erreurs tant sur une condition

(*f*) C. 1, de rest. in VI (I, 21) : « si quadriennii spatium *post
sit lapsum* » (c'est-à-dire : post sententiam vel contractum). C. 2,
eod. « infra quadriennium *ab ipsius confessionis tempore* computandum. » Clem. un. de rest. (I, 11) : « infra quadriennium
continuum *a tempore læsionis*. »

(*g*) Voy. vol. III, p. 390 ; Vol. V, p. 289 ; Glück. vol. VI,
§ 465, note 3 ; Burchardi, p. 517-524 ; Puchta, Pandekten,
§ 105, *e*.

semblable pour la prescription des actions que sur l'expression technique des Romains *experiundi potestas*.

D'autres rattachent exclusivement au droit canon le principe qui, relativement aux églises, exigerait la connaissance de la lésion pour le commencement de la prescription, soit qu'ils limitent la règle aux églises, soit qu'ils lui attribuent en droit canon un caractère de généralité, regardant la mention faite au sujet des églises seules comme une circonstance purement accidentelle (*h*).

Mais en réalité le droit canon ne pose ce principe ni comme règle générale, ni comme règle particulière aux églises. On a cru le trouver dans ce texte : « Ecclesia quæ... beneficium restitutionis in integrum... *negligenter* amiserit » (*i*); c'est-à-dire qu'il n'y a de négligence que quand l'église connaît la lésion et néanmoins ne forme pas de demande. — Mais, pour interpréter ainsi ce texte, il faut méconnaître entièrement l'essence de cette prescription. Au point de vue du droit romain, tout mineur devenu majeur, tout absent une fois de retour, doit prendre connais-

---

(*h*) Burchardi, p. 523, s'exprime à ce sujet d'une manière très-vague (« du moins en ce qui concerne la restitution des églises »).

(*i*) C. 1, de rest, in VI (I, 21), presque dans les mêmes termes C. **2**, eod.

sance de l'ensemble de ses affaires, afin de découvrir les lésions qu'il aurait pu souffrir et d'y porter remède. On croit que pour cela il suffit de quatre ans (autrefois d'un an), et celui qui, dans ce délai, n'a pas découvert une lésion, est considéré comme négligent et encourt la prescription, et non pas seulement si, après avoir découvert la lésion, il est assez négligent pour ne point porter sa demande en justice (*k*). Voilà comment il faut entendre ces expressions du droit canon : *negligenter omiserit ;* car nous n'avons aucun motif d'admettre que les papes aient méconnu les principes de droit romain en cette matière ou aient voulu y déroger.

Ainsi donc la connaissance de la lésion est une circonstance tout à fait indifférente pour le commencement de la prescription. Il y a néanmoins deux motifs de restitution, où l'état anomal dont la cessation est exigée pour que la prescription puisse commencer, est précisément la connaissance imparfaite que la partie lésée a du véritable état des choses. Ces deux motifs de restitution sont la fraude et l'erreur. Alors la prescription ne commence que quand la partie lésée n'est plus sous l'empire de la déception ou

(*k*) Il en est de même pour le commencement de la prescription, avec cette différence que, comme il ne saurait être question de la cessation d'un état anomal, la prescription commence toujours avec la violation du droit.

de l'erreur, et ces deux circonstances, comme dans d'autres cas la minorité ou l'absence, sont celles qui l'empêchent d'écarter le dommage et qui appellent une protection spéciale. Nous ne trouvons donc ici aucune exception aux principes posés plus haut, mais, au contraire, leur application pure et simple (*l*).

La confirmation directe de ce que je viens de dire nous est fournie par un texte du droit canon. Quand une église éprouve un préjudice par suite d'un aveu judiciaire, elle a comme église quatre ans pour se faire restituer contre cet aveu. Mais si elle établit que l'aveu repose sur une erreur, et que pour ce motif elle demande la restitution (comme pourrait le faire toute autre personne) (§ 331), elle n'est plus astreinte au délai de quatre ans (*m*). Cela signifie que le délai accordé pour la restitution ne se compte plus à partir de l'aveu judiciaire (la lésion), mais à partir de la découverte de l'erreur. Ce texte nous fournit en même temps la réfutation complète de l'opinion que je combats, et qui attribue aux églises un privilége spécial touchant le point de départ de la prescription.

(*l*) Cela ne saurait s'appliquer à la restitution pour cause de violence, car on ne concevrait pas que quelqu'un pût être contraint à faire un acte, sans savoir que cet acte lui est préjudiciable.

(*m*) C. 2 , de restit. in VI (I, 21).

§ CCCXL. *Restitution.* — *Procédure* (Suite).

2) Durée non interrompue de la prescription.

Pour la restitution comme pour les actions, la seconde condition de la prescription est sa durée sans aucune interruption. Nous avons donc à rechercher ce qui constitue une interruption.

D'abord il y a interruption lorsque l'état anomal dont la cessation marque le commencement de la prescription se reproduit de nouveau avant que la prescription soit accomplie. Cela n'est pas possible pour la minorité, mais bien pour l'absence. Si donc un absent revient à son domicile, puis s'en éloigne avant que la prescription soit accomplie, et renouvelle plusieurs fois ces alternatives de présence et d'absence, ce cas peut être traité de deux manières différentes. Premièrement, on peut additionner tous les séjours et regarder la prescription comme accomplie, dès que leur réunion donne un temps égal au délai fixé. Secondement, on peut ne regarder la prescription comme accomplie que quand un des séjours se prolonge pendant tout le temps exigé pour la prescription. Cette seconde supputation, la plus favorable à l'absent, doit être préférée (*a*).

(*a*) L. 28, § 3, ex quib., caus. (IV, 6). Le sens de ce texte ressort de son commencement : « Si quis sæpius reip. causa abfuit, *ex novissimo reditu* tempus restitutionis esse ei computandum, Labeo putat, » où l'on suppose naturellement qu'il n'a

Ainsi l'on admet que l'absent doit avoir depuis son retour le délai entier et complet de la prescription pour examiner l'influence que le passé a pu exercer sur ses affaires et en prévenir les conséquences fâcheuses.

Ensuite l'interruption peut résulter de l'usage que la partie lésée a fait de son droit à la restitution. Si nous appliquions ici les règles établies pour la prescription des actions, l'interruption remonterait à l'insinuation de la demande en restitution (*b*). Mais Justinien dit expressément que le litige touchant la restitution doit non-seulement être engagé, mais terminé complétement dans les délais de la prescription, et que sans cela le droit à la restitution n'existe plus (*c*).

Cette disposition, quelque étrange qu'elle puisse nous paraître, n'est pas une innovation arbitraire de Justinien. Elle est conforme à des lois impériales

pas passé une année en son domicile, depuis l'absence pendant laquelle l'usucapion lui a fait éprouver une perte. D'après les mots qui suivent, on pourrait croire qu'il faut additionner la durée des diverses absences, mais c'est là une circonstance indifférente. Ainsi donc ces mots : *si omnes quidem absentiæ annum colligant* désignent d'une manière peu exacte le temps de présence écoulé depuis chacune des absences, temps pendant lequel seulement la prescription peut courir. Cujacius , obs. XIX, 15 , dit avec raison que *absentiæ* équivaut ici à *intervalla absentiarum*.

(*b*) Voy. vol. V, § 242.

(*c*) L. 7, pr., C. de temp. (II,53) : « continuatio temporis observetur ad interponendam contestationem *finiendamque litem*. » Cela est répété et confirmé dans la Clem. un. de rest. (I, 11).

antérieures (*d*) ; et même les anciens jurisconsultes en admettent le principe, puisqu'ils regardent que l'expiration du délai avant la fin du procès sur la restitution n'est sans inconvénient que si la prolongation du litige peut être imputée à l'adversaire (*e*). Cette disposition se rattache à la prescription de la procédure de l'ancien droit, d'autant plus naturelle que la demande en restitution s'instruisait toujours par un simple *cognitio* devant le préteur, et cette procédure était certainement très-expéditive.

Cette disposition est tout à fait inapplicable à la procédure actuelle, et de tout temps la pratique a été unanime pour ne point s'y conformer (*f*). L'interruption de la prescription résulte donc de l'insinuation de la demande, et à cet égard la prescription de la restitution est placée absolument sur la même ligne que la prescription des actions.

3) Accomplissement de la prescription.

Dans l'origine, la prescription s'accomplissait en un an, mais un *annus utilis*, tant pour les mineurs que pour les majeurs (*g*). Ce délai,

---

(*d*) Burchardi, p. 503-506.

(*e*) L. 39, pr., de min. (IV, 4).

(*f*) Burchardi, p. 507; Göschen, Vorlesungen, p. 543.

(*g*) L. 19 , de min. (IV, 4); L. 7, pr. , C. de temp. (II, 53) (pour les mineurs); L. 1, § 1 ; L. 28, § 3, 4, ex. quib. caus. (IV, 6) (pour les majeurs)

quand on parle des mineurs, s'appelle *legitimum tempus* (*h*), sans doute parce qu'il a été emprunté à la *Lex Plætoria* pour être appliqué à la restitution (*i*).

Constantin fit sur ce délai de la prescription des règlements nombreux et compliqués (*k*). Justinien ramena tout à une règle fort simple et d'une application facile : il ordonna que la prescription de la restitution s'accomplirait non plus, comme autrefois, par un *annus utilis*, mais par quatre années ordinaires du calendrier (*quadriennium continuum*) (*l*). Relativement aux mineurs déclarés majeurs, il ordonna par une disposition spéciale que leur restitution pour des lésions antérieures ne serait pas prescrite avant leur vingt-cinquième année ; de sorte que dans ce cas la prescription peut quelquefois durer plus de quatre ans (*m*).

Plusieurs auteurs appliquent à tort la nouvelle prescription de quatre ans établie par Justinien à ce que l'on appelle les actions en restitution (*n*); ce n'est là qu'une conséquence de la fausse doc-

---

(*h*) L. 19, de min. (IV, 4); L. 5, pr., C. de temp. (II, 52).

(*i*) Zeitschrift, f. gesch. Rechtsw. vol. X, p. 253. — C'est à tort que Burchardi, p. 499, rapporte cette expression à l'édit du préteur.

(*k*) Burchardi, p. 500, 501.

(*l*) L. 7, pr., C. de temp. (II, 53).

(*m*) L. 5, pr., C. de temp. (II, 53).

(*n*) Burchardi, p. 513, 514.

trine qui confond ces actions avec la restitution, doctrine que j'ai combattue plus haut (§ 3ı6). — D'autres se trompent également quand ils rapportent la prescription de quatre ans, non-seulement au *judicium rescindens*, mais aussi au *rescissorium*, de sorte que, pour chacune de ces voies de droit, il existerait une prescription spéciale de quatre ans (*o*). Ces auteurs méconnaissent entièrement la nature de ces deux institutions. Le seul, l'unique procès sur la restitution est ce que l'on appelle le *rescindens*, et c'est à lui que se rapportent les quatre ans. Le *rescissorium* est une action ordinaire, dont rien ne détermine l'espèce, et qui, par conséquent, peut être, suivant la nature, soumise tantôt à une prescription, tantôt à une autre (*p*); ici l'on n'avait besoin d'aucune disposition nouvelle.

D'un autre côté, la prescription de quatre ans s'applique à toutes les restitutions (*q*). En ce qui touche les plus importantes, celles pour cause

(*o*) Burchardi, p. 507, 508.

(*p*) Cette prescription ne peut jamais commencer que depuis la restitution obtenue , car l'action auparavant éteinte ne date que de cette époque (nata est). Mais il n'est presque jamais question de cette prescription , car ordinairement celui qui demande la restitution exerce immédiatement l'action ainsi recouvrée.

(*q*) Burchardi, p. 509-514. Mais non, comme le prétend cet auteur, pour la restitution contre la *capitis deminutio*, qui, dans l'ancien droit, n'était soumise à aucune prescription, et qui n'existe plus en droit nouveau (§ 333).

de minorité ou d'absence, je l'ai déjà établi plus
haut (notes *g*, *l*). Je vais maintenant m'occuper
de la violence et de la fraude, et en même temps
se trouvera résolue la question que j'ai posée plus
haut (§ 33g) sans la résoudre, sur le commencement de la prescription dans ces deux cas.

L'*actio quod metus causa* se prescrit par un
annus utilis du moment où l'acte de violence a
été commis ; et il semble inconséquent d'accorder
pendant quatre ans la restitution contre le même
acte de violence. Mais la prescription d'un an
n'éteint l'action qu'en ce qui touche la quadruple indemnité ; quand l'action *quod metus causa*
n'a pour objet que l'indemnité simple, elle est
imprescriptible (*r*). Or, la restitution ne portant
jamais que sur l'indemnité simple, on pouvait
sans aucune inconséquence laisser le choix entre
l'action imprescriptible et la restitution qui se
prescrit par quatre ans.

D'après la loi de Constantin, l'*actio doli* se
prescrit par deux années, qui commencent à
courir du moment où la fraude a été commise,
sans aucun égard à la connaissance que peut en
avoir celui contre qui elle s'exerce (*s*). Ici encore
il semble inconséquent d'accorder en outre la
restitution pendant quatre ans à partir de la découverte de la fraude (§ 33g). Mais la prescrip-

(*r*) L. 14, § 1, 2, quod metus (IV, 2).
(*s*) L. 8, C. de dolo (II, 21).

17.

tion de deux ans (autrefois un an) s'applique uniquement à l'*actio doli,* qui est infamante; puis il existe pour obtenir la réparation du dommage une *actio in factum* qui est imprescriptible et n'attaque pas l'honneur (*t*); il n'y a donc aucune inconséquence à placer à côté de cette action une restitution tendante au même but et se prescrivant par quatre ans; on ne doit pas non plus s'étonner si l'*actio in factum* ne peut atteindre que le bénéfice réalisé par le défendeur, et si cette restriction n'existe pas pour la restitution.

§ CCCXLI. *Restitution.* — *Procédure* (Suite).

Relativement à la prescription de la restitution, nous avons encore à examiner diverses questions assez compliquées par suite du concours de plusieurs motifs de restitution. En pareil cas, la prescription a différents points de départ, et alors il s'agit de savoir comment l'on doit combiner ces diverses restitutions pour fixer le sort de la restitution en général.

Ce concours de plusieurs restitutions peut se présenter relativement à une seule personne, ou à plusieurs lorsque l'une des restitutions a été transmise par succession à une autré personne (§ 335).

(*t*) L. 28, de dolo (IV, 3).

1) Lorsque plusieurs motifs de restitution existent à la fois pour une seule et même personne,
la première question à résoudre est celle de savoir si l'on peut demander contre la prescription
d'une restitution une restitution nouvelle. Les
auteurs résolvent cette question négativement
et par deux motifs tirés, l'un de ce principe général que la restitution n'aurait pas de terme,
l'autre d'un texte formel d'Ulpien, la L. 20 pr.
de minor. (*a*). Mais aucun de ces motifs n'est
fondé, et je résous la question affirmativement.
En effet, il n'y a aucun danger de voir la restitution reproduite indéfiniment, ainsi que le prouve
l'examen de tous les cas possibles de cette
espèce, et qui d'ailleurs se présentent très-rare-
ment ; ensuite, le texte d'Ulpien a un sens très-
différent, comme je le montrerai tout à l'heure.

D'abord, les cas où la minorité est le dernier
motif que l'on invoque ne présentent aucune difficulté. Supposons qu'un absent ait acquis un
bien par usucapion, et que, quand il rentre dans
son domicile, l'ancien propriétaire soit âgé de
vingt ans; la restitution pour cause d'absence se
prescrit par quatre ans, et l'on pourrait demander si la partie lésée est en droit, comme
mineur, de demander la restitution contre cette
prescription. Mais la question est tout à fait oi-

____

(*a*) Burchardi, p. 134 ; Puchta, Pandekten, § 107, *h*, Vorlesungen, p. 216.

seuse ; car la restitution des mineurs étant la plus
large de toutes, la partie lésée peut, jusqu'à l'âge
de vingt-neuf ans, demander directement, comme
mineur, la restitution contre cette usucapion, et
alors l'absence, la prescription déjà accomplie
et la restitution contre cette prescription deviennent des circonstances absolument indifférentes.

Passons maintenant au cas inverse, celui où la
minorité n'est pas le dernier motif de restitution
invoqué. Supposons un mineur absent devenu majeur pendant son absence, et ayant fait (soit avant,
soit pendant son absence) un contrat qui lui porte
préjudice. A l'âge de trente ans il revient à son
domicile. Sa restitution est prescrite depuis un
an ; mais l'on demande s'il peut se faire restituer
contre cette prescription. Ulpien, d'accord avec
Papinien (b), se prononce pour la négative, parce que, dit-il, l'absence ne doit point être prise
en considération, et voilà précisément le texte
d'après lequel on prétend établir que jamais la
restitution n'est admise contre la prescription
d'une restitution (note a). Or, Ulpien ne fonde
pas sa décision sur ce motif, mais sur un autre
tout différent, que l'absence ne mettait pas obstacle à la demande en restitution, et que dès
lors manque une des conditions essentielles de
la restitution (§ 320, note d) ; en effet, quoique

(b) L. 20, pr., de min. (IV, 4).

absent, il pouvait, par l'intermédiaire d'un procureur, porter sa demande en restitution devant
le préteur à Rome, ou la porter lui-même devant le lieutenant de la province qu'il habitait
depuis sa majorité (circonstance dont Papinien
ne fait aucune mention). Ici se reproduit la différence qui existe entre les actions et la restitution. Quand un absent mineur laisse prescrire un
interdit annuel, puis, devenu majeur, revient à
son domicile, il peut reprendre l'interdit pendant
le délai de la restitution, et ce délai se compte, non
depuis sa majorité, mais depuis son retour (c). —
Dans l'espèce rapportée par Ulpien l'absent était
un condamné au bannissement ; et Papinien regardait cette circonstance comme un motif à
l'appui de sa décision. Ulpien le reprend à ce sujet,
parce que l'on n'a ici aucun égard à la condamnation, mais seulement à l'âge en soi (comme à l'absence en soi) (d).

(c) L. 15, § 6, quod vi (XLIII, 24). On ne s'occupe pas de la
restitution pour cause de minorité, puisque celle pour cause d'absence décide tout. — Le motif de cette distinction est, en la forme,
que l'édit sur les absents parlait d'une *actio* perdue, ce qui ne
comprend pas la restitution. Mais un motif plus profond, et tiré
de la nature même des choses, est qu'une personne éloignée
pouvait plus aisément demander une restitution au moyen d'une
cognitio prétorienne, qu'intenter un procès ordinaire devant un
judex.

(d) L. 20, pr., cit. « Quid enim commune habet delictum
cum venia ætatis. » Ici *venia ætatis* ne doit pas se prendre
dans le sens ordinaire, mais comme synonyme de *beneficium*

D'après Ulpien , les motifs de l'absence ne doivent pas être pris en considération. Le droit des temps postérieurs fit à cette règle une exception en faveur des soldats , exception qui ne doit pas nous surprendre ; car elle est un des nombreux priviléges, d'ailleurs bien connus, accordés à cette classe de citoyens. En effet, lorsqu'un soldat mineur devient majeur sous les drapeaux, la prescription commence à courir, non depuis sa majorité, mais depuis sa sortie du service (*e*). De même, quand une usucapion s'accomplit au préjudice d'un mineur, et que plus tard celui-ci devient soldat, il peut toujours se faire restituer contre cette usucapion (*f*). Ces deux exceptions reposent évidemment sur ce principe, qu'en vertu d'un privilége spécial, le soldat doit obtenir restitution contre la prescription d'une restitution, qui lui appartenait comme mineur.

J'arrive au cas le plus important et le moins compliqué de ceux qui rentrent dans la question qui nous occupe. Lorsque celui qui avait droit à la restitution pour un motif quelconque, la minorité, l'absence, etc., trompé par son adversaire, laisse prescrire sa restitution, on demande s'il n'est pas restituable pour cause de fraude

ætatis , motif de la restitution accordée aux mineurs. Voy. § 326, note *r*.

(*e*) L. 1, C. de temp. (II, 53).
(*f*) L. 3, C. eod.

contre cette prescription. D'après la doctrine exposée plus haut (note *a*), cette question doit être résolue négativement. Pour moi, je n'hésite pas à la résoudre affirmativement. On m'accordera aisément que ce cas ne peut donner lieu à une reproduction indéfinie de la restitution. Ensuite on ne conçoit pas pourquoi la partie lésée n'aurait pas l'*actio doli* contre l'auteur de la fraude. Si elle peut exercer cette action, elle peut à bien plus forte raison demander la restitution, qui n'est point infamante ; et comme ici la restitution donne absolument le même résultat que l'*actio doli*, elle doit lui être préférée, d'après les principes généraux (§ 332, note *s*). Par l'effet de cette restitution la partie lésée peut réclamer l'ancienne restitution comme si elle n'était pas prescrite.

L'opinion que je viens d'exprimer sur la restitution pour cause de fraude contre la prescription de toute autre restitution, est confirmée directement par le droit canon. Il dit que la prescription de quatre ans à laquelle est soumise la restitution des églises, ne s'applique pas quand son accomplissement a été déterminé par la fraude de l'adversaire (*g*). Nous n'avons aucun motif de

---

(*g*) C. 1, de restit. in VI (I, 21) : « Ecclesia... si quadriennii spatium post sit lapsum, et negligenter omiserit , non est ad beneficium hujusmodi admittenda , *nisi prævaricationis vel fraudis manifeste probetur super hoc intervenisse commentum....* »

regarder cette décision comme un privilége spécial des églises ; car, au contraire, le texte exprime
par sa rédaction la reconnaissance d'un principe
généralement admis. Nous trouvons, il est vrai, à
la fin de la même décrétale (*h*) une phrase conçue
en termes si généraux, que l'on pourrait regarder
la disposition tout entière comme dictée par une
équité bienveillante, et non comme exprimant une
règle générale de droit. Mais cette phrase se justifie rigoureusement. En effet, les églises peuvent
par des motifs individuels, ou par des motifs généraux, tels que la guerre, la sédition, etc., rester
longtemps sans défense et sans représentants. Ce
serait alors, par application de la *generalis clausula*, un motif suffisant de restitution contre toute
omission commise dans ce laps de temps, par
conséquent aussi contre l'inobservation du délai
d'une restitution, qu'elles avaient, comme églises,
quatre ans pour demander.

II) Il me reste maintenant à parler du concours
de plusieurs restitutions qui résulte d'une succession. Voici les règles établies en cette matière par le droit romain :

Celui qui, ayant droit à une restitution pour
cause de minorité contre un acte juridique,
meurt, laissant un mineur pour héritier, était

***

(*h*) L. c. « aut alia *rationabilis causa* subsit, quæ superiorem
movere debeat ad idem beneficium concedendum. »

encore mineur à l'époque de son décès ou avait atteint sa majorité. Dans le premier cas, l'héritier a quatre ans pour demander la restitution à compter de sa propre majorité (*i*). Dans le second cas, l'héritier, à partir de sa propre majorité, a, pour demander la restitution, tout le temps qui restait encore au défunt (*k*).

Ici encore les soldats ont un privilége semblable à celui dont j'ai parlé plus haut (notes *e*, *f*). Ainsi, quand le défunt ou l'héritier est au service, le délai se compte à partir du congé et non de la majorité (*l*).

§ CCCXLII. *Restitution. — Ses effets.*

La restitution, de sa nature, a pour effet le rétablissement de l'état de choses antérieur. Si le changement que la restitution doit annuler est tout à fait simple, s'il s'agit, par exemple, d'une donation extorquée à un mineur, le principe général suffit pour annuler les conséquences de cet acte isolé. Mais la plupart des changements que subit l'état du droit n'ont pas une nature aussi simple, ils constituent des prestations réciproques, c'est-à-dire des charges et des avantages pour chacune des parties.

(*i*) L. 19, de min. (IV, 4); L. 5, § 1, C. de temp. (II, 53); Paulus I, 9, § 4.
(*k*) L. 19, de min. (IV, 4).
(*l*) L. 1, 3, C. de temp. (II, 53).

A tous ces cas s'applique la règle générale et naturelle que l'état de choses primitif doit être rétabli pour toutes les parties (*a*). Une revue sommaire des cas les plus importants mettra cette règle dans tout son jour.

Un emprunt que fait un mineur peut lui porter préjudice, s'il perd ou s'il dissipe la somme reçue ; dans ce cas, la restitution le dispense de rien rendre (§ 319, note *d*). S'il n'a pas précisément dissipé la somme reçue, mais s'il l'a prêtée à un débiteur insolvable, la restitution le protége en le libérant vis-à-vis de son créancier par la cession qu'il lui fait de son action contre ce débiteur. Si l'argent prêté lui a servi à faire une acquisition désavantageuse, il obtient la restitution contre son vendeur, et dès lors il n'en a plus besoin contre le prêteur (*b*).

Si un mineur fait une vente désavantageuse, la restitution lui fait recouvrer la chose vendue avec les fruits produits dans l'intervalle (*c*). —

(*a*) L. 24, § 4, de min. (IV, 4); « ut *unusquisque* in integrum jus suum recipiat. » — L. 29, ex qu. caus. (IV, 6) : « videlicet ne cui officium publicum *vel damno, vel compendio* sit. » — L. 1, pr., C. de reputat. (II, 48) : « Qui restituitur, sicut *in damno* morari non debet, ita *nec in lucro*. » — Tel est aussi le sens de cette règle, que dans un contrat synallagmatique, la partie lésée a seule droit de demander l'exécution ou l'annulation entière du contrat. L. 13, § 27, 28, de act. emti (XIX, 1).

(*b*) L. 27, § 1, de min. (IV, 4).

(*c*) L. 24, § 4; L. 27, § 1, de min. (IV, 4).

De son côté, le mineur doit rendre le prix reçu et les intérêts qui sont l'équivalent des fruits (*d*). — Si le mineur a dissipé le prix reçu, il est dispensé de rien rendre, et l'acheteur pouvait prévoir ce résultat (§ 319, note *i*). Nous avons donc ici deux restitutions, l'une contre la vente, l'autre contre la réception du prix. — Si l'acheteur a fait à la chose des améliorations véritables, il doit être remboursé de ses dépenses (*e*).

La dation d'une chose en payement a en général, et ici en particulier, la même nature que la vente. La chose est rendue avec ses fruits, qui sont compensés par l'intérêt de l'argent (*f*).

Une acquisition désavantageuse donne lieu à l'application des mêmes règles. La chose est rendue avec ses fruits, le prix de la vente avec les intérêts (*g*).

La restitution contre une acceptilation désavantageuse consiste à rendre au créancier imprudent tous ses droits tant contre le débiteur que contre les codébiteurs et les cautions ; les gages lui sont également rendus (*h*).

Quand, par l'effet d'une novation, un mineur

(*d*) L. 27, § 1 ; L. 47, § 1, de min. (IV, 4) ; Paulus, I, 9, § 7.
(*e*) L. 39, § 1, de min. (IV, 4).
(*f*) L. 40, § 1, de min. (IV, 4) ; L. 98, § 2 de solut. (XLVI, 3).
(*g*) L. 27, § 1, de min. (IV, 4).
(*h*) L. 27, § 2, de min. (IV, 4).

a substitué à son débiteur un débiteur moins solvable, la restitution lui rend son action contre l'ancien débiteur (*i*).

Quand un mineur se charge de la dette d'un autre, la restitution le libère de cet engagement, et rend au créancier l'action qu'il avait contre le débiteur, mais naturellement avec toutes les restrictions qui pouvaient la limiter, comme, par exemple, une courte prescription qui devait être accomplie peu de jours après l'engagement pris par le mineur (*k*).

La restitution contre une transaction fait renaître pour toutes les parties les prétentions auxquelles elles avaient renoncé (*l*).

La restitution contre une usucapion fait rendre à la partie lésée la chose qu'elle avait perdue avec tous les fruits produits dans l'intervalle (*m*).

Quand un mineur renonce à une succession avantageuse ou la perd faute d'accomplir une condition, la restitution ne le constitue pas véritablement héritier, ce qui est impossible, mais

(*i*) L. 27, § 3, de min. (IV, 4).

(*k*) L. 50, de min. (IV, 4); L. 19, de nov. (XLVI, 2); L. 1, § 1, C. de reputat. (II, 84).

(*l*) L. 1, 2, C. si adv. transact. (II, 32). Il n'en est pas de même de la restitution contre un jugement, quand elle n'a trait qu'à un seul des rapports de droit litigieux et qu'il y en a d'autres tout à fait indépendants. Ceux-ci ne sont pas atteints par la restitution. L. 28; L. 29, § 1, de min. (IV, 4).

(*m*) L. 28, § 6; L. 29 ex quib. caus. (IV, 6).

elle lui rend, à titre de *utiles actiones*, toutes les actions qu'il aurait eues comme héritier, c'est-à-dire qu'elle crée un droit de succession fictif (*n*). — Il doit néanmoins accepter comme valables tous les actes relatifs à la succession faits dans l'intervalle par les personnes ayant qualité pour cela, les héritiers, curateurs, etc. (*o*). — Il est en outre soumis à toutes les charges et obligations que la restitution lui impose comme héritier, dont il n'était pas tenu avant la restitution (*p*).

La restitution contre l'acceptation d'une succession est régie par les mêmes principes. Celui que l'on restitue est et demeure héritier, seulement en vertu d'une fiction. On le traite comme s'il n'était pas héritier (abstinendi potestas ei tribuitur) (*q*). Alors il doit rendre à celui qui est appelé à la succession tous les biens de la succession qu'il a recueillis et tous ceux qu'il est coupable de n'avoir pas recueillis ou d'avoir laissé périr (*r*). — Si avant la restitution, il a acquitté

(*n*) L. 7, § 10, de min. (IV, 4) à la fin du texte ; L. 21, § 6, quod metus (IV, 2).

(*o*) L. 22, de min. (IV, 4). Cette prescription peut même, dans de certaines circonstances, faire refuser la restitution ; L. 24, § 2, eod.

(*p*) L. 41, ex quib. caus. (IV, 6).

(*q*) L. 21, § 5, quod metus (IV, 2) ; L. 7, § 5 ; L. 31, de min. (IV, 4).

(*r*) L. 7, § 5, de min. (IV, 4) à la fin du texte ; L. 1, § 2, C. de reputat. (II, 48).

des legs ou des dettes de la succession, il ne
doit aucune indemnité, et il ne rend pas non
plus la valeur des esclaves affranchis par le fait
de son acceptation, ni celle des esclaves qu'il a
affranchis lui-même en exécution d'un fidéicommis (*s*).

La restitution contre l'acceptation d'un legs
libère celui qui est restitué de toutes les charges
qui lui étaient imposées comme légataire à titre
de fidéicommis (*t*).

§ CCCXLIII. *Restitution.* — *Ses effets* (Suite).

De tous temps on a discuté la question de
savoir si la restitution est *in personam* ou *in rem*,
c'est-à-dire si elle s'exerce uniquement contre
des personnes déterminées, ou bien aussi contre
des personnes indéterminées dont on ne pouvait prévoir la mise en cause à l'époque de la lésion. Dans un texte (*a*) confirmé par d'autres
textes (*b*), Paul décide d'une manière générale
que la restitution peut avoir ces deux effets.

D'après une formule adoptée par beaucoup
d'auteurs modernes, la restitution *in personam*

(*s*) L. 22, 31, de min. (IV, 4).
(*t*) L. 33, de min. (IV, 4).
(*a*) Paulus, 1, 7, § 4 : « Integri restitutio aut in rem competit
aut in personam. » Mais ce texte est certainement mutilé.
(*b*) L. 13, § 1, de min. (IV, 4) : « Interdum autem restitutio
et in rem datur minori. »

est la règle, et la restitution *in rem* l'exception (c); mais cette question demande à être étudiée plus profondément (d). Elle se rattache directement à la détermination traitée plus haut de la personne obligée en matière de restitution, en d'autres termes de l'adversaire de la partie lésée (§ 336), et cette détermination doit nécessairement varier avec la nature des rapports de droit auxquels peut s'appliquer la restitution.

La restitution peut s'exercer contre une usucapion, c'est-à-dire contre un changement apporté à la propriété sans le fait du propriétaire, et cette restitution peut avoir pour motif la minorité ou l'absence. Inutile de dire qu'elle agit ici *in rem*, c'est-à-dire contre tout possesseur (e); car le plus souvent elle se réalise en rendant à l'ancien propriétaire l'action de la propriété (§ 329).

Il n'est pas douteux non plus que la restitution contre l'acceptation ou la répudiation d'une succession agit toujours *in rem;* car elle doit atteindre des personnes diverses et indéterminées (§ 342). Aussi, l'on dit expressément que les actions fondées sur une semblable restitution

---

(c) Burchardi, p. 416, sq.

(d) Puchta, Pandekten, § 106, note *f*; Vorlesungen, p. 217, 218.

(e) L. 30, § 1, ex quib. caus. (IV, 6).

s'exercent contre tout possesseur des biens de la succession, lors même que ces biens auraient été aliénés par le possesseur primitif de la succession (*f*).

Il n'en est pas de même de la restitution contre un contrat. Régulièrement celle-ci ne s'exerce que contre celui avec qui la partie lésée a contracté, elle n'atteint les tiers que par exception ; la formule dont j'ai parlé plus haut (note *c*) est donc vraie pour les cas de cette espèce.

Ainsi, quand un mineur est restitué contre une vente désavantageuse, il ne peut régulièrement réclamer sa propriété perdue que de l'acquéreur (§ 342, note *c*), et non du tiers possesseur auquel l'acquéreur aurait vendu. Mais par exception (*g*) la restitution atteint aussi le tiers possesseur, si celui-ci a connu la vente faite par le mineur ou si le premier acheteur est insolvable (*h*). En pareil cas, le tiers possesseur qui doit rendre la chose, a contre son prédécesseur le même recours que s'il eût été dépossédé par l'action de la propriété (*i*).

La même règle s'applique lorsqu'un mineur ayant été condamné à payer une dette, ses biens sont saisis comme gage du payement et vendus ;

(*f*) L. 17, pr., ex quib. caus. (IV, 6).
(*g*) Interdum. Voy, note *b*.
(*h*) L. 13, § 1 ; L. 14, de min. (IV, 4).
(*i*) L. 15, de min. (IV, 4 ; L. 39, pr., de evict. (XXI, 2).

car cet acte se fait au nom du mineur et est considéré comme émanant de lui. Si plus tard la restitution annule la condamnation prononcée, régulièrement le mineur ne peut réclamer la somme payée par lui que contre le créancier (*k*); mais, par exception (*l*), dans le cas où la perte de la chose lui causerait un grave préjudice (*m*), il peut se la faire rendre par le possesseur.

On a vu plus haut comment celui qui, cédant à la violence, fait une aliénation, peut exercer une action en indemnité contre l'auteur de la violence, ou, par voie de restitution, recouvrer son *in rem actio* et l'exercer contre tout tiers possesseur (§ 330, note *e*).

La procédure de la restitution est souvent tellement simple que tout se borne à enjoindre à l'obligé de payer une certaine somme ou de rendre une chose qu'il a reçue (§ 337, note *m*). Alors la restitution a la même nature qu'une

(*k*) L. 0, pr., de min. (IV, 4) : « nam illud certum est , pecuniam ex causa judicati solutam ei restituendam, »

(*l*) L. 9, pr., cit, « et puto , *interdum* permittendum »...

(*m*) L. 9, pr , cit. « si grande damnum sit minoris ». L. 1 , C. si adv. vend. pign. (II, 29) : « magno detrimento... enorme damnum »...; L. 49, de min. (IV, 4) : « grande damnum » ; ce texte, comme ceux qui précèdent, s'aplique évidemment à une vente en voie d'exécution, bien que cela ne soit pas exprimé. — On ne doit pas confondre ce cas des *pignora capta et distracta* avec celui où la vente est faite par le créancier saisi du gage; car, dans ce dernier cas, la restitution n'est jamais admises Voy. § 323 , notes *e*, *f*, *g*.

action ordinaire en recouvrement d'une créance.
Maintenant, lorsque l'obligé direct se trouve sous
la puissance d'autrui, comme fils ou comme esclave, l'obligation atteint le père ou le maître,
si leurs biens ont été accrus par l'acte dont il
s'agit, ou s'il existe un pécule qui donne lieu
à l'application de l'*actio de peculio* (*n*).

(*n*) L. 24, § 3, de min. (IV, 4).

APPENDICE XVIII.

RESTITUTION DES MINEURS PLACÉS SOUS LA PUISSANCE
PATERNELLE.

L. 3, § 4, DE MINOR. (IV, 4).
L. 2, C. DE FILIOFAM. MINORE (II, 23).

(§ CCCXXIII, note *q*.)

Relativement à la restitution des mineurs placés sous la
puissance paternelle, les auteurs admettent comme règles
certaines les propositions suivantes :

Le mineur obtient cette restitution, contre ses propres
actes, comme s'il n'était pas soumis à la puissance paternelle, pourvu (et cette condition s'applique à toutes les
restitutions) qu'il y ait un intérêt ; le père ne doit tirer
aucun avantage de cette restitution , et par conséquent il ne
peut l'invoquer pour lui-même.

En effet, le texte principal relatif à cette question établit ces propositions comme règles d'une manière trop
claire et trop précise pour laisser place à aucun doute (*a*).
Seulement, les auteurs s'accordent à limiter la première, de
ces propositions par une exception, et c'est cette exception
dont je vais ici discuter le mérite. Suivant eux, le mineur
n'a pas droit à la restitution quand l'acte préjudiciable
est un prêt d'argent reçu, et reçu par l'ordre du père (*b*).

Examinons d'abord cette exception dans ses rapports

(*a*) L. 3, § 4 de min. (IV, 4).
(*b*) Burchardi, p. 239-248. Je citerai un peu plus bas d'autres auteurs,

naturels avec la restitution en général, c'est-à-dire en prenant comme seule base de la discussion les principes de la matière et sans nous occuper encore du témoignage des textes.

On pourrait croire que la dignité de la puissance paternelle serait compromise si la restitution prononcée venait déclarer préjudiciable un acte ordonné par le père. Mais Ulpien n'admet nullement cet ordre d'idées, puisque, à propos d'autres actes juridiques, il accorde au fils la restitution, quoique l'acte ait été ordonné par le père (c).

On pourrait encore supposer que le fils agissant seul peut emprunter légèrement et en éprouver un préjudice, tandis que l'intervention du père prévient de pareils dangers (d). On peut sans inconvénient admettre ce résultat pour la plupart des cas, et lorsque l'acte ne causera aucun préjudice ou du moins aucun préjudice qu'il faille attribuer au défaut de réflexion, la restitution ne sera pas admise, vu l'absence d'une de ses conditions essentielles (§ 320, note b). Mais les choses peuvent se passer tout autrement; le père peut être aussi irréfléchi que son fils, il peut être trompé par ce dernier, il peut enfin, dans des vues égoïstes, ordonner malicieusement l'acte préjudiciable. On ne comprend pas pourquoi précisément pour un prêt d'argent l'ordre du père aurait une efficacité absolue, tandis que pour tout autre acte juridique on examinerait si les circonstances particulières doivent faire admettre ou refuser la restitution.

(c) L. 3, § 4, cit. : « Proinde si jussu patris obligatus sit... filius... auxilium impetrare debebit si ipse conveniatur. » — Il en est de même quand un père, après avoir émancipé son fils impubère, lui donne, comme tuteur, son *auctoritas* pour une affaire; L. 29, pr., de min. (IV, 4).

(d) Tel est le point de vue adopté par Puchta, § 103, note *i*. Il dit dans ses *Vorlesungen*, p. 213, qu'il n'y a point là d'exception proprement dite, mais qu'en pareil cas on n'admet pas qu'il y ait aucun dommage résultant d'une imprévoyance.

Dans leur embarras les anciens auteurs ont eu recours aux motifs les plus bizarres pour expliquer cette exception relative au prêt (c). Ainsi on a dit : le *Sc. Macedonianum*, rendu au sujet du prêt d'argent, est quelquefois très-rigoureux, et l'exception qui nous occupe procure du moins au créancier un léger adoucissement à cette rigueur. Ensuite les créanciers des mineurs sont en général peu dignes d'estime. Si donc parmi eux il s'en trouve un assez loyal pour ne vouloir prêter qu'avec le consentement du père, cette loyauté peu commune mérite d'être récompensée par une exception spéciale aux règles générales du droit; et à l'appui de cette dernière considération on cite un texte de l'Écriture sainte (f).

Pour recourir à des arguments aussi faibles et même aussi singuliers, il faut désespérer d'échapper autrement aux décisions si précises des sources. Ainsi donc l'exception que l'on prétend exister pour le prêt d'argent doit être absolument rejétée d'après les principes généraux. Voyons maintenant si elle ressort de l'interprétation des textes.

Le texte le plus important est emprunté à *Ulpianus, lib.* XI *ad Ed.* Je vais le transcrire tout entier.

L. 3, § 4, de minor. (IV, 4).

Sed utrum solis patribusfamiliarum, an etiam filiisfamiliarum succurri debeat, videndum. Movet dubitationem, quod, si quis dixerit etiam filiisfamiliarum in re peculari subveniendum, efficiet, ut per eos etiam majoribus subveniatur, id est patribus eorum. Quod nequaquam fuit Prætori propositum; Prætor enim minoribus auxilium promisit non majoribus. Ego autem verissimam arbitror sententiam

---

(e) Azo in L. 2 C. de fil. fam. min., Glossa in L. 3, § 4, LD. de min.; Cujacius in L. 3, § 4, D. de min., Opp. t. I, p. 989.

(f) Évangile selon saint Luc., c. XV, v. 7. « Je vous dis qu'il y aura plus de joie dans le ciel pour un pécheur qui fait pénitence, que pour quatre-vingt-dix-neuf justes qui n'ont pas besoin de pénitence. »

existimantium, filiumfamilias minorem annis in integrum restitui posse ex his solis causis, quæ ipsius intersint, puta si sit obligatus. Proinde si jussu patris obligatus sit, pater utique poterit in solidum conveniri, filius autem, cum et ipse possit vel in potestate manens conveniri, vel etiam emancipatus vel exheredatus, in id quod facere potest, et quidem in potestate manens etiam invito patre ex condemnatione conveniri, auxilium impetrare debebit, si ipse conveniatur. Sed an hoc auxilium patri quoque prosit, ut solet interdum fidejussori ejus prodesse, videamus; et non puto profuturum. *Si igitur filius conveniatur, postulet auxilium; si patrem conveniat creditor, auxilium cessat, excepta mutui datione; in hac* (g) *enim, si filius jussu* (h) *patris mutuam pecuniam accepit, non adjuvatur.* Proinde et (i) si sine jussu patris contraxit et captus est, si quidem pater de peculio conveniatur, filius non erit restituendus; si filius conveniatur, poterit restitui.

Tout dépend ici de l'interprétation du passage imprimé en italique. Il exprime une exception à une règle, et l'on demande en quoi consiste cette exception ? à quelle règle se rapporte-t-elle ?

L'exception paraît exprimée par ces mots : *non adjuvatur,* la règle ne paraît donc pouvoir résulter que d'un *adjuvatur* ou d'un équivalent. Mais comme dans la proposition qui précède immédiatement on lit : *auxilium cessat,* ce qui est synonyme de *non adjuvatur,* l'exception ne semble pas s'y rapporter. D'un autre côté, ann proposition plus éloignée relative au fils, et où on lit : *postulet auxilium* contraste bien

---

(g) Toutes les anciennes éditions portent *hac,* ce qui donne une meilleure construction que la leçon du manuscrit de Florence : *hanc.*

(h) Cette leçon de la Vulgate est évidemment préférable à celle du manuscrit de Florence, où le mot *filius* est omis.

(i) On verra d'après les explications que je vais donner que le sens devient plus clair si l'on omet ici le mot *et* (note n).

avec le *non adjuvatur*, qui exprime ainsi l'exception à la règle : *postulet auxilium.*

Déterminés sans doute par ces considérations, tous ceux qui jusqu'ici ont interprété notre texte adoptent l'une ou l'autre des explications suivantes qui toutes deux prêtent à de graves objections; ou bien, mettant de côté les principes généraux que j'ai développés précédemment et que contredit leur explication, ils justifient cette contradiction par les motifs aventureux dont je viens de rendre compte; ou bien, au lieu de rapporter l'exception à la proposition qui précède immédiatement, ils remontent à celle qui concerne le fils; mais cette explication est des plus forcées, on peut même dire qu'elle fait violence au texte. Maintenant si l'on trouvait une interprétation qui ne prêtât à aucune de ces objections, elle serait évidemment préférable. Telle est celle que je vais essayer de donner.

Voici mon point de départ. Ulpien nous dit expressément que le prêt d'argent donne ici lieu à une exception unique, et qu'ainsi il est traité différemment de tous les actes que peut faire le fils. Maintenant, si l'on se demande quel est le motif de cette disposition exceptionnelle pour le prêt d'argent, on ne saurait en imaginer un autre que l'*exceptio Sc. Macedoniani* (*k*), laquelle peut, comme on sait, être invoquée tant par le père que par le fils lui-même contre toute action fondée sur un prêt d'argent, exception spécialement limitée au prêt d'argent, par opposition à tous les autres actes juridiques et même au prêt de choses autres que l'argent. Si l'on admet ces prémisses, l'exception doit nécessairement exprimer une affirmation (un *adjuvatur*) et non une négation (un *non adjuvatur*).

Voyons donc comment l'on peut arriver à cette consé-

____

(*k*) L. 7, § 10; L. 9, § 3, de Sc. Mac. (XIV, 6); L. 6, pr., C. eod. (IV, 48).

quence reconnue nécessaire. Il suffit pour cela d'une correction fort modeste, puisqu'elle se réduit au déplacement d'un *non*. La proposition entière serait alors ainsi conçue :

Si patrem conveniat creditor, auxilium cessat, excepta mutui datione ; in hac enim, si filius non jussu patris mutuam pecuniam accepit, adjuvatur (*l*).

Si cette correction, toute modeste qu'elle est, paraissait trop hardie, on pourrait arriver au même but par voie de simple interprétation. A ces mots : si filius jussu patris... accepit, il suffirait d'ajouter un *seulement* sous-entendu (un *non nisi*), et on aurait alors le sens suivant.

Car, quand il s'agit de cet acte (le prêt d'argent), l'exception protectrice (celle qui résulte du sénatus-consulte) est *seulement* refusée au père (*non adjuvatur*) quand l'emprunt a été fait par son ordre (*m*) ; hors ce cas, *il a* l'exception qui consiste dans la dérogation à la règle : *auxilium cessat.*

Cette interprétation donne le même résultat que la correction proposée, et tout se réduit à cette proposition fort simple : en général, on ne vient pas au secours du père actionné pour les actes de son fils, à moins qu'il ne s'agisse d'un prêt d'argent, car contre cette action le père a l'exception du sénatus-consulte, pourvu néanmoins que le fils n'ait pas emprunté par son ordre. On peut encore envisager la chose à un autre point de vue et l'exprimer en ces termes : dans le cas d'un prêt d'argent, le père a contre l'*actio de pe-*

____

(*l*) C'est-à-dire : *pater* adjuvatur ; car *pater* est toujours le sujet de la proposition principale, qui commence par ces mots : si *patrem* conveniat. Il est clair que la règle et l'exception ne s'entendent pas uniquement de la restitution, mais de toutes les voies de droit ouvertes au défendeur. En principe, le père n'est pas protégé ; on vient à son secours dans le cas d'un prêt d'argent, non par voie de restitution, mais au moyen de l'exc. Sc. Macedoniani.

(*m*) On doit aussi sous-entendre un *seulement* dans la L. 57, mandati (XVII, 1). Voy. § 329, note *n*.

culio l'*exceptio Sc. Macedoniani ;* il ne l'a pas contre l'*actio quod jussu.* Dans aucun cas il ne peut invoquer la restitution.

La preuve que cette interprétation est réellement conforme à la pensée d'Ulpien résulte du passage qui suit immédiatement, où Ulpien examine sous une autre face le cas qui nous occupe et en poursuit le développement. Il s'agit d'un prêt d'argent fait sans l'ordre du père ; contre l'action résultant de ce prêt le père a l'*ex. Sc. Macedoniani*, voilà ce que dit la partie du texte expliquée jusqu'ici. Mais alors que décide-t-on à l'égard du fils ? Ce qui suit va nous l'apprendre :

Proinde si (*n*) sine jussu patris (*o*) contraxit et captus est, siquidem pater de peculio conveniatur, filius non erit restituendus; si filius conveniatur, poterit restitui.

Ces deux décisions ne sont pas à l'abri de toute objection. Si le père est actionné, le fils ne peut être restitué. Cela s'explique par ce fait que le fils n'est pas mis en cause. Mais si le père ne veut pas user de l'exception, ou, d'après les circonstances particulières de l'espèce, ne peut pas en profiter (*p*), le père alors payera avec l'argent du pécule, et la perte n'en sera pas moins supportée par le fils. A cela Ulpien répond que l'intérêt du fils est ici simplement un fait et non un droit, que le père a la propriété du pécule et qu'il peut en disposer comme il le juge convenable (*q*).

Voici maintenant ce que l'on peut objecter contre la se-

(*n*) J'efface le *et* devant *si* (note *i*), parce qu'il s'agit ici d'un principe nouveau, et non d'une application du principe qui précède.

(*o*) Ces mots sont la reproduction évidente de ceux qui précèdent : si non jussu patris mutuam pecuniam accepit, d'après la correction que je propose, et ils viennent ainsi à l'appui de cette correction.

(*p*) Si le créancier ignorait que le débiteur fût sous la puissance paternelle ; L. 3, pr.; L. 19, de Sc. Maced. (XIV, 6).

(*q*) « Nec eo movemur, quasi intersit filii peculium habere; magis enim patris, quam filii interest. »

conde décision. Le fils actionné par le créancier a droit à la restitution, mais il a également l'exception qui résulte du sénatus-consulte, et comme celle-ci vaut *ipso jure*, la restitution semble inutile et dès lors inadmissible (§ 321, note *r*). On répond que l'exception peut être inapplicable par suite de l'erreur du créancier sur l'existence de la puissance paternelle (note *p*), ou du moins que cette circonstance peut être alléguée par l'adversaire et rendre l'issue du procès douteuse (§ 318, note *d*). Par ces motifs la restitution peut être utile, et même indispensable pour protéger le fils, car la minorité obtient une protection à l'abri de discussions semblables, et la garantie contre les éventualités d'un procès est parfaitement de nature à motiver une demande en restitution (p. 118).

Le second texte qui établit, dit-on, que le fils n'a pas droit à la restitution contre un prêt d'argent quand il a agi par l'ordre de son père, est un rescrit de Gordien.

L. 1 (al. 2) C. de fil. fam. minore (II, 23).

« Si frater tuus, cum mutuam pecuniam acciper et, in patris fuit potestate, nec jussu ejus, nec contra Senatus-consultum contractum est, propter lubricum ælatis adversus eam cautionem in integrum restitutionem potuit postulare. »

Dans son instruction, l'empereur décide que le débiteur mineur a droit à la restitution contre un prêt d'argent sous les deux conditions suivantes :

1. Si l'emprunt n'a pas été fait par l'ordre du père.

2. Si l'emprunt ne tombe pas sous la prohibition du sénatus-consulte.

J'examine d'abord la seconde condition, qui confirme ce que je disais tout à l'heure. Si de l'aveu de toutes les parties le sénatus-consulte est applicable, la restitution devient inutile, et par conséquent on ne la prononce pas; si le sénatus-consulte est applicable, parce que le créancier ignorait l'existence de la puissance paternelle, ou que du moins cette circonstance est douteuse ou contestée, alors la restitution peut être accordée.

La première condition semble devoir être ainsi entendue. Si le père n'a pas ordonné l'emprunt, le fils obtient la restitution (c'est ce que le texte dit expressément); si le père a ordonné l'emprunt, le fils n'obtient pas la restitution (c'est ce que le texte paraît décider indirectement).

Cette dernière partie du texte semble confirmer l'exception qui fait l'objet de la présente recherche, et par conséquent justifier l'interprétation que l'on donne ordinairement au texte d'Ulpien. C'est sans doute la concordance apparente de ces deux textes indépendants l'un de l'autre qui aura fait admettre comme une vérité incontestable l'exception dans le cas d'un emprunt ordonné par le père.

C'est sur un *argumentum a contrario* que se fonde l'interprétation donnée au rescrit de Gordien. Cet argument consiste, quand une règle est subordonnée à une condition, à tirer une règle contraire du contraste logique (la simple négation) de la condition exprimée. Ce mode d'interprétation qui, sagement employé, a sa vérité relative, n'est jamais d'une application plus délicate que quand il s'agit des rescrits insérés au Code. Car une condition exprimée dans la décision d'un rescrit n'est souvent que la reproduction des faits exposés à l'empereur, et cela ne veut pas dire que, sans cette condition, la décision cesserait d'être vraie (r). Ainsi dans le texte qui nous occupe les deux conditions qui semblent exigées pour la validité de la restitution peuvent s'entendre de la manière suivante :

S'il est vrai, comme vous l'avancez, que le père n'ait pas

(r) Voy. vol. I, §41, à la fin du paragraphe.

ordonné l'emprunt, et que la violation du sénatus-consulte ne rende pas la restitution inutile, la restitution doit être accordée.

La mention faite dans la requête adressée à l'empereur, qu'il n'y a point eu d'ordre donné par le père, et sa reproduction dans le rescrit, ne signifient pas, comme on l'admet ordinairement, que la restitution devrait être refusée si l'emprunt eût été ordonné par le père, mais bien que, quand le père n'a pas ordonné l'emprunt, la restitution souffre d'autant moins de difficulté; car le plus souvent l'existence d'un pareil ordre indiquerait qu'il n'y a point eu de lésion et que dès lors la restitution n'est pas fondée.

J'ajoute que les rescrits n'avaient pas pour objet, comme les écrits des anciens jurisconsultes et comme les lois proprement dites insérées au Code, d'établir des règles de droit précises et rigoureuses, mais de donner des instructions sur la nature concrète des cas portés devant les tribunaux.

Le rescrit de Gordien n'est donc nullement de nature à justifier la prétendue exception relative au prêt d'argent.

Je vais résumer brièvement les résultats de la présente recherche. Les mineurs obtiennent restitution contre leurs actes juridiques, quand ils sont soumis à la puissance paternelle, lors même que l'acte aurait été fait avec le consentement ou par l'ordre du père. Cette règle n'a jamais été mise en doute.

Mais la plupart des auteurs admettent une exception à cette règle pour le cas où il s'agit d'un prêt d'argent. Suivant eux, l'ordre donné par le père exclut alors absolument la restitution du fils.

Néanmoins, cette exception n'est nullement justifiée par les principes généraux du droit.

On prétend l'établir sur un texte d'Ulpien et sur un rescrit de l'empereur Gordien, mais en attribuant à ces deux textes un sens que repousse une saine interprétation.

Ainsi donc nous devons absolument rejeter l'exception dont il s'agit.

APPENDICE XIX.

L. 57 MANDATI (XVII, 1).

(§ CCCXXIX, note *n.*)

Dans la loi que j'entreprends d'expliquer, presque tout est l'objet de doutes et de difficultés : le texte, la position de la question à décider, les personnes dont on parle et la décision elle-même.

Voici le cas tel qu'il nous apparaît au premier abord quand on l'examine sans préventions. Un marchand d'esclaves (venaliciarius) voyage dans une province sans doute pour acheter de nouveaux esclaves. Il donne mandat de vendre les esclaves qu'il a laissés à Rome, à un homme qu'il connaît comme digne de toute sa confiance (certi hominis fidem elegit). Bientôt après son départ cet homme meurt, et ses héritiers, ignorant les règles du mandat, s'imaginent qu'ils sont constitués mandataires; ils vendent les esclaves, et, comme l'événement le démontre, à des conditions désavantageuses. Les acheteurs possèdent les esclaves pendant plus d'un an. Le marchand d'esclaves, revenu de son voyage et mécontent de la vente, veut exercer la *publiciana* contre les acheteurs, mais il craint l'*exceptio dominii* résultant de l'usucapion, et Papinien est consulté pour savoir qui doit l'emporter des demandeurs ou des défendeurs. Le jurisconsulte inséra dans son recueil sa réponse à cette question, et de là elle est passée dans le Digeste.

Mais précisément dans la réponse à la question est le siége de la difficulté; car nous avons deux leçons qui donnent deux sens tout différents. Voici la première :

Sed venaliciarium ex provincia reversum Publiciana actione *non utiliter* acturum.

Cette leçon est celle du manuscrit de Florence et de la Vulgate. Haloander lit : *inutiliter*, ce qui donne le même sens; mais nous ignorons s'il a trouvé ce mot dans un manuscrit ou s'il l'a choisi comme plus harmonieux. D'après cette première leçon, les défendeurs doivent l'emporter. Voici maintenant la seconde leçon :

Sed venaliciarium.... Publiciana actione *non inutiliter* acturum.

Elle se trouve dans l'édition de Vintimillius : Paris, 1548, in-8°, d'après un manuscrit de Ranconetus; puis dans l'édition de Charondas, Antverp. 1575, fol., d'après un manuscrit de l'éditeur. On lit ainsi dans Augustinus (a) : « et sunt qui scribunt, *non inutiliter acturum;* » il ne dit pas où il a puisé cette leçon, mais son livre a été imprimé pour la première fois en 1543, c'est-à-dire avant les éditions qui citent des manuscrits. Cette leçon est également confirmée par les Basiliques (b). Cujas propose comme conjecture, *utiliter;* ce qui revient au même pour le sens, mais est une moins bonne expression, comme je le montrerai plus bas. D'après cette seconde leçon, le demandeur doit l'emporter.

Les deux leçons ont pour elles l'autorité des manuscrits. C'est donc d'après l'ensemble du texte que nous devons déterminer celle qui mérite la préférence.

(a) Augustini emend., lib. I, c. 3.
(b) Basil. ed. Fabrot, t. II, p. 161 « καλῶς ».

Quand on lit le texte superficiellement, la première leçon semble préférable. En effet, nous lisons immédiatement après : cum exceptio justi dominii... *detur*. Ainsi : *datur* exceptio, l'exception est donnée par le préteur, elle est donc réellement fondée et le demandeur doit succomber.

Mais, après un examen plus attentif, on trouve des raisons décisives pour rejeter cette interprétation.

D'abord la particule adversative *sed* au commencement de la proposition. En effet, si l'exception donne gain de cause aux défendeurs, cela est la conséquence directe de l'usucapion mentionnée précédemment, et ne saurait constituer le contraste que le *sed* exprime évidemment. A la vérité, Haloander lit *et* au lieu de *sed;* ce qui détruit l'objection. Mais cette leçon est tellement isolée, que nous sommes autorisé à croire qu'elle n'existe dans aucun manuscrit et qu'elle a été imaginée uniquement pour prévenir l'objection.

Vient ensuite le motif exprimé dans le dernier membre de phrase (neque oporteat, etc.) et fondé sur la simple équité. Si le droit rigoureux, le *justum dominium* donnait gain de cause aux défendeurs, il serait peu logique d'invoquer pour eux un motif plus faible, l'équité.

J'ajoute que le *causa cognita* n'aurait alors aucun sens, ainsi que le prouvera clairement la saine interprétation de ces mots significatifs.

Enfin, et c'est là le point principal, les partisans de cette leçon doivent oublier tout à fait que depuis bien longtemps le préteur avait promis une restitution en faveur des absents, et que son objet était surtout de les protéger contre l'usucapion de leur propriété accomplie pendant leur absence. Il faudrait que Papinien n'eût pas songé à cette restitution ; car alors il aurait prononcé différemment, ou du moins il aurait jugé nécessaire d'expliquer pourquoi la restitution n'est pas applicable au cas dont il s'agit.

La valeur de ces arguments a été reconnue depuis plusieurs siècles. Pour y échapper et pour justifier la leçon *non utiliter*, la seule connue pendant longtemps, la glose et depuis à diverses époques d'autres auteurs (*c*) ont modifié arbitrairement et singulièrement compliqué l'espèce à laquelle se rapportent la demande et la réponse.

Un propriétaire d'esclaves donne mandat de les vendre; le mandataire meurt, et ses héritiers vendent les esclaves sans aucune mauvaise intention , mais se croyant par erreur investis du mandat. — Jusqu'ici l'espèce est à peu près la même que celle posée plus haut.

Mais maintenant les acheteurs se trouvent dans des conditions différentes. La plupart d'entre eux (suivant l'interprétation que je combats) ont possédé pendant un an les esclaves à eux vendus et consommé l'usucapion. Par là ils ont acquis une propriété pleine et entière, indépendante de la question de possession. L'ancien propriétaire doit s'imputer de ne les avoir point actionnés avant que l'usucapion fût accomplie. Il n'a aucun droit à la restitution , puisqu'il n'était pas absent. Nous n'avons plus à nous occuper de ces acheteurs; ce qui les concerne finit avec ces mots : *eos ab emptoribus* (c'est-à-dire la plupart des acheteurs) *usucaptos videri placuit*.

Seulement un des acheteurs, un marchand d'esclaves se trouve dans une condition différente de celle des autres. Avant la fin de l'usucapion il voyageait dans une province, et pendant son absence les esclaves achetés par lui étaient revenus en la possession de l'ancien propriétaire, qui ainsi a interrompu l'usucapion. Après son retour, le marchand d'esclaves voulut intenter la *Publiciana* contre l'ancien propriétaire et consulta là-dessus Papinien. Celui-ci répondit

---

(c) Voy. J. Gothofredus dans le Thesaurus de Otto , t. III, p. 293, et Püt-tmann, Probabilia, p. 1.

que la demande devait être rejetée, parce que le défendeur étant toujours propriétaire véritable, pouvait invoquer l'*exceptio dominii*.

Cette interprétation nous donne une histoire très-circonstanciée dont le texte ne dit pas un seul mot; toutes ses expressions semblent même indiquer le contraire des faits qu'elle suppose. Ainsi, tout lecteur non prévenu entendra certainement par *emptores, tous* les acheteurs, non la plupart d'entre eux, et certes il verra dans le *venaliciarius*, que la particule *sed* fait contraster avec les acheteurs tout autre chose qu'un de ces mêmes acheteurs. — Ensuite cette interprétation laisse subsister toutes les difficultés que j'ai déjà eu occasion de signaler : les mots *causa cognita* n'ont aucun sens; une décision fondée sur le droit rigoureux (le *justum dominium*) n'a pas besoin d'être justifiée par un motif d'équité; d'ailleurs si l'ancien propriétaire n'a pas été lui-même absent, ce motif n'existe pas, dans l'hypothèse de son absence, le motif d'équité devrait être opposable aux autres acheteurs et entraîner une décision contraire. — Enfin, le résultat que donne notre texte ainsi interprété est tellement trivial, s'implique si bien de soi-même, qu'on ne conçoit pas comment Papinien aurait été consulté sur une pareille question, ni comment sa réponse aurait été insérée dans ses œuvres et de là dans le Digeste.

L'impossibilité d'admettre aucune de ces deux interprétations nous force, pour ainsi dire, à adopter la seconde leçon (non inutiliter), qui, du reste, a aussi pour elle l'autorité des manuscrits; et cette leçon admise, il s'agit de trouver une interprétation qui s'accorde avec l'ensemble du texte et avec les principes généraux du droit.

Le siége de la difficulté se trouve où on ne s'attend pas à le trouver au premier abord, dans ces mots : cum exceptio justi dominii... *detur*, qui présentent un double sens, l'un concret et l'autre abstrait. Ainsi, premièrement, ils peuvent signifier que dans l'espèce, l'exception est accordée, qu'elle est fondée et que par conséquent la demande doit être rejetée; ils expriment alors le motif. de la décision et appellent nécessairement la leçon : *non utiliter.* Secondement, ils peuvent, et tel est leur véritable sens, n'exprimer qu'une considération générale sur l'application de cette exception. Alors, au lieu de donner le motif de la décision, ils préviennent une objection et exigent la leçon : *non inutiliter.* La paraphrase suivante reproduit donc le sens de cette partie importante de notre texte.

Les acheteurs ont, il est vrai, consommé l'usucapion Néanmoins (*sed*) l'ancien propriétaire (le *venaliciarius*) peut réclamer avec succès (*non inutiliter*) les esclaves au moyen de la *Publiciana.* Il semblerait que les acheteurs peuvent lui opposer l'*exceptio justi dominii* comme conséquence de leur usucapion, mais il faut considérer que cette exception s'accorde non d'une manière absolue et à tous les propriétaires, mais seulement *causa cognita* (*d*); or, dans l'espèce, la *causæ cognitio* fait refuser cette exception aux défendeurs par des motifs d'équité (*neque oporteat*, etc.).

Les motifs qui s'élevaient contre les deux interprétations précédentes viennent confirmer celle-ci. Le contraste exprimé par *sed* existe réellement; les mots *causa cognita,* loin d'être inutiles, sont absolument indispensables, et l'équité invoquée à la fin du texte est effectivement le motif de la décision portée sur l'ensemble du procès. La relation intime des diverses parties du texte est tout à fait satisfaisante, et nous n'y voyons rien qui soit en désaccord avec les principes généraux du droit. Enfin, la leçon que j'adopte comme bonne et qui fait la base de mon interprétation a en outre

______

(*d*) Avant les mots *causa cognita,* on doit donc sous-entendre un *non nisi,* sans lequel ces mots ne seraient qu'une oiseuse répétition. J'ai déjà proposé une semblable explication pour un autre texte, Appendice XVIII, note *m.*

le mérite d'expliquer, d'une manière très-naturelle et très-probable, l'origine de la fausse leçon (*e*). A une époque fort ancienne, un copiste, trompé par l'apparence trompeuse que présentent les mots : *cum exceptio... detur*, aura changé le *inutiliter* du texte en *utiliter*, qui de là aura passé dans la plupart des manuscrits.

Il ne me reste plus qu'à expliquer les diverses propositions de notre texte, où Papinien a pour but de rapporter brièvement et avec indication des motifs un *responsum* par lui fait précédemment.

Mandatum distrahendorum servorum, defuncto qui mandatum suscepit, intercidisse constitit.

« Avant tout, il doit être reconnu comme constant (*constitit*) que le mandat finit par la mort du mandataire, de sorte que les héritiers, en vendant par erreur, n'ont conféré directement aucun droit aux acheteurs. »

Quoniam tamen heredes ejus errore lapsi, non animo furandi, sed exequendi quod defunctus suæ curæ fecerat, servos vendiderant, eos ab emptoribus usucaptos videri placuit.

« Maintenant il ne s'agit plus que de savoir si les acheteurs, qui ont possédé un an, ont acquis par usucapion la propriété des esclaves. Il faudrait répondre négativement si les héritiers eussent vendu les esclaves pour s'en approprier le prix ; car ils auraient commis un vol, et les esclaves, comme *res furtivæ*, n'auraient pas été matière à usucapion. Mais comme les héritiers n'avaient pas cette intention déloyale, et voulaient seulement, par ignorance du droit, accomplir le mandat donné à leur auteur (*f*), on a

---

(*e*) Sur cette critique des textes , voy. Vol. I, p. 242, 243.

(*f*) Toute cette proposition n'exprime donc pas, comme on pourrait le croire d'après ses premiers mots (quoniam tamen), le motif positif de l'usucapion (car le motif est la *justa causa*), mais bien la réfutation d'une objection plausible.

cru devoir décider (*g*) que les acheteurs avaient consommé l'usucapion. »

Sed venaliciarium ex provincia reversum (*h*) Publiciana actione non inutiliter acturum, cum exceptio justi dominii causa cognita detur (j'ai déjà expliqué avec détails cette partie capitale du texte). Neque oporteat eum, qui certi hominis fidem elegit, ob errorem aut imperitiam heredum affici damno.

« Dans l'espèce, la *causæ cognitio* fait accorder au défendeur, en raison de son absence, la restitution contre l'usucapion des demandeurs, d'où il résulte que l'exception est rejetée. Le seul motif à alléguer contre la restitution eût été que le mandant devait attribuer sa perte à sa propre négligence, et qu'ainsi il ne méritait pas la restitution (*i*); mais ici ce motif n'existe certainement pas; car le mandant ne pouvait prévoir ni la mort prochaine du mandataire, ni l'ignorance du droit de ses héritiers. »

Cette interprétation de notre texte ne me paraît susceptible d'aucun doute; mais je suis loin de m'en attribuer

---

(*g*) « Placuit » expression bien choisie, puisque l'on avait cru nécessaire d'écarter un doute; elle contraste avec le *constitit* de la proposition précédente, qui n'avait provoqué aucune discussion. Dans beaucoup d'autres textes *placuit* s'applique à une règle lentement établie, par exemple, à la suite de controverses. Ici il n'est nullement question de ce rapport historique.

(*h*) Ce *venaliciarius* nous apparaît tout à coup comme une ancienne connaissance. La supposition la plus naturelle est qu'il faut voir en lui l'ancien propriétaire (le mandant). En effet, le mandataire est mort, et comme *les* vendeurs sont déjà distincts *du venaliciarius*, il ne nous reste plus que le mandant, à moins toutefois qu'on ne veuille imaginer une histoire semblable à celle dont j'ai parlé plus haut.

(*i*) Cf. L. 26, § 1, ex quib. caus. (IV, 6), et § 327, notes *e*, *m*. — Cette partie du texte désigne évidemment la restitution pour cause d'absence, bien que l'expression *in integrum restitutio* ne s'y trouve pas. Néanmoins, il ne faudrait pas croire que la *causæ cognitio* ne pût faire rejeter l'*exceptio dominii* du défendeur, que dans le cas d'une restitution; dans certains cas la *replicatio* pouvait amener le même résultat. Cf. L. 4, § 32 de doli exc. (XLIV, 4); L. 2, de exc. r. vend. (XXI, 3).

l'invention; ce qu'elle a d'essentiel a été proposé par Cujas et adopté par plusieurs auteurs (*k*). Néanmoins, je n'ai pas cru une discussion nouvelle inutile; et je l'ai placée ici, parce que ce texte instructif et important se rattache à la théorie de la restitution, ensuite parce que les auteurs modernes n'ont pas tout à fait abandonné les anciennes erreurs (note *a*); enfin surtout parce que les auteurs qui ont le mieux interprété notre texte n'ont pas dissipé tous les doutes et ont commis des erreurs assez graves pour appeler une réfutation et motiver cet appendice. Toutes ces erreurs se rattachent à la théorie de l'action publicienne.

On doit d'abord se demander pourquoi, d'après l'exposé de Papinien, l'ancien propriétaire exerce ici l'action publicienne, et non la véritable action de la propriété qu'il pouvait recouvrer au moyen de la restitution.

Beaucoup répondent : Précisément parce que pour ce cas de restitution on a établi une action spéciale appelée *publiciana actio*, différente de l'action du même nom attribuée au *b. f. possessor*, mais fondée sur les mêmes motifs d'équité. — J'ai déjà combattu cette fausse doctrine (§ 329); il n'existe qu'une seule *publiciana actio*, celle du *b. f. possessor*, à laquelle est consacré le second titre du sixième livre du Digeste; et c'est elle dont notre texte doit parler.

On pourrait répondre par une supposition très-simple et très-naturelle : le marchand d'esclaves qui figure ici comme demandeur avait acheté dans la province les esclaves à des étrangers, et à l'époque où la vente faite par les héritiers lui enleva la possession, il ne les avait pas encore possédés pendant un an. Ainsi donc, il n'avait jamais été véritablement propriétaire, et la restitution ne pouvait lui rendre l'action de la propriété. Ainsi donc, il n'a d'autre droit que la *b. f.*

(*k*) Cujacius, obs. X, 6, et in Papiniani respons. lib. 10 (Opp. t. IV); Zoannettus dans Otto, Thes. IV, p. 659; Reinold opusc. p. 243; Cocceji Jus controv. XVII, 1, à la fin du titre.

possessio, d'autre action que la *Publiciana*. Cette supposition n'a rien d'invraisemblable.

Mais cette supposition n'est pas nécessaire. Il se pourrait que la possession du demandeur eût été changée en propriété véritable par l'usucapion, mais cela ne lui ôtait pas son ancien droit fondé sur la *b. f. possessio*, et alors il pouvait choisir entre la *Publiciana* et l'action de la propriété, selon que l'une ou l'autre lui paraissait plus sûre. Mais on élève des doutes contre ce choix. On s'attache aux termes de l'édit, et l'on cherche à établir, d'après l'explication d'Ulpien, que l'usucapion une fois accomplie, la *Publiciana* n'était plus admissible (*l*). Je réponds qu'il ne faut pas donner à ces expressions un sens trop restreint. Le préteur voulait seulement ne rien faire d'inutile et au delà des besoins réels. Si les deux parties s'accordaient à reconnaître que la propriété véritable était acquise par l'usucapion, et si les exceptions étaient seules contestées, la *Publiciana* devenait alors superflue, et le demandeur qui aurait voulu l'exercer sans motifs, était renvoyé à l'action de la propriété. Voilà ce qui résulte du texte d'Ulpien. Mais souvent aussi l'une des parties prétendait que l'usucapion était accomplie, l'autre qu'elle avait été interrompue par la prescription. Si donc cette question s'élevait, ou si le demandeur prévoyait qu'elle serait élevée devant le *judex*, on ne voit pas pourquoi le préteur l'aurait empêché de recourir à la voie plus sûre de la *Publiciana*, et lui aurait imposé une voie moins sûre, l'action de la propriété.— Ainsi, dans notre espèce, il se pourrait que le demandeur eût possédé pendant très-longtemps les esclaves, et que néanmoins pour plus de sûreté il eût préféré la *Publiciana*.

Voici maintenant une erreur de Cujas beaucoup plus dangereuse, parce qu'elle touche de plus près au fond des choses.

____

(*l*) L. 1, pr., § 1. de publ. « Ait Prætor : Si quis id , quod traditur,... *nondum usucaptum* petet. — Merito Prætor ait : *nondum usucaptum;* nam si usucaptum est , habet civilem actionem, nec desiderat honorariam. »

Il croit que la restitution pour cause d'absence s'accorde uniquement dans le cas spécifié par notre texte, c'est-à-dire lorsqu'un *b. f. possessor* perd la possession avant d'avoir accompli l'usucapion, et lorsque le nouveau possesseur commence et consomme l'usucapion. Ainsi, le demandeur dont la *publiciana actio* ne serait pas détruite en soi par l'usucapion de l'adversaire, demanderait et obtiendrait la restitution contre l'*exceptio dominii* du défendeur. Si, au contraire, le premier possesseur avait accompli l'usucapion avant son absence, il n'aurait plus aucun recours contre l'usucapion du second ; car cette seconde usucapion, en anéantissant tous les droits du premier possesseur, ne lui laisserait aucune action et par conséquent aucun titre pour demander la restitution. Cette erreur serait à peine compréhensible lors même que les sources du droit ne nous auraient laissé aucune déclaration expresse sur cette question. En effet, si en général le préteur a trouvé juste et nécessaire la restitution pour cause d'absence, on doit croire qu'il n'a pas jugé insurmontables les distinctions tenant aux seules formes du droit, et que l'on invoque ici. L'édit sur les absents est en réalité aussi clair que possible (§ 325). Il place en première ligne le cas de la diminution des biens existants (si cujus quid de bonis deminutum erit), et certainement cela s'applique surtout à la perte de la propriété par usucapion; pour ce cas et d'autres semblables, il nous dit : « earum rerum actionem in integrum restituam. » Ainsi, on vient au secours de celui qui est dépouillé de sa propriété, en lui rendant l'action qui résultait de ce droit et qu'il a réellement perdue. Conformément à cette décision non équivoque de l'édit, on a vu plus haut que l'absent à qui l'usucapion fait éprouver une perte, peut être secouru sous celle de ces deux formes qu'il préfère : premièrement s'il intente la *Publiciana*, par voie de restitution contre l'*exceptio dominii* du défendeur; secondement, s'il préfère l'action de la propriété au moyen de la restitution de

cette action même par lui perdue (§ 329); ces deux formes
ont pour base un seul et même moyen : la rescision de la propriété réellement acquise à un autre par l'usucapion.

Voici enfin un dernier doute à résoudre. Quand le marchand d'esclaves intente la *Publiciana* contre les acheteurs,
nous avons en présence deux sortes de personnes qui peuvent invoquer également les droits résultant de la *b. f. pos-*
sessio; car l'usucapion n'a certainement pas dépouillé les acheteurs de leurs droits, et ces personnes ne tiennent pas du
même auteur leur *b. f. possessio.* Or, Ulpien nous dit qu'en
pareil cas le possesseur obtient la préférence et que le demandeur doit être repoussé (*m*). D'après cette règle, les défendeurs devaient obtenir gain de cause, et non le demandeur, comme l'admet le texte de Papinien. — Mais la règle
d'Ulpien n'a évidemment d'application que comme moyen
extrême, lorsque les deux parties se trouvant absolument
dans une position semblable, le juge serait embarrassé pour
décider. Mais cet embarras n'existe pas dans notre espèce,
où l'absent invoque un motif d'équité assez puissant pour
triompher de la propriété rigoureuse de son adversaire, et,
à bien plus forte raison, d'une préférence accordée au demandeur quand les deux parties ont des droits égaux.

(*m*) L. 9, § 4, de public. (VI, 2). Cette loi semble en contradiction avec la
L. 31. § 2, de act emti (XIX, 1), mais on peut les concilier en supposant que,
dans l'espèce de ce dernier texte, la possession est entre les mains d'un tiers
contre lequel les deux parties veulent agir en qualité de demandeurs.

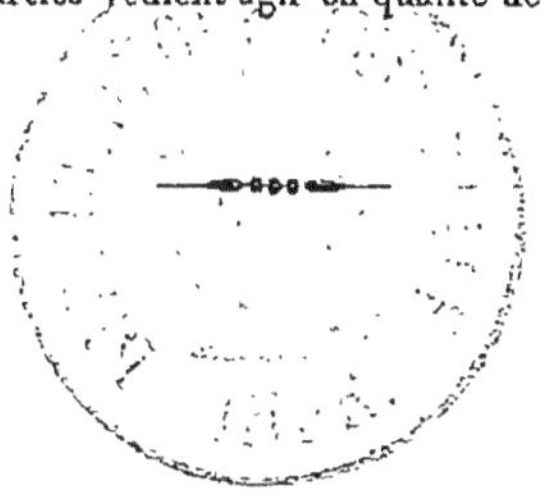

TABLE DES MATIÈRES

CONTENUES DANS LE TOME SEPTIÈME.

CHAPITRE IV.

VIOLATION DES DROITS.

Pages.

Préface. I

§ CCCII.	De ce qui supplée au jugement. — Introduction.	7
§ CCCIII.	De ce qui supplée au jugement. — I. Aveu judiciaire.— *Confessio in jure.*	12
§ CCCIV.	Suite.	18
§ CCCV.	De ce qui supplée au jugement. — Aveu judiciaire.— *Interrogatio in jure.*	25
§ CCCVI.	De ce qui supplée au jugement. — I. Aveu judiciaire.— Révocation.	34
§ CCCVII.	Suite.	39
§ CCCVIII.	De ce qui supplée au jugement. — I. Aveu judiciaire.—Droit actuel.	44
§ CCCIX.	De ce qui supplée au jugement.—Le serment.—Introduction.	51
§ CCCX.	De ce qui supplée au jugement. — II. Le serment.— Serment déféré, prestation, contenu, forme, remise du serment déféré.	60
§ CCCXI.	De ce qui supplée au jugement. — II. Le serment. — Effets géné-	

		Pages.
	raux.	67
§ CCCXII.	De ce qui supplée au jugement. — II. Le serment. —Effets spéciaux suivant les divers états du litige. .	74
§ CCCXIII.	Suite.	82
§ CCCXIV.	De ce qui supplée au jugement. — II. Le serment. — Droit actuel. .	88
§ CCCXV.	Restitution — Introduction. . . .	95
§ CCCXVI.	Restitution. — Définition.	99
§ CCCXVII.	Restitution. — Sa nature spéciale et son développement intime. . . .	110
§ CCCXVIII.	Restitution. — Conditions. —I. Lésion.	121
§ CCCXIX.	Suite.	127
§ CCCXX.	Restitution. — Conditions. — II. Motifs de restitution.	133
§ CCCXXI.	Restitution. — Conditions. — III. Absence d'exceptions positives.	141
§ CCCXXII.	Restitution. — Ses divers mottfs.— I. Minorité.	148
§ CCCXXIII.	Suite.	152
§ CCCXXIV.	Suite.	159
§ CCCXXV.	Restitution. — Ses divers motifs.— II. Absence.	164
§ CCCXXVI.	Suite.	171
§ CCCXXVII.	Suite.	176
§ CCCXXVIII.	Suite.	182
§ CCCXXIX.	Suite.	188
§ CCCXXX.	Restitution. — Ses divers motifs. — III. Violence.	193
§ CCCXXXI.	Restitution. — Ses divers motifs. — IV. Erreur.	198
§ CCCXXXII.	Restitution. — Ses divers motifs. — V. Fraude.	200
§ CCCXXXIII.	Restitution. — Ses divers motifs. —	

Pages.

VI. Motifs tombés en désuétude. 212

§ CCCLXXXIV. Restitution. — Magistrats appelés
à la prononcer. 216

§ CCCXXXV. Restitution. — Les parties qui figurent dans cette espèce d'instance. 218

§ CCCXXXVI. Suite. 225

§ CCCXXXVII. Restitution. — Procédure. 230

§ CCCXXXVIII. Suite. 241

§ CCCXXXIX. Suite. 247

§ CCCXL. Suite. 254

§ CCCXLI. Suite. 260

§ CCCXLII. Restitution. — Ses effets. 267

§ CCCXLIII. Suite. 272

APPENDICE XVIII. 277

XIX. 287

FIN DU TOME SEPTIÈME.